明朝果然很有料

第四卷

小院之观

著

中国工人出版社

图书在版编目（CIP）数据

明朝果然很有料. 第四卷 / 小院之观著. —北京：中国工人出版社，2023.5
ISBN 978-7-5008-8180-3

Ⅰ. ①明… Ⅱ. ①小… Ⅲ. ①中国历史 – 明代 – 通俗读物 Ⅳ. ①K248.09

中国国家版本馆CIP数据核字（2023）第084100号

明朝果然很有料 · 第四卷

出 版 人	董　宽
责任编辑	傅　娉
责任校对	张　彦
责任印制	黄　丽
出版发行	中国工人出版社
地　　址	北京市东城区鼓楼外大街45号　邮编：100120
网　　址	http://www.wp-china.com
电　　话	（010）62005043（总编室）　62005039（印制管理中心）
	（010）62379038（社科文艺分社）
发行热线	（010）82029051　62383056
经　　销	各地书店
印　　刷	三河市万龙印装有限公司
开　　本	710毫米 × 1000毫米　1/16
印　　张	20.5
字　　数	294千字
版　　次	2023年7月第1版　2024年5月第2次印刷
定　　价	49.80元

目／录／

第一章 一代贤相

左顺门事件

杨廷和一走，政治风向顿时明朗化，汪俊、蒋冕等前朝重臣先后跟着致仕，抵制力量明显减弱。

然而还是有一类人不肯妥协，他们反对“大礼议”，并不是出于政治考量，而是出于维护所持道统，要为朱祐樘父子争个名分。

他们的领军旗手正是杨廷和之子：翰林修撰兼经筵讲官杨慎。

也许你没听过这个名字，有一首作品你肯定知道：

> 滚滚长江东逝水，浪花淘尽英雄。是非成败转头空。青山依旧在，几度夕阳红。白发渔樵江渚上，惯看秋月春风。一壶浊酒喜相逢。古今多少事，都付笑谈中。

这首大气磅礴的《临江仙》本就是千古名词，现代又借央视版《三国演义》的东风，以歌曲形式变得家喻户晓，其版权确凿无疑归属杨慎杨大才子。

杨廷和12岁乡试中举，19岁中进士。他儿子愣是在老爹的纪录上更上一层楼，24岁在殿试中独占鳌头，一举将状元收入囊中。

不要以为杨慎是靠名头的关系户，这孩子13岁的诗作就轰动京师，被李东阳亲自收为门生，称他为“小友”。21岁参加会试，主考官王鏊、梁储已将他的文章点为卷首，不料烛花竟落到考卷上烧坏卷子，只得复读三年，24岁再考。

身为少年天才，杨慎早已名满天下，他得不到状元，那才是有问题。

明人后来将杨慎与解缙、徐渭并称为“明朝三大才子”，要论才华与博学，杨慎推为第一，号称“无书不读，学究天人”。

才子归才子，他们的共同特点是智商极高，情商极低。

杨慎是个非常有个性的人，当时的读书人奉程朱理学为经典，王守仁的“心学”也有一定的市场。这位杨才子却两个都踩，他批判朱熹用自己的理学思想来歪曲儒家经典，是“经学之拘晦”；怒斥王守仁为“霸儒”“儒枭”，说他是披着儒家外衣的佛学，“驱儒归禅”，背叛了儒家的经义。

杨慎坚定地认为，老规矩就是对的，用老规矩来解释新问题，仍然行得通。

有这样想法的官员不在少数，他们上疏申辩，嘉靖皇帝来了个留中不发，只当没看见。七月十五日早朝结束后，群臣在下朝路上讲起这事，越说越气愤。杨慎尤其激动，他挥舞手臂大声说：“成化年间，有百官跪伏于文华门前，为争取慈懿皇太后葬仪痛哭，后来尽如所请。如今又到了这个时候，国家养士百五十年，仗节死义，正在今日。”

补充说明一下，慈懿皇太后即朱祁镇的钱皇后，朱见深即位后，他生母周贵妃出于私心，说钱氏没有当太后的资格，引来大臣请愿。还是朱见深清醒得多，他反倒劝说母亲接受两宫并尊的事实。

杨慎的演说很有煽动性，但看得清形势的官员也不少。

许多人谈到文官，就联想到手无缚鸡之力的文弱书生，这种概念是极其错误的。文官们能当殿打死马顺，足以说明他们中不乏好勇斗狠之辈，杨慎就是这样的文化人。

之前嘉靖皇帝下旨召张璁、桂萼进京，杨慎立即不淡定了。他恨这两人弄奸耍滑，逼走了自己的父亲，又怕他们来到北京，掀起更大的风浪。

可是圣旨是不能违背的，杨慎还没有大胆到敢逼嘉靖皇帝收回成命的地步。

不要紧，明的不行，咱来暗的。杨慎一拍脑袋，想出了一个绝妙的办法：找人打死张璁和桂萼。

这真不是开玩笑，杨家故旧满京华，杨慎要弄死张璁、桂萼这样的小角色，压根就不用自己动手，有的是人替他干活。

杨慎叫来的是四川老乡，刑科给事中张翀。两人定下方案，由张翀召集人手，在张璁、桂萼上下朝的必经之路上埋伏，只待他们经过，便一拥而上，打他个不死也残。万一被人认出来也不用怕，由杨慎搞定三司。

方案很周密，可惜走漏了风声，张璁、桂萼在路上就得知有人要下黑手。两人在客栈里避居了数日，托关系找了武定侯郭勋的路子，把状告到了内廷。

嘉靖皇帝大怒：这还有王法吗？他立即召见张璁、桂萼，吩咐提高两人的安保等级，把他们升为翰林学士。

杨慎的计划不得不遗憾告吹。

七月十五日，杨慎号召百官仗节死义，看到有胆小鬼想要开溜，他的黑社会作风又上头了。杨慎吩咐死党编修王元正、给事中张翀等人把守住金水桥南：谁要是不去，你们就给我打死他！

在杨慎的感召和威胁下，各部官员 200 多人，不管愿不愿意，全都呼啦啦挤到了左顺门外。七月的北京骄阳似火，石板都晒得滚烫，200 多名大臣就这样跪伏在地，有的高呼太祖高皇帝，有的喊孝宗皇帝，大声要求皇上答复他们的奏疏，声震云天，响彻大内。

嘉靖皇帝毕竟年轻，是第一次看到这种事，在咨询过太监，确认官员不敢冲进内廷后，他由慌乱转为了愤怒。

这样的大规模对抗意味着什么，这些人还把我这个皇上放在眼里吗？

就问你火大不火大？

从上午七点到下午一点，嘉靖皇帝派出数拨太监宣谕，劝说大臣们赶紧回去。打退堂鼓的大臣倒是有不少，但桥头有人守着，过去就会被打死，想来想去还是原地待着比较安全。

杨慎下决心跟嘉靖皇帝死磕，他告诉太监：皇上不给答复，我们就不走。非但不走，他还带众人“撼门大哭，声震阙廷”，闹得越来越过分。

这要是在一年前，杨慎这招很可能是管用的。可是时非昨日，攻守之势已易，杨廷和等都已去职，嘉靖皇帝已经明白了权力的本质。

嘉靖皇帝彻底怒了，他忍无可忍，目露凶光，叫来了锦衣卫强行清场。校尉们大肆抓人，共有 134 名官员被逮捕下狱，其余 68 名情节轻微者听候处治。

两天后处理意见出台，包括黑恶势力杨慎、张翀、王元正在内八人充军边地，参与此事的四品以上官员夺去俸禄，五品以下者施以廷杖。共有 180 名官员因此被打板子，伤重身亡者有 17 人。

此事史称“左顺门事件”，是嘉靖皇帝人生中第一次雷霆天威的爆发。

朱厚熜特别指出，别放过那个杨慎。

锦衣卫很好领会了皇上的意思，别人被打一次板子，杨大才子被打了两次，打得死而复醒，幸亏他年轻身体好才挺过来。

打完包扎完，杨慎戴上脚镣手铐，充军云南永昌卫（今云南保山县）。嘉靖皇帝再次“关照”，别人如遇大赦或年满 60 岁可以赎身返家，杨慎除外。

嘉靖皇帝是个相当记仇的人，此后他一直惦记着杨慎，时不时就要“关心”一下杨大才子的近况，听到杨慎“老病”的回答，他便龙颜大悦。嘉靖十七年（1538 年）礼科给事中顾存仁曾上疏为杨慎说情，嘉靖皇帝大怒，将他廷杖 60，贬为庶民。

自此，再也无人敢为杨慎说话。

杨慎在不毛之地彻底断了念想，从此化悲愤为创作动力，一生留下两千多首令人称道的诗词，其中包括那首脍炙人口的《临江仙》。

这大概也可算是杨慎的人生写照吧，想当初名动天下是何等的意气风发，岂知“是非成败转头空”。贬居云南 35 年，“青山依旧在，几度夕阳红”。有家不能回，也只能“白发渔樵江渚上，惯看秋月春风”，老死在谪戍之地。

嘉靖三十八年（1559 年）七月初六，杨慎在昆明病逝，时年 72 岁。

通过这一系列的强势操作，嘉靖皇帝于当年九月颁布诏书，改称朱祐樘为皇伯考，朱祐杬为皇考，上尊号为“皇考恭穆献皇帝”，布告天下。这宣布历时三年之久的“大礼议之争”，以嘉靖皇帝的胜利告一段落。

张璁入阁

朱厚熜反击大获全胜。接下来，他要解决下一个问题：组建自己的班底。

按嘉靖皇帝的意思，张璁、桂萼帮他立下大功，自然要提拔重用。杨廷和班底的阁臣已去，把张璁他们塞进内阁帮自己办事，就再好不过了。

想法很好，阻力很大——没人选他们！

明代大臣想要入阁，必须满足几个成文或不成文的规矩。首要条件是必须在翰林院工作过，即英宗以后形成的“非翰林不得入阁”。

有必要说明，“非翰林不得入阁”是条潜规则，并没有明文规定。哪怕资历差点，只要人缘和能力强点，争取一下还是可以入阁的，历史上这样的例子并不在少数。再说张璁之前已被提拔为翰林学士，这条他是满足的。

麻烦的是第二条，阁臣必由会推而出。

会推，意思是会同推荐。每次阁臣出缺，皇帝便会下诏让群臣会推出候选人名单，由他亲自圈定。

一般来讲，皇帝心仪的候选人总会包括在这份名单里。即使没有，他也可以给出暗示，让大臣再次会推。

到张璁这里，尴尬了。连推三次，也不见张璁、桂萼的大名。

嘉靖皇帝先是暗示，名单漏了两个人……再推一下看看……

群臣再推，名单不变。

嘉靖皇帝不装了：张、桂二人，这次是不是该被推出了啊？

大家就当这两人不存在一样，直接无视。

无论嘉靖皇帝怎样疯狂暗示，群臣就是不肯加上这两人的名字。不光不推，还纷纷上疏落井下石：张璁、桂萼是小人啊，万万不能入阁！

嘉靖皇帝难道不能直接任命阁臣吗？理论上是可以的，皇帝有权以中旨的形式直接任命，但有个先决条件，必须得到首辅认可，否则被视为非法。

杨廷和走后，时任首辅是费宏。费宏和杨廷和关系不好得以留任，但敌人的敌人未必就是朋友。费宏的看法和许多人一样，认为张、桂是小人得志，坚决反对他们入阁。张璁、桂萼也激烈反击，说费宏是杨廷和的同党。

这下张、桂入阁陷入了死局，嘉靖皇帝也只能干瞪眼。

如何解决这个矛盾呢，张璁、桂萼日夜研究，终于被他们想出一个解决办法。

解开这个死结的关键在于另一个人。

在朱厚熜还是兴献王世子的时候，朱祐杬就对儿子说过，楚地有三杰：刘大夏、李东阳、杨一清。刘大夏、李东阳都已去世，如果说正德年间的老臣们，谁能有杨廷和那样重大的影响力，有且只有杨一清。

刘瑾被诛后，杨一清拜吏部尚书，不久他指责近侍乱政，被江彬、钱宁联手排挤，不得不致仕归乡。

巧合的是，张璁当年那封《大礼或问》一上，拉开“大礼议”序幕时，第一个发声支持的，正是远在老家的杨一清。

杨一清与王守仁交好，他受“心学”的影响，支持思想解放。读罢《大礼或问》，杨一清拍案叫绝：张生此议，圣人复起，不能易也。

结果被他准确言中。

杨一清与杨廷和有怨，又支持议礼。嘉靖三年（1524年）十二月，他得到起复，挂兵部尚书衔，仍旧总制陕西三边军务。

杨一清这辈子打过仗、锄过奸、入过阁，人生很是精彩，唯独还有一个遗憾，没当过内阁首辅。

费宏的工作做不通，干脆不要做了，直接让他滚蛋。把杨一清推上内阁首辅，张璁、桂萼的入阁问题，不就迎刃而解了吗。

于是在张璁、桂萼的运作下，费宏被打成杨廷和的奸党，黯然辞职，杨一清接任首辅。嘉靖皇帝随后以中旨的形式，先后提拔张璁、桂萼入预机务，杨一清自然投桃报李，大开绿灯。

论资历，张璁是绝对的晚辈，他因此对杨一清相当感激，公然表示：当初那帮人跳得凶的时候，多亏杨阁老这样的老臣帮我说话啊！

这两位人生资历境况迥然不同的厉害人物，都有革旧鼎新的远大理想，而今结成战略同盟，内阁权柄在手，这下可以大展宏图了。

很遗憾，历史不是这样的。本该密切合作的这两人，不久便开始了互相攻讦。张璁说杨一清是“奸人鄙夫”，杨一清指责张璁“志骄气横，狎视公卿”。张璁说杨一清“擅作威福”，杨一清就说张璁“报复恩仇”，两人生猛互掐，打得不可开交。

最后张璁抓住杨一清曾收受张永贿赂一千两，为他弟弟张容谋得锦衣卫指挥一事，攻击杨一清“专权纳贿，罔上行私”，终于打倒了杨一清。

嘉靖九年（1530 年）杨一清被革职闲住，不久背部疽发而死。

杨廷和已在嘉靖八年（1529 年）去世，杨一清死后，弘治—正德朝的元老们都已化为历史的黄土。

张璁正式以内阁首辅的身份登上历史舞台，他将开创自己的一段历史。

王守仁的最后一战

说到组建自己的班底，张璁运用“阳明心学”帮了朱厚熜大忙，王守仁又立下平叛大功未得封赏。新君嗣位，是否该有所表示呢？

正德十六年（1521 年），嘉靖皇帝即位之初，曾对王守仁有过短暂的赏识。王守仁因父老请归，嘉靖皇帝说他有擒贼平乱之大功，正要论功行赏，不许辞官。同年七月，升其为南京兵部尚书，不得推辞；不久，加封王守仁为新建伯，世袭。

然而初期的热情过后，却是长久的冷漠，原因主要是长期讲学和“心学”的影响，王守仁被不少传统士大夫视为异端，更因为他战功赫赫，受到许多人妒忌。

对王守仁而言，这实在是再正常不过的事，自龙场悟道以后，他就从“得君行道”转向了“觉民行道”。

别看王守仁开办书院，到处讲学，忙得不亦乐乎，但在政治上，他再也没有向皇帝提出过任何谏言，即便有所陈奏，也只是有事说事，闭口不谈大政方针。“大礼议”事件闹得沸沸扬扬，王守仁愣是没有发表过想法，如此态度自然搞得嘉靖皇帝颇为不悦。

得不到皇帝待见，王守仁早已不放在心上，嘉靖元年（1522 年）父亲王华去世，王守仁回乡守制，期满干脆不再出仕，专心讲学。

直到嘉靖六年（1527 年），广西思恩、田州发生民变，总督姚镆不能平定。嘉靖皇帝这才想起王守仁，下诏让他以原先的官职兼左都御史，总督两广兼巡抚。

十二月，王守仁率军至思恩，民变首领卢苏、王受早就听说王守仁专平叛乱，还没开打就麻溜地投降了。

这还没完，嘉靖七年（1528 年），广西大藤峡、八寨地区又起了更大规模的动荡。

成化初年（1465 年），一度有韩雍统兵深入大藤峡，毕其功于一役后改名为“断藤峡”。不过自韩雍之后，大藤峡地区很快又显出“野火烧不尽，春风吹又生”的蓬勃生机。

这块地方和南赣一样，历来让朝廷非常头疼，堪称一块啃不动、砸不碎的硬骨头。好在他们毕竟没有扯旗造反，大多数时候，朝廷只得“隐忍抚谕”，最多也就是严重警告加强烈谴责罢了。

这次动静闹得有点大，两广官民深受其害，听说王守仁出山了，他们自然而然把希望放到这位三度平乱的新建伯身上，希望王守仁能一劳永逸地平定“瑶贼”。

请愿书飞到朝廷，嘉靖皇帝思来想去，确实只能王守仁出马，兵部火速发下公文，其中如此写道：“思、田之乱既已平定，何不乘此军威，一举解决心腹之患？”

决议迅速成型，嘉靖七年（1528 年）二月，王守仁进驻南宁，四处征发广西兵马，一个多月兵力还未调动完毕。四月，当叛军骤然看到官军的时候，却发现是来自湖广的狼兵。

王守仁再次玩了一手诈术，传檄征调两广官兵，是做给叛军看的。湖广兵早已偃旗息鼓悄然抵达，胜负其实已成定局。

这次动员的兵力不过八千，历时不到三月，却斩首三千余众，百余年不治的“瑶贼”痼疾竟然就这样轻易解决了。

嘉靖七年（1528 年）七月初十，王守仁上《八寨、断藤峡捷音疏》告捷。

这场胜利在战术上符合王守仁用兵的一贯原则。一切指挥调度都在烟雾下进行，非但远近百姓都不知道有战事即将发生，即便士兵在破敌之后也不明白怎么就胜了，不明白之前的各种调遣都有怎样的用意，而且都是以微小的代价换取惊人的战果。

如此干脆利落，少不了要加官晋爵。按王守仁的功劳，早该入阁办事，但这是不可能的。

功高招忌，秀木先折，这是人类社会常见的现象。以王守仁此时的资历、名望，若再加上新近的战功，朝廷忌恨他的人更多了。

王守仁正在两广忙着善后，朝廷里的谗言却如一条接一条的锁链，在他不经意的时候带着森森的寒气向他收拢着。

嘉靖皇帝是什么态度呢？他依然忌恨王守仁在“大礼议”事件中不表态，忌恨这个手下明显不和自己一条心，却立下一件又一件奇功。而更关键的是，这个手下的“心学”让他头疼不已。

“心学”从自我出发，理学以皇天浩荡为天理，你说哪个利于他？

“心学”用来搞“大礼议”可以，让它登堂入室？绝对不行，那岂不是要动摇国本。此人功劳太大，把这样一个“心学”宗师升迁到权力核心，不光嘉靖皇帝不能答应，那帮臣僚也不会答应。

论功行赏是不可能了，那就小小地表示一下吧。嘉靖七年（1528年）九月初八，朝廷使者冯恩行至广州，带来了褒奖圣旨和相应的赏赐："赏银五十两，布政司买办羊酒送用。"

王守仁早已不在意朝廷的态度，皇上的冷漠也好，朝臣的猜忌也好，到底比不得正德年间的凶险。

早年龙场的遭遇让他落下病根，两广的阴湿气候环境下他的病情日渐加剧，在写给门人的书信里，王守仁坦言，自己已经到了不能坐立的地步。

是年十月，他向朝廷呈递《乞恩暂容回籍就医养病疏》，称两广善后已足，望朝廷准予回乡养病。

或许是意识到了什么，等不及朝廷的批复，王守仁就径自乘舟东返。

十一月二十八日晚，王守仁泊舟青龙铺。翌日，即嘉靖七年（1529年）十一月二十九日，王守仁将随行弟子召来身边，许久才睁开眼睛，说了一句"吾去矣"。

弟子周积噙着泪水问："老师有何遗言？"

王守仁只是淡淡答道："此心光明，亦复何言。"

不多时，一代宗师瞑目而逝，时年57岁。

翌年正月，丧发南昌。门人弟子纷至沓来，士民争相送行。仅绍兴一地，每天都有上百人加入吊唁的行列。"远近遮道，哭声震地，如丧考妣"，身后哀荣，一时无两。

王守仁身后越是哀荣，越是招来反对者忌恨的目光。与他素来有隙的大臣开始从鸡蛋里挑骨头，弹劾他临终前擅离职守，连平定宸濠之乱时的旧账也翻出来，说他军纪不检、奏捷多伪。

当然这些只是借口，思想上的问题才是不容含糊的大是大非。众多弹劾奏疏中，最令嘉靖皇帝侧目的是一段正邪之辩，反对派说王守仁"事不师古，言不称师。欲立异以为高，则非朱熹格物致知之论；知众论之不予"，请求追夺他的伯爵以彰明朝廷大信，禁止他的邪说以正人心。

这番攻讦无论对错，其实很能打动皇帝的心。

无论“阳明心学”比程朱理学优越多少、正确多少，只要它以反正统的面目出现，那一定是可憎且可畏的，必须剿杀而后快。更何况王守仁一生致力讲学，门生弟子遍布朝野，单是去绍兴吊唁的就有多少朝廷命官，这绝不是嘉靖皇帝愿意看到的场面。

廷议的结论也许过于不近人情，所以嘉靖皇帝小小地打了一个折扣：保留王守仁新建伯的爵位，不予追削，但也不准子孙世袭（下诏停世袭，恤典俱不行），且钦定“阳明心学”为伪学，从此严令禁止。

这就算是嘉靖皇帝对王守仁的盖棺论定了：为人沽名钓誉，为官功过参半，为学反动至极。

正应了王守仁那句话：破山中贼易，破心中贼难。

直到隆庆元年（1567 年），许多朝中大臣都向皇上称颂王守仁的功劳，在这种情况下，隆庆皇帝下旨对已经故去近四十年的王守仁进行褒奖，“赠新建侯，谥文成”。第二年又下旨，允许王守仁的子孙世代承袭新建伯的爵位。

张璁的志向

在对王守仁的攻击中，张璁并没有什么行动。

张璁对王守仁算是比较欣赏的，他以“阳明心学”为武器向杨廷和开战。广西平乱，推荐王守仁的人也是张璁。

但是皇上不喜欢他，张璁也没什么办法，最多就是不做落井下石的事。要说帮王守仁仗义执言，张璁不敢。

张璁还有心愿要完成，不能得罪嘉靖皇帝。

张璁这个人，间接赶跑杨廷和，直接扳倒费宏、杨一清，前后三任首辅下台与他有脱不了的关系。又有推动“大礼议”遭人非议，尤其是手撕杨一清，活脱脱是个恩将仇报的故事，这让许多人对他不屑，觉得张璁就是个靠玩弄权术起家、一头钻进名利场的政治小人。

但仔细研究张璁入阁后的表现，能发现这只是假象。

营私结党，弄权乱政，孜孜不倦谋取个人私利，这样的首辅嘉靖朝确实有，那个人叫严嵩，不叫张璁。

五十出头的张璁成绩不好，出身低微，他千辛万苦爬到内阁首辅这个位子，要干的是更大的事。

张璁的理想说起来有点吓人：革除积弊，重振大明！

这不是打鸡血的口号，早在还没当上首辅前，署理都察院的张璁就已开始了他的改革。他向嘉靖皇帝上了95条意见，申请严肃风纪，整顿官员作风，提高工作效率，掀起了嘉靖朝第一轮剧烈的反贪风暴。

效果也很不错，“一时苞苴路绝”，廉政风气大好。

费宏被张璁排挤致仕，愤恨不已。可讲到这事，费宏也不禁服气，说：“我们这帮老人整顿吏治，一辈子也整不好，到张璁手上，风气还真变好了。”

等到张璁挂吏部尚书衔入阁后，他改革的步子也越迈越大，把矛头直接指向了科举制度。

前文我们说过，科举制发展到明代中期，已历数百年，早已偏离了原来的轨道。再加上程朱理学的桎梏，几乎就成了统治阶级培养工具人的程序和读书人升官发财的阶梯。

在真正为国选材的初心上，科举制已显得暮气沉沉，就如正德时期中央大学校长陆深所说：举天下之才误于科举。

张璁本人就是科举制的受害者，“大礼议”事件更让他看清，那些翰林院的学士，愤世嫉俗的科道言官，大部分都是只知读死书，不懂学以致用的书呆子，典型的高分低能、食古不化。

张璁总结经验教训，深感提高素质教育是科举当务之急。他着手改革科举制度，重新规定考试文体，强化学校教育功能，提高应试者综合素质。

由于科举名额极为有限，三年就出那几百个进士，不可能网罗天下所有的真才。张璁又推行三途并用之法，说：选拔官员不能只看科举考试，应该兼顾其他渠道，“廉能爱民者”也能为官，不受学历和资历限制。

嘉靖二十六年（1547年），一个来自湖广江陵县，名叫张居正的22岁青年会试中二甲第九名，入选庶吉士。28年后，他已成为大明最为著名的一任首辅，历史地位远超张璁。但他回忆起自己年少之时，张阁老整顿学政取得的成就，仍不禁感慨，说那时的学风是真好啊，掌管地方教育的官员大多是海内名流，他们都能做到自爱、自重，营私舞弊的事几乎绝迹，“士习儒风，犹为近古”。

科举之弊历来都有许多人指出，也有人试着整顿，但没人像张璁这样大刀阔斧。可以说，嘉靖朝前期是明代历史上整顿学风成效最为显著的时期。

张璁和杨廷和是政治死敌，他却继承了杨廷和没干完的事，接着干下去。

正德年间的“八虎”让杨廷和深恶痛绝，正德驾崩后，他就开始清算宦官。在朱厚照手下吃得开的宦官，不管是否作恶，统统都是打击对象。就连曾为国立功的张永，也被打发到孝陵烧香去了。

杨廷和本来还有更大的动作：裁撤中官，也就是各地的镇守太监。

中官本来是皇帝派到地方的亲信，用来平衡和监督地方文臣和武将。随着正统朝起宦官力量的崛起，自恃是皇帝亲信的镇守太监便开始凌驾于文臣武将之上，在地方上作威作福，插手各项事务，这种现象在正德年间达到极盛。

杨廷和壮志未酬就被赶走了，按照官场惯例，政敌的政绩如果不推翻，也要千方百计淡化，达到人走政息，彻底搞臭对手的目的。

张璁的态度是，人归人，事归事，人我可以整，事我接着干。

嘉靖七年（1528年），张璁请裁撤各处镇守太监，朱厚熜答应了，一直拖着没办。

张璁几次敦促：答应的事，您倒是赶紧哪。

嘉靖八年（1529年）二月起，镇守中官改革开始，政策可以归纳为两个字“裁员”。中官裁员风暴从内地刮起，一直刮到边镇。这一轮大裁员持续到嘉靖十年（1531年）八月，自永乐年间设置，延续一百多年的镇守太监制度被废除，自嘉靖一朝再未复设。

无论怎么说，这都是件大好事——故内臣之势，唯嘉靖朝少杀云。

张璁对事不对人的办事态度，是取得好效果的关键。

张璁另一个煞费苦心的地方是翰林院。

翰林院是进入内阁的跳板，内阁又对决定翰林人选有决定性作用，这就形成一个权力的轮回。大学士们利用自己的影响力，安插门生亲信进入翰林院，这些人发达后自然会投桃报李，成为一个层级分明的关系网。

日久天长，好好一个培养人才的地方，成了内阁大学士拉帮结派的自留地。

这个游戏规则张璁懂，以他的智商，如果照这个规则运行，只能运行得更好。但他态度坚决：废！

然后呢？张璁的方法很简单也很直接——考试。

不但选翰林要考，在职的也要考，不但要考诗词文章，更要考国计民生的实在学问。甚至六部的各级小官，任期满了都能来考。

不管你科举成绩如何，只要你能造福社稷，入阁拜相的大门就敞开！

在张璁的苦心运作下，翰林院风气为之一振，“人思奋庸，贤才辈出而无滞”。

同时问题也来了，改革先锋不是那么好当的。

张璁这一系列动作，无疑动了很多人的蛋糕。这些改革的阻力不是一般的大，是非常巨大。要是杨慎这种人还在，张璁早被捶死七八回了。

好在杨慎已经去云南吃土了，张璁暂时不用担心人身安全。可即便如此，张璁的行为还是打了一干关系户的脸，比如首辅杨一清。

张璁和杨一清为什么闹翻？至此可以做出解答。

杨一清以名臣面目载入史册。一方面，他很有能力，大节不亏，公忠体国；另一方面，他也是个处事圆滑、八面玲珑的官僚。

身处顶层官场这个大染缸，光靠正直无法立足，唯一可能是靠皇帝的专宠。杨一清不曾拥有过这份信任，他能熬出四朝老臣这份资历，不搞点小动作是不可能的。

嘉靖八年（1529年）会试过后，杨一清照例圈定了一份关系户名单，大多是自己的门生后辈。在挑选翰林时，杨一清示意张璁多多照顾，应取尽取。

张璁也不说话，直接把名单交给了嘉靖皇帝——皇上您看着办。

杨一清尴尬了，我助你入阁，你就这样报答我？两人的矛盾直线升级。

随着改革的深入，张璁发现越来越多牵涉杨一清不干净的蛛丝马迹。总的来说有两点，一是“送乘间引厚入院”，就是谁给钱，就推荐谁进翰林院；二是“多循旧弊，用私任，多受馈遗”，就是安插心腹，拿钱办事。

在古老的官场政治生态里，杨一清这点事算是通行的潜规则，老人们都心知肚明。可落在一心整顿官场的张璁手里，就是个不小的事。

张璁有点纠结，他在文集里大发感慨，说：入阁之后想除旧布新，却发现最大阻力是恩人杨一清，如之奈何？

杨一清很不以为然，风气如此，大家都不干净。你嘴上大喊廉政建设，我就不信你一文钱不拿？不可能！

为了先发制人，杨一清授意亲信御史王准、陆粲：以风闻之议，弹劾张璁受贿。

风闻就是道听途说，约等于嚼舌头扯淡。可是奏疏一上，满朝哗然，大家纷纷奔走相告：张璁受贿啦，他终于受贿啦！

张璁被骂不是新闻，张璁受贿才是新闻。多年以来，张璁受到的攻击不计其数，从来没人敢说他有经济问题。这个人办事极狠，为官却极清，清廉到什么地步？张璁做寿，人家以好酒名义送给他一坛金子，张璁在席上当众敲碎酒坛，让行贿者下不来台！

不光如此，事后张璁倒查行贿者所作所为，果然查出其营私舞弊，犯罪事实确凿，依法将他削职为民。

张璁以这种十二分不给面子的做法向大家表明，向我行贿，你们可得掂量掂量！

从此再也没人敢向张璁行贿。

杨一清不信这个邪，张璁不过是舍了一坛金子，鬼知道他背后收了多少。反正风闻奏事也不负刑责，恶心一下张璁也好。

嘉靖皇帝听说后也觉得十分稀奇，他指派专人仔细调查了一遍，发现根本就是造谣。此事虽没产生什么实际后果，却拉低了杨一清的分数。

张璁受贿是子虚乌有，杨一清受贿可是证据确凿。张璁的反击迅猛到来，本来收千把两银子也不是啥大事，坏就坏在对象敏感。

张永是当时手里还有兵权的太监，杨一清是既有权力、军中又有故旧的阁臣。

这不是钱多钱少的问题，是能不能收的政治正确问题。

“交结近侍”，这顶帽子可不是开玩笑的，闹大了，斩首抄家都有可能。

这个猛料一出，杨一清明白自己完蛋了，没想到纵横一世，最后栽在这条臭咸鱼手里。想来想去终究是意难平，才会有那句：老矣，乃为孺子所卖！

真正的宰相

斗败杨一清，张璁收获了小人的名声，也握有了更大的权力，他下一个目标更为宏大，要对土地兼并开刀！

土地兼并是正德年间没有触碰的问题，尤其是皇家、王府、勋戚、太监等侵占的庄田——“为民厉者，莫如皇庄及诸王、勋戚、中官庄田为甚”，其严重程度已到了天下额田减半，赋田大约减少了 427 万顷。

杨廷和有心清理庄田，嘉靖皇帝没给他时间。嘉靖皇帝毕竟年轻，涉世不深，对庄田问题了解不多，他一度否定杨廷和等人的建议，还下旨维持和扩大皇庄。

张璁出身中小官吏，了解民间疾苦，他并未顺着嘉靖皇帝的意思，将杨廷和的政策束之高阁。入阁后，张璁派给事中夏言对京城周围庄田进行详细查勘，并逐步扩大到各省，触目惊心的报告震惊了嘉靖皇帝，促使他下决心清理庄田。

嘉靖五年（1526 年）起，大规模清田开始，大量藩王、勋戚庄田被收回，皇庄改为官田，自此逐渐从典籍中消失。

夏言后来评价说：清理庄田“一洗四朝之弊，永垂百代之体”。

那是因为夏言死得早，看不到后来的事。这话前半句是对的，后半句是错的，毕竟后来庄田又死灰复燃了。

当然，人地压力是里，土地兼并是表。光靠清理庄田无法根除人地压力，但确实在一定时间内安抚了百姓情绪，缓和了社会矛盾。

后世的张居正是天下闻名的大改革家，后面我们讲到张居正改革时就能发现，他的许多改革政策都有张璁的影子。从措施到效果，张璁也完全够得上改革家的称呼，巧的是，两人最后的谥号都是“文忠”。

有人问了，你一直说内阁权力有限，首辅就是摆设。那么张璁哪来这么大权力，来推动他的改革。

这个问题很好，笔者解答如下。

大明276年，许多职位与机构的实权是在不断变化中的。比如巡抚、总督原来都是临时性的职务，后来成为定制。朱瞻基是给了内阁“票拟”权，但内阁依然只是皇帝的一个咨询机构，起草文件得按照皇帝的意思。

比如朱祐樘，真的就只是把内阁当秘书班子来使用，这种情况一直到正德年间都没什么大变化。

就是张璁在任，内阁首辅的权力发生了较大变化，主要表现为发展出了专决权。

张璁之前，阁老们是比较讲究论资排辈的。即使是首辅，也要表示对资格老、年龄大的其他阁老的尊重。“票拟”时，阁老们以集体讨论的形式得出意见，一份意见的出台，往往要兼顾每位阁臣的情绪。

这个过程中，首辅只不过是起主持和执笔的作用，权力上和其他阁臣区别不大。

正德时期，朱厚照长期不在京城理政，杨廷和这个内阁首辅的权力日益加重，延续到嘉靖一朝。等到张璁接任首辅以后，嘉靖皇帝更是明确指出，内阁首辅是“相”，要发挥“相”的职能。

在此情况下，首辅正式拥有了专决权。

专决权，即由首辅专掌重大问题“票拟”权，首辅可以无视诸辅反对，独立推动自己的“票拟”决定。这样一来，首辅不光能独立决定重大问题，与群辅的关系，也从平级讨论问题，发展到如同上下级的关系。

首辅获得专决权，不是张璁争取来的，是由张璁和嘉靖皇帝的关系决定的。嘉靖皇帝信任张璁，张璁勇于任事，忠贞不贰，又对嘉靖皇帝相当恭顺。他办事，嘉靖皇帝放心。

在此情况下，内阁制度另一个显著变化，是对六部政务的干预日益加强。

朱元璋废除丞相制后，六部尚书由皇帝任命，直接对皇帝负责。这一体制持续到天顺年间，内阁都无法插手六部人事权。

朱祁镇复辟后，情况发生变化，他信任的首辅李贤经常推荐九卿人选，《明史》称为“自三杨以来，得君无如贤者”。

自张璁开始，内阁干预六部权力形成惯例，张璁入阁后还兼职管理都察院，桂萼、方献夫入阁后也仍旧掌管吏部，打破了阁臣不得掌六部权力的旧例，为内阁首辅直接控制部院打开了缺口。

张璁让首辅更接近传统意义上人们认知的宰相。后来人们所津津乐道的“内阁首辅”，指的就是张璁，以及后来的夏言、严嵩、徐阶、高拱、张居正这类接近“真宰相”的内阁首辅。

张璁的另一面

张璁的故事另一面是这样的：

张璁是个改革家，但他不是个完美的人，他有自身缺陷，表现为性子太刚，过于耿直。

张璁的官场字典里没有宽恕二字，对政敌，他是秋风扫落叶一般残酷。张璁的官场信条是以直报怨，你敢挡我的路，我就整你。他与桂萼等人结盟，兴起大狱，打击政敌，倒在他手下的反对派不计其数。

大家都是同殿称臣的人，只要让你逮住就把人往死里整，不能不让人心生恐惧，巴不得张璁赶紧下台。如此不讲情面，张璁塑造了自己首辅大臣的权威，也让他在朝中根基极浅，一旦失去皇帝的信任，翻船是分分钟的事。

嘉靖九年（1530 年）开始，政治风向出现了新的变化。

“大礼议”获得阶段性胜利后，朱厚熜安分了几年，又有了新的想法。

既然老爹是正儿八经的皇帝了，能不能动动脑筋，把他塞进太庙呢?

太庙就是皇帝的祠堂，是供奉当朝皇帝先祖的地方。皇帝们驾崩后，神位会被请进太庙，享受子孙们的香火。

别看只是块木牌子，难度却相当大。古人说“国之大事，在祀与戎”，祭祀祖宗这种事，向来被与杀伐决断的军国大事相提并论，开不得半分玩笑。

什么人有资格进太庙，《礼记》里写：天子七庙，三昭三穆，与大（太）祖之庙而七。

“天子七庙”，指历代帝王设七庙供奉七代祖先。按三昭三穆的宗法制度，自始祖之后，左为昭、右为穆；父为昭，子为穆。排列时，大祖居中，三昭位于大祖的左方，三穆位于大祖的右方，以此来分别宗族内部的长幼次序、亲疏远近。

七庙中一祖（太祖庙，即太庙）二宗这三庙是永世不祧的，其他四亲庙（高，曾，祖，父）随着皇帝的变化要进行祧迁，顺序是从老到新。

当然，不是说祧迁就不祭祀了，而是附随在太祖的身后进行供奉，不占那七个位置了。

实际操作中，在唐宋晚期先帝数量爆炸的情况下，又发展出了九庙制。洪武八年（1375 年），明太祖正式确定明朝太庙建制，依然延续九庙制，起初供奉高祖朱伯六以下四世祖。

接着从朱元璋算起，遵循父昭子穆原则，其他七位常任理事依次是，太宗朱棣、仁宗朱高炽、宣宗朱瞻基、英宗朱祁镇、宪宗朱见深、孝宗朱祐樘、武宗朱厚照——正好八位，还有一个位置。

朱厚熜为父亲争取到了明睿宗的江湖地位，但还不敢把神主塞到太庙里，其实也不是不敢，主要是名次问题很难解决。按宗法，如果天子传到第九代，就要把排位第一的那个“宗”从太庙里请出来，安放到后面的祧庙里。

睿宗神主进太庙，九个位置填满，等朱厚熜大渐以后，就要祧出一位祖宗，太祖不能动，按顺序该让朱棣搬家。

可是朱厚熜这一脉，真正的老祖宗是永乐皇帝。没有朱棣提着脑袋造反，他永远不可能做皇帝。加上朱棣文治武功都拿得出手，是个威望极高的皇帝，朱厚熜是万万不敢祧朱棣的。

这个问题一直困扰着朱厚熜，直到嘉靖九年（1530年），他灵光一闪，想出了解决办法。

朱棣不能动，朱祐杬必须搬进太庙。那么把朱棣的庙号改动一下，让他升格，问题不就解决了吗？

朱厚熜放出风去，永乐皇帝功劳太大，“宗”字辈已经配不上他，朕思量再三，太宗庙号还是改为成祖为好。

“祖”是太庙永久理事，这样朱棣就不会被祧。到九个位置占满后，被搬走的第一顺位就成了明仁宗朱高炽，睿宗神位搬家的问题就能解决。

朱厚熜暗示“上改为成祖”，大臣们一听就炸了。

隋唐以降，只有开国皇帝能称“祖”，早已是约定俗成，隋、唐、五代、宋、辽、金、夏、元这么多皇帝，没有一个非开国皇帝叫“祖”。

而且成祖这个庙号非常奇怪，历史上从来没有皇帝用过。就算朱棣称“祖”，更合适的也应该是“烈祖”或“世祖”。朱厚熜自创个“成祖”，算怎么回事？

最合适朱棣的庙号是什么呢？还是太宗。

决定一个庙号含金量多少，主要看用过的皇帝。太宗太厉害了，代表人物汉太宗刘恒，唐太宗李世民。一个文治武功都称得上雄才大略，一个是儒家理想最佳皇帝，奠定太宗庙号独一档的含金量。

嘉靖九年（1530年）二月，朱厚熜下旨讨论更改祀礼问题，改朱元璋更定的天地合祀为天地分祀。这是更改太庙配享问题的第一步，也是必要的一步。

这点小心思当然瞒不过大家。这回，在认爹问题上始终力挺嘉靖皇帝的张璁、桂萼、霍韬他们也不干了。嘉靖皇帝命百官集议，参加者共有596人，支持者只有82人，支持率仅为13.7%。

会场气氛一度陷入尴尬，这个议题眼看无法讨论下去。这次另一个人跳了出来，他就是当初那位曾负责清丈田地的夏言。

张璁能力极强，气量极小，对于挡他路的人，一定要让他彻底在朝堂消失。夏言在正德十二年（1517年）中进士后，长期担任各科给事中，工作就是弹劾人。弹着弹着，不小心弹到了张璁的盟友太常卿彭泽，这给他换来耿直的好名声，也招来了张璁的反击。夏言的仕途受到压制，到嘉靖九年（1530年），仕途原地踏步，还是个给事中。

夏言对礼仪这些破事本无兴趣，一直能躲就躲。可他也是有经世济民大抱负的人，长年累月不得升迁，张璁权势如日中天，何时才能出人头地，一展鲲鹏之志？

夏言不顾反对意见占据压倒性优势，上疏表示对嘉靖皇帝的支持。这封奏疏十分肉麻，里面不光对嘉靖皇帝要施行天地分祀大表支持，还大大地吹捧了皇上一番，把他捧到了圣人的高度（圣人举事，贵能下协人心，上顺天意）。

这封奏疏让嘉靖皇帝转忧为喜，那个自命清高的夏言都掺和进来了？这是个人才啊，我以前怎么没注意到呢！

夏言原本半死不活的仕途顿时峰回路转。当年十月，夏言由吏科给事中擢升为翰林院侍读学士，第二年七月升礼部侍郎，九月接替李时出任礼部尚书。

时人都说："去谏官未浃岁拜六卿，前未有此也。"

不过，要以为这全是靠拍马屁换来的，那就是误会夏言了。夏言本人有三大优点，是他能出人头地的重要武器。

第一是长得帅。

在古代，长得帅未必是升官的必需条件，但绝对是重要的加分项，反面例子参考李东阳。

史载夏言“眉目疏朗，炯炯有神”，还长着一部整齐的胡须，举手投足间极具儒者风采，真是要长相有长相，要气质有气质。连嘉靖皇帝看到他，也是“时而以目视之，时而点头称是”。

第二是官话讲得好。

明朝没有普通话一说，为了防止上朝时皇帝和大臣们鸡同鸭讲，朱元璋制定《洪武正韵》，规定官员上朝都要讲官话。

朱元璋是安徽人，又定都南京，官话即以南京音为基础音系，称为南京官话。当然，那时候的南京话和今天的南京话区别还是比较大的，又叫江淮官话。

永乐年间迁都北京后，带去了大量南京移民，南京话成为当时北京语音的基础，有明一朝，始终以南京官话为国语正音。

但是很多大臣并没有自觉学习官话的觉悟，讲起官话来自带各种口音。于是大明皇帝上朝时，朝堂便充斥着各种“川普”“粤普”“陕普”。

夏言父亲夏鼎是个七品推官，从小就教导儿子：从前许多官员不认真学习普通话，想要辩论也无从发挥。你一定要刻苦练习发音，将来就能做给事中、奏事和讲官了。

夏言是江西人，家乡方言本就属于江淮语系，再加上从小练习，一口官话讲得字正腔圆，一点口音也没有，让嘉靖皇帝听了十分舒畅。

第三是文学水平高，尤其是擅写“青词”。

说来这与朱厚熜的宗教信仰有关，明朝十六位皇帝里，搞迷信活动的不少。要问哪个皇帝最沉迷，首推嘉靖皇帝朱厚熜，此人是个重度道教痴迷者，今天不少人称他为“道士皇帝”。

道教是中国的本土宗教，现代专家认为，道教的主要源头来自古代荆楚文化。朱祐杬父子就藩湖广安陆，当地盛行神仙崇拜和鬼神崇拜。兴献王朱祐杬就是个资深道士，他自号大明兴国纯一道人，出版过几本阴阳五行的书，在当地是个小有名气的道教活跃人士。

有这样的地方特产和父亲影响，嘉靖皇帝信仰道教是理所当然的事。道教以延年益寿为小目标，终极目标是羽化飞升，这又和来到北京水土不服、经常生病的嘉靖皇帝不谋而合。

道教有两大派，全真和正一。全真派对戒律的要求和寺庙差不多，道士们必须住在道观，严格戒荤戒酒，并且要断绝红尘不能结婚。比如《神雕侠侣》里道士尹志平对小龙女做了违背律条之事，不光会遭到师尊严惩，还要被逐出师门。

另一大派正一派就宽松多了，可以住道观，也能在家里修行。不仅不禁欲，还允许吃肉娶老婆，只要做法事的时候戒荤戒色就行。

所以，朱厚熜更愿意当道士，绝对不想当和尚。

道教一项最重要的仪式是斋醮，可以理解为定期向神仙汇报工作。神仙们是很挑剔的，斋醮光有态度不行，光送礼（祭品）也不行，还必须向神仙上奏章。这种神仙奏章有时候用骈文写成，也有用诗歌的形式，道教术语称为“青词”。

官员们熟读四书五经，能把一篇八股文写得四平八稳神采飞扬，可他们未必写得好“青词”。“青词”的格式和词句有严格的限制和禁忌，讲究对偶，既简短，又华丽。

以嘉靖朝另一位阁老徐阶的几句“青词”为例，我们看看高水平的“青词”是怎么写的：离九霄而应天命，情何以堪；御四海而哀苍生，心为之伤。

徐阁老只用短短两句 22 个字，就点明了一个高尚的主题：嘉靖皇帝本是仙班里的神仙，奉了上天之命，放弃在天上享清福来到凡间给万民为仆，表达出对皇上舍己为人的崇高敬意和作为臣子深深的无奈。

再看另一位以“青词”闻名的学士袁炜的作品：数通乎道，道合原始天尊，一诚有感。声闻于天，天生嘉靖皇帝，万寿无疆。

与徐阶相比，袁炜的“青词”在意境上就差了不少。徐阶能当内阁首辅，袁炜就不行。

写“青词”是个极难的活儿，历来是笔杆子集中地——翰林院的职责。夏言被调入翰林院后，马上表现出了“青词”方面的极高造诣。嘉靖皇帝心花怒放，指定夏言为御用“青词”写手。天长日久两人成了诗友，“帝每作诗，辄赐言”，夏言讲课完毕，嘉靖皇帝常邀请他留下吃饭，感情迅速进入

“蜜月”期。

张璁视夏言为政敌，夏言这么受提拔，张璁坐不住了。他指使手下言官挖掘夏言的过失，不断向夏言发起弹劾。但要知道，夏言当了十来年给事中，专门弹劾人，又有一口流利的官话傍身。要论弹劾功夫，当朝还真没几个人是他的对手。

张璁派来的言官个个被夏言骂得满脸开花，再也不敢出战。

眼看夏言风头日盛，张璁不复之前权势，这很像是个崛起的新贵打倒旧臣的老生常谈的宫斗故事——要这么想，就是小看了嘉靖皇帝。

嘉靖皇帝是明朝皇帝里对权力最为敏感的一个皇帝，不管是太监还是大臣，不允许出现任何专权的可能。一旦感受到一丝权力受到威胁的苗头，他就会采取动作。

嘉靖皇帝提拔夏言，不光是对他拍马的奖赏，更是对大臣的制衡手段。嘉靖皇帝任用大臣，从来不像朱厚照那样没有城府，得宠时宠死，失宠后弄死。

嘉靖皇帝给内阁首辅极大的权力，也经常会找机会敲打他们，最常用的办法是利用大臣间的矛盾，牵制首辅，不让首辅专权妄为。

比如张璁就曾三次被迫致仕，不久都被召回，这是嘉靖皇帝对他的提醒，不要忘了你的权力是谁给你的。

张璁出任首辅，与桂萼、方献夫等人结成联盟，嘉靖九年（1530 年）讨论分祀问题，张璁和他的好朋友们没站到嘉靖皇帝这边，朱厚熜除了很不开心，脆弱的小心眼还隐然感到了一丝威胁。

他选择夏言，不光是因为他长得帅口才好会写“青词”，更是以夏言来制衡张璁，不让朝堂出现张璁一家独大的情况。

所以这种攻讦，也就是耍耍嘴皮子，不会有真正的效果。张璁和夏言都只是嘉靖皇帝手里的木偶而已，要把它看作新老权贵的殊死斗争，那就是想多了。

从嘉靖十年（1531 年）到嘉靖十四年（1535 年），张璁和夏言明争暗斗了四年多，形势并没有什么改变。张璁三次致仕，三次被召回，仍旧当他的内阁首辅。

嘉靖十年（1531年），夏言成为礼部尚书后，也没有再进一步，始终没能入阁。

然而胜负还是分出来了，决定张璁命运的人不是嘉靖皇帝，更不是夏言，是老天爷。

嘉靖十四年（1535年）春，张璁患病不能理事，屡次请辞，嘉靖皇帝不允。他还派太监送去自己服用的补品，带话说："古有唐太宗剪须和药，我今天拿我自己喝的药赐给爱卿，你一定能很快好转。"

嘉靖皇帝是一片好意，不过他自己喝的药好不好，那就很难说了，反正他按照道家方子抓的药，重金属严重超标是肯定的。

张璁服下药物到底也没好转，不得不回家调养。在家养病三年，嘉靖皇帝多次派人去温州看望张璁，还几次下旨召张璁到京复任，都因他身体原因未能到京。

嘉靖十八年（1539年）二月初六，张璁病逝于温州，享年65岁。当时嘉靖皇帝正在钟祥参加显陵落成典礼，闻讯伤悼不已，赐祭葬有加，赠太师，谥"文忠"。

张璁身上有一些另类的标签，比如凭借"大礼议"事件上位，整倒恩人杨一清，气量狭小，对政敌不懂宽恕，等等。

单独看，这些都是黑点，明白了原因，才知道张璁是多么不容易。

张璁大可凭借"大礼议"之功，舒舒服服享受高官厚禄，他却选择了一条最难的路。

锐意改革，除旧立新之路注定充满艰难。张璁的改革与反腐损害了皇亲国戚、太监、官吏、权贵阶级的既得利益，不能不引起他们的仇恨，弹章不绝，骂声一片。

但由于他一切秉公，亦奈何他不得。张璁几次致仕离京，犹如一介寒儒，他不仅在京师没有房产，连家当也没有几件。一个首辅混成这样，他只是作诗解嘲：年饥难独乐，官冗得偷闲。

就算无视张璁的改革，那不说别的，光是"居朝十载，不进一内臣，不容一私谒，不滥荫一子侄”，百分之九十九的人都做不到。

张璁就是这么一个兢兢业业、雷厉风行、孤芳自赏的人。

明代官方对张璁的评价是比较中肯的，说他“刚明峻洁，一心奉公。慷慨任事，不避嫌怨”，也没有避谈他的缺点，“第果于自是，恩怨太明，休休之量，是其所短”。

关于他的政绩，史书上给了极高评价：盖自汉唐宋元以来，宦官敛戢，士气得伸，国体尊严，未有如今日者，诚千载一时哉！

这样合起来看，基本符合张璁一个完整的形象。

张璁一路走来，最大的依靠有且只有嘉靖皇帝的支持。嘉靖皇帝对他虽有戒心，信任始终不改。“文忠”是仅次于“文正”的文臣谥号，注意，这个谥号不是后来皇帝的追谥，是由嘉靖皇帝本人实名认证，说明朱厚熜对张璁是相当认可的。

张璁致仕，不代表夏言就胜利了。继任首辅的是费宏，三个月后费宏病逝，上位的是李时。直到嘉靖十五年（1536 年）十二月，夏言才得以兼任武英殿大学士，入阁参与机务。嘉靖十七年（1538 年）十二月，李时病逝，这时桂萼、霍韬、方献夫等或死或退，论资排辈也该轮到夏言。所以与其说夏言是斗败了张璁获得首辅之位，不如说他是靠资历熬到了这个位子。

夏言上位，他的悲剧也开始了。嘉靖一朝的内阁首辅权柄超越以往，结局也超越了以往，可惜很多是悲剧。掰掰手指头，能全身而退还能保住晚节的，竟然只有张璁一位。

夏言是其中最惨的一个，他开创了大明首辅的另一种结局——斩首弃市。

第二章 夏言与严嵩的恩恩怨怨

郭勋案

夏言和张璁其实有很多相似之处，他们都是有大抱负之人。夏言接任首辅，并没有废除改革，他在政治和经济领域继续推进张璁的工作，去冗员、清庄田、废除皇庄、发展教育，取得了不少成效，嘉靖朝前期的一段“中兴”，可以说是杨廷和、张璁、夏言三人接力打造的。

但是夏言同样有缺点，他的缺点比张璁更为致命。

张璁这样的异类官员毕竟是凤毛麟角，绝大多数官员都是遵守官场潜规则的，夏言也不例外。

人在逆境中往往会日思进取，谨慎从事，以全力改变自己的近况。一旦功成名就，就极易改变初衷，甚至忘乎所以。

夏言就是这样的人。

手中权力渐大后，夏言逐渐忘我了，据史料记载，在任内阁首辅期间，他家的房子屡次翻修，平日里的粗茶淡饭换成了锦衣玉食，举手投足间尽是富贵逼人。有官员到夏言家做客，发现首辅大人的生活品位，明显不是他的俸禄所能承受的。

也就是说，夏言有巨额财产来源不明的嫌疑。

夏言还变得更加孤傲，以前那个团结同事的夏言不见了，变为了高高在上的首辅。夏阁老架子极大，待人接物傲慢无比，时人都说：不见夏言，不知相尊。

夏言打击政敌的手段和张璁并没有什么两样，一是一言不合就组织言官弹劾对手，二是使用权力干预法制，大搞监狱风云。

他还自说自话地给自己加上了“上柱国”的封号，成为明朝唯一的“上柱国”。

这些事都逃不过嘉靖皇帝的耳目，作为政治交换，他可以忍受夏言的一些特权，首辅贪点黑点都不算大事，只要你能干活。

嘉靖皇帝是一个掌控欲很强的人，在他心中，一个合格的内阁首辅，要能像张璁那样去当刀子，把所有嘉靖皇帝想做，又非常得罪人的事都揽过去，而这个人还要乖乖听话。

夏言地位坐稳后，开始变得不那么听话了。嘉靖二十年（1541 年），他就办了件让嘉靖皇帝很不开心的事——整死了武定侯郭勋。

当初“靖难之役”时，武定侯郭英在白沟河让朱棣吃了点苦头，朱棣登基后将他免官保留爵位。第二年郭英病逝，武定侯的爵位一直悬着没给，直到朱高炽即位，由郭英之孙郭玹袭爵。

我们知道郭英子孙里也出了定襄伯郭登这样的名将，那是人家凭军功实打实挣来的，和祖上荣光无关。郭英之后，历任武定侯都不温不火，没什么历史存在感，直到正德三年（1508 年），传到郭英五世孙郭勋手上。

郭勋本人没什么本事，不过他干了一件很特别的事，让自己得以在史上留名——修书。

郭勋修的书叫《英烈传》，这是一本明代著名章回体小说。为写此书，郭勋专门聘请写手、门客，搜罗各种正史、野史、笔记等资料，模仿《三国演义》和《水浒传》，捣鼓出了这本长达八十回的《英烈传》。

概括来说，这本书讲了朱元璋率群雄英烈推翻元朝统治，铲除割据势力，建立大明王朝的故事。事是真事，到《英烈传》里，成了《三国演义》《封神演义》混搭的套路。朱元璋和众将都是天上神仙下凡，各路枭雄和元顺帝都是上天安排的考验，阵亡的将领都回天上当神仙去了，朱元璋和他的子孙们只好委屈点，留在人间当皇帝。

该书一出，迅速成为爆款，还成了说书人必备的曲目，一直延续到当代，评书大师单田芳就录制过长篇评书《明英烈》。

郭勋修书的真正目的是抬高郭英，《英烈传》主角是伟光正的朱元璋，郭英荣升为高大上的主要男配，与徐达、常遇春等并列，还在鄱阳湖一箭射死陈友谅立下奇功。

郭勋很有营销头脑，《英烈传》成书后，他花钱造势，将这本小说引入皇宫，入了嘉靖皇帝法眼。郭勋乘机上奏，请求让郭英配享太庙，许多大臣反对，但嘉靖皇帝已被小说“洗脑”，郭勋得以如愿以偿。

有了祖上加持，郭勋自己也非常看得清形势。“大礼议”事件中他坚定支持嘉靖皇帝，当初杨慎计划找人打死张璁、桂萼，就是郭勋出面保护。

郭勋抱紧嘉靖皇帝大腿，得到了丰厚的政治回报，到嘉靖十八年（1539年），他已进为翊国公加太师，成为炙手可热的顶级大佬。

郭勋并不是个安分的人，他代表的那类人叫作权贵。这些人是既得利益阶层，侵占民田，盘剥商人，多行不法之事，说的就是他们。郭勋本人仗着有嘉靖皇帝恩宠，更是擅作威福，手里控制着无数资产。

这就与夏言改革的理念发生了冲突。

张璁担任首辅期间，许多言官弹劾郭勋作威作福，网利虐民，京师店舍多至千余处。但是郭勋这颗钉子太大，张璁没搬动，夏言打算接着搬。他和郭勋明争暗斗了好些年，其间夏言还吃过大亏，一度闹得狼狈辞职。

复职后，夏言更没打算放过郭勋，他一直在寻找机会，拿捏这位国公爷的要害短处。等到嘉靖二十年（1541年），终于被他等来了机会。

这一年，嘉靖皇帝听从夏言建议，派兵部尚书王廷相、遂安伯陈譓、武定侯郭勋一起去各地清理军籍。按程序，钦差大臣到地方办事，要领朝廷颁发的诰敕作为凭证。

郭勋却不以为然，他认为自己兼领后军都督府，到手下那办个事而已，何必再去打报告，写申请。

这个小小漏洞被夏言抓住，他发动手下言官就是一顿弹劾。郭勋觉得这是小事，落到嘉靖皇帝眼里就成了罔顾君权，不把自己放在眼里，于是朱厚熜就让郭勋自己解释一下。

本来这点事是整不垮郭勋的，只要他姿态放低一点，认错态度好点，嘉靖皇帝也不会真的拿他怎么样。可是这次郭勋膨胀了，他在辩解奏疏中讽刺了嘉靖皇帝两句：多大点事，用得着领敕书嘛（有何事，何必更劳赐敕）？

嘉靖皇帝一看大怒，你这什么态度！这是臣子该说的话吗！

郭公爷就这样被下了诏狱。

嘉靖皇帝的本意只是吓吓郭勋，并不是真要拿他怎么样。郭勋下狱，嘉靖皇帝一边命令北镇抚司不得上镣铐，不得用刑；一边暗示夏言，随便给郭勋拟个罪名，罚他点钱就完了。

夏言接受了这个任务，他组织人手加班加点，很快拟好了罪名，郭勋“作威植党”——死刑！

嘉靖皇帝顿时吓得不轻，这就死刑了？我叫你放了他，不是弄死他啊，夏言你是不是搞错了？

可是命令是自己下的，总不好意思说，是朕错了。嘉靖皇帝急了，手敕一封接着一封，强烈暗示大臣们放他一马。

夏言装作看不懂，每接到一封手敕，就有言官再参一本，揭发郭勋广置店铺，滥收私税，危害社会——死刑太轻了，还得抄家！

也怪郭勋平时人缘不好，树敌太多，竟没有人上疏救他。

嘉靖皇帝头大了，只得把弹劾奏疏留中不发，想来个冷处理，没想到冷着冷着就彻底凉了。嘉靖二十年（1541 年）冬，传来一个令他恼火万分的消息：健健康康进监狱，没吃到一顿打的郭公爷，稀里糊涂就死在了牢里。

这就让人浮想联翩了，你要说这不是夏言指使人干的，恐怕夏阁老自己都不相信。

这件案子《明史》上如是记载：（夏言）治勋狱，悉指其授。也就是夏言暗箱操作，把郭勋整死在狱中。

人死无对证，嘉靖皇帝吃了个哑巴亏又不好发作，只好在心里记下来：夏言“逆君沽誉，倾人职位”，留待秋后算账。

性格古怪、内心火热的首辅

嚣张归嚣张，夏言也确实是个很有个性的小老头。在他傲慢冷淡的态度下，其实有一颗柔软火热的内心。

当初张璁为了干倒夏言，发动过不少言官弹劾。张璁致仕后，夏言从未对这些人打击报复，就好像没发生过一样。

当上首辅，夏言没少踩人，也没少救人。有官员说错话得罪嘉靖皇帝，哪怕与己无关，他也常出面营救。最让人无语的是，救出了人后，他还忘不了摆谱把人骂一顿。

夏言就这样长期既干好事，又做恶人，在贪污受贿的同时，继续推进着他的改革。

嘉靖九年（1530 年），“大礼议”事件余兴未衰。嘉靖皇帝抑儒兴道，打算废除孔子王号，降低孔圣人的级别。张璁那时刚刚上位，不敢扫嘉靖皇帝的兴，大臣们更是相互观望。

事儿眼看就成了，一个来自松江府华亭县的翰林编修站了出来，说万万使不得，我有三不必、五不可，八大理由论证此事荒谬。

张璁认为翰林院是自己势力范围，他很不高兴地诘问道：“你不和我商量就自说自话，这不是背叛我吗？”

编修回答：“背叛生于依附，下官未曾依附阁老，怎么能说是背叛呢？”说罢，长揖而出。

这位编修时年 28 岁，初入官场，不愿谄媚主上。他觉得自己是孤傲清高，来自权力场的毒打将很快让他认清现实。

张璁也不是好惹的，任命很快下来了，编修被谪为福建延平任推官（管理监狱的小官）。

编修可是以探花身份被选入翰林院的，从前途无限的翰林官员变为小小的七品刑狱官，这个打击不可谓不大。

好在他没有自暴自弃，任内兢兢业业审理了许多冤案，一路从福建干到浙江、江西，业绩都相当出色。

转眼到了嘉靖十八年（1539年），皇家迎来一件大事，皇太子到了出阁读书的年纪，需要为他选定东宫班底。

一朝天子一朝臣，太子即位后，阁臣就来自他的东宫班子。就算再不济，上了太子这趟车，大富大贵也不是问题，这历来是一份很有前途的工作。

按惯例，名单由众人推选，内阁首辅圈定，皇帝一般都会同意。

张璁已经走人，时任首辅是夏言。

此时那位编修已重新被提升为江西按察副使，负责学政工作，位列名单之中。有人说他是嘉靖二年探花，早就入选翰林，又有地方工作经验，论才论识，都是时代翘楚。夏阁老您正该将这等人才收为门下，何愁将来他不报答您？

夏言家人却很有意见，他们说此人在江西不肯买你面子，非得给老家亲戚好看。这样的人，最好是让他烂掉。

夏言有些迟疑，思虑良久后，他还是提笔录上了这个人的名字：徐阶。

徐阶被任命为东宫洗马、翰林院侍读，他本人是有点意外的。自己明明得罪了夏家还受到提拔，莫非大家说夏阁老目中无人，好打击报复，不是真的？

为表感激，也为解心中疑虑，徐阶带着礼物拜访夏言，打算认下这个老师。

夏言依旧是那副冷冰冰的态度，说：“你不要想多了，我选你不代表要收你，带上你的礼物赶紧走人，以后也不要再来。”

徐阶迷惑了，不计前嫌提拔我，又不肯把我收为门下，夏阁老葫芦里卖的是什么药?

说穿了很简单，夏言不是个完人，他有腐败行为，他喜欢享受，他也打击异己。但是，夏言不是个结党营私的人，他明白自己职责所在。

为国选材岂能罔顾私怨?

夏言推掉了徐阶的好意，当面，他还是一副冷若冰霜的模样，背后却一直注意着徐阶。时不时打听一下他的工作，听说徐阶干得好，就忍不住表扬他。表扬完了又说，今日之事，切不可让徐阶知道。

这一切，徐阶当时并不知道，他只知道夏阁老是个古怪的老头子。

徐阶的工作能力确实很强，不过夏言忽略了另一个方面，重新回到北京的徐阶，已不是当初那个孤傲清高的小编修。

初到延平时，徐阶告诉别人：官大官小都是朝廷的信任，来到地方锻炼一下，对我大有好处。

没干多久他就后悔了，延平历来贫困，民生极为艰苦。一个小小推官，再勉力而为也没有能力改变什么。徐阶嘴上不说，心下深为自己“以狂愚见斥于朝”而后悔。

他后悔自己的年少无知，后悔自己的锋芒毕露。自己的之前种种只是图一时之快，但是痛快之后呢?问题一点也没解决，权力该怎么运行还怎么运行。

徐阶只叹自己蚍蜉撼大树——自不量力，结果流落到穷乡僻壤，失去了更大作为的机会。

夏言和徐阶就维持着这样一种奇怪的关系，夏言从不说徐阶是他学生，徐阶也从没说夏言不是他老师。只不过，认清现实的徐阶已不再坚持清高，如何才能实现心中那个目标，他已有了答案。

徐阶在变，夏言依旧不变。

夏言古板严肃的外表下，其实是个骄傲的小老头。这样口硬心软的性格，在生活中固然有点可爱。可不要忘了，夏言不是普通人，他是顶层官场中的顶级官员。

官场如战场，对待政敌，如果做不到打一手拉一手，那也该像张璁一样——我不管你说我是伪君子还是真小人，总之非把你干趴下，干到你不再能挡我路为止。

万一给对手留下翻盘的机会，倒下的很可能是自己。所以夏言的性格，在官场其实是种缺陷，对手可以利用的缺陷。

熬走张璁，打倒郭勋，夏言最强劲的对手也出现了。他也因为自己的性格弱点，最后轰然倒下。

钤山养望

纵观历史，历朝历代总会出个把代表性奸相，如赵高、秦桧、李林甫等。大明享国 276 年，不推出个代表性奸相来装点一下门面，就有点说不过去了。

这位奸相就是严嵩，大明最臭名昭著的内阁首辅，各种戏曲作品中的大白脸（坏人），明代第一奸臣，如假包换。

严嵩的故事，不同于刘瑾、钱宁、江彬这些肤浅的人。这是一位享有盛誉的官员如何黑化的故事，是一个官阶向上灵魂向下的悲剧。

从严嵩身上，我们能读懂嘉靖朝的许多内涵。

严嵩，袁州府分宜介桥村（今江西省分宜县）人，家族有耕读传家的传统。严嵩 10 岁过秀才，19 岁中举人，25 岁（弘治十八年，1505 年）高中进士。

进士也是分等级的，成绩决定起跑线。一甲二甲三甲，以后的职业规划泾渭分明，严嵩的进士含金量高不高呢?

二甲第二名，全国第五的好成绩。

这个成绩，碾压正德十六年（1521 年）二甲靠后的张璁，正德十二年（1517 年）的三甲进士夏言。妥妥的天之骄子，未来阁臣的热门人选。

严嵩是个精神小伙，书读得很好，书法也写得很好，身上满是加分项，很快就被选为庶吉士，学习三年后散馆授翰林编修，成为大家眼中的“储相”人选。

严嵩的仕途一步一个脚印走得很扎实，当时张璁、夏言都还屡试不中，正在为功名线冲刺。严嵩已经出人头地，只要按部就班，当上侍读、学士，入阁很有希望。

可是为什么，出头的是后进的差生张璁、夏言，而不是前辈学长，全国第五的严嵩？

是严嵩长得太丑吗？

戏剧作品中，严嵩长得很猥琐，一看就是个大坏蛋。但实际上，严嵩长了一副好皮囊，多种史料记载，严嵩身材修长、声音洪亮，完全称得上仪表堂堂。

说来有人不信，没人逼严嵩走人，他也没有遇到工作难题，严嵩是心甘情愿离开官场的。

正德三年（1508年），严嵩祖父、母亲先后去世，翰林编修小严按照礼制回家守孝。孝期三年即满，严嵩却选择了隐居。

他在家乡的“钤山堂”一待就是九年。这段时间，严嵩博览群书，潜心研究诗文，文学造诣达到了一个很高的水平。

严嵩到底为什么这么干呢？

有人说他身体不好，有人说他是故意显示清高，也有人说他是逃避现实。不管原因到底是什么，当时的严嵩，通过“钤山养望”这件事，为自己在朝野赢得了广泛的声誉。王守仁巡抚南赣期间，慕严嵩之名，曾特地前往钤山，为严嵩题下匾额以示褒奖。

正德十一年（1516年），严嵩正式复出，北上京师重新投入官场，仍然担任翰林编修。第二年，严嵩被任命为会试排名第四的同考官，负责《诗经》第二房的阅卷。

在这年会试中，一个来自江西的考生以《诗经》考取进士，成绩是三甲第一百四十九名。

虽然不能肯定，这份卷子是否由严嵩亲自录取。但在会试中，考官有互批的规矩，即批阅同一种经典的几个考官，都会在录取考生的试卷上写下自己的意见。

从这个层面来看，严嵩要是向别人夸耀，这个江西考生是我的门生，理论上是说得通的。

严嵩不知道，他和这个叫夏言的考生，后来会产生这么多恩恩怨怨。

正德一朝剩下的几年，严嵩过得很平淡。直到正德十六年（1521 年），朱厚照驾崩，嘉靖皇帝朱厚熜登基，他将给严嵩带来全新的政治生命。

礼部左侍郎

严嵩是个谨慎的人，嘉靖皇帝与杨廷和斗得不亦乐乎的时候，严嵩没有明确站队，仍然安安静静当着他的小编修。

转折发生在朱厚熜生母蒋氏来到京师之后。严嵩身为翰林官员，按例要发表一些官样文章，他写了一首名叫《奉迎慈圣歌》的诗，其中有这么两句：正阳圣母遵门入，王凤英皇却辇迎。

本来这也是两不得罪的话，只是说出了蒋氏从正阳门入京这个事实，可是落在杨廷和眼里，就成了严嵩讽刺他的证据。

杨阁老人狠话不多，立即以实际行动报答了严嵩，将他从正七品翰林编修提升为正六品翰林侍读，只是办公地点换了一下，从北京换成了南京。

严嵩的俸禄是加了两级，却被打发离开了权力中心，成了个养老官员。

官场首次重大打击来得毫无征兆，严嵩开始思考，自己到底哪里做错了？

苦思冥想后，他似乎想通了。原来该站队时就要站队，要是只想着两头不得罪，到头来很可能两头都得罪。

归根结底，原来光有才学，光有声望是没有用的。再有理想，再有抱负，在权力的打击之下，也只是一摊烂泥。

那么如何才能得到权力呢？

在严嵩动身前往南京时，南京方向也正有两个人风尘仆仆往北京赶来。

他们此行还将遭遇黑社会的威胁，遭到群臣的集体抵制，经历残酷的斗争后，他们会入阁拜相，到达权力的最顶层。

他们将以自己的行动为严嵩做出示范，在嘉靖皇帝手下，用人不光要看才学，还要看马屁拍得好不好，拍得到不到位。

大家都知道他们是谁了：张璁和桂萼。

杨廷和的失败和张璁、桂萼的成功，严嵩看得很清楚，新皇上需要什么样的人，他心里有了数。

这一年，严嵩已经46岁。或许在某个夜晚、某个清晨，那个失意的南京翰林侍读决定换个活法，不惜一切代价地往上爬，哪怕成为权臣巨奸，他也无怨无悔。

巧合的是，严嵩和桂萼是老乡，严嵩还当过桂萼儿子的老师，两人关系非常好。桂萼入阁后，严嵩被调回北京。在桂萼等人的关照提携下，严嵩的事业进入发展期，很快被提升为礼部右侍郎。但是此时“大礼议”已经随着杨廷和致仕，张璁上位告一段落，严嵩即使有心拍马屁，也很难找到机会。

不过这难不倒严嵩，他毕竟是饱读诗书的博学之士，没有机会不要紧，只要把握住原则，就能创造机会。

嘉靖七年（1528年），严嵩领到了一个任务，去湖广安陆出差，代替嘉靖皇帝祭告显陵。这个任务没啥难度，到了安陆，读一下祭文，走一下程序就能完成。

到严嵩手里，愣是给整出了花样。

严嵩七月出差，十二月回京，向嘉靖皇帝汇报了遭遇的一系列怪事。比如为显陵采集碑石时，有鹤群围绕，久久不散；献上册宝时，突然刮来一阵怪风，很像是神仙出现时的“灵风”；祭告显陵时，鹤群再次盘旋飞舞，同时河水大涨，云气翻滚，像是有神仙登天而去。

在古代，这些灵异事件统称为“祥瑞”，是神仙对皇帝行为的赞成或表彰。严嵩汇报的祥瑞没有任何证据，却让一心修仙的嘉靖皇帝深信不疑。经过此事，嘉靖皇帝对严嵩的好感度直线上升，将他由礼部右侍郎提拔为左侍郎，这件事被认为是严嵩“得君之始”。

嘉靖年间，礼部左侍郎是个非常重要的职位，再往前一步，就是礼部尚书，嘉靖皇帝的首席重臣。

以往百官之首是吏部尚书，到了嘉靖年间，礼部尚书地位超越了吏部尚书，成为实际上的百官之首。

严嵩好不容易要出头了，悲剧的是，时机没有选对。彼时朝廷政治斗争出现新动向，张璁的对手夏言已浮出水面。

嘉靖十年（1531 年）七月，夏言接任严嵩的礼部左侍郎，同时掌管翰林院事务。官场重新洗牌，严嵩又被一脚踢到了南京，这回是担任南京吏部尚书，名义上是进入了九卿大臣的备份序列，实际又被冷藏起来。

在嘉靖年间，朱厚熜的重臣们都有一个共同的特点，升迁顺序大半按照礼部右侍郎—礼部左侍郎—礼部尚书—入阁。

如果一个官员让嘉靖皇帝觉得可以培养，他会被提拔到礼部，继续考查表现。

怎么考查法？不要以为，在嘉靖皇帝喊“我要我父入太庙”时，你举个手，上个奏章，你就是“议礼派”骨干了。要拍嘉靖皇帝马屁不仅要拍得准，而且要拍出文化，拍出特色，拍得有理有据。

否则，支持议礼的人不少，凭啥是张璁、夏言上位？

比如嘉靖皇帝要给他父亲上尊号，不是说你跳出来大喊“好，我支持”就行了，你得讲出理由，为什么支持，上尊号这件事好在哪里，不上为什么不行！

你要讲得头头是道，引经据典，拍得让皇帝和神仙都满意，才能被提拔为礼部左侍郎。

在这个时候，严嵩还只懂搞点祥瑞，打个擦边球。他还顾及着舆论，没有夏言那么坚决地支持嘉靖皇帝更改祀礼的想法，也就没有真正被皇上视为自己人。

夏言接任严嵩的礼部左侍郎，然后的故事大家都知道了。

好不容易奋斗到那个位置，却被后起之秀拉下马来，严嵩的懊恼可想而知。

在南京，严嵩又百无聊赖地混了五年，这五年也是非常重要的五年，严嵩在无所事事的同时，密切关注着北京的局势，他还需要搞清楚两个很关键的问题。

我不站队吧，被踢到南京；我站队吧，还是被踢到南京，为什么？

他更需要弄明白的是，连张璁段位这么高的选手，为何也无法彻底讨得皇上的欢心。那么，在嘉靖皇帝手下，什么样的人才能够常胜不倒？

五年后，他终于看穿了这个秘密，严嵩将再次向北京发起冲击。

这一次，他志在必得，付出任何代价也在所不惜。

严嵩的决心

嘉靖十五年（1536 年）八月，朱厚熜迎来了 30 岁寿辰。

皇帝的生日称为万寿节，由唐玄宗李隆基首创，是全国性重要节日。万寿节期间，全国放假三天举行庆典活动。各地主要官员要前往京城祝寿，献上美酒甘露并各式礼品，皇帝亦按等级高低赏赐百官。

严嵩行政级别不低，自然有资格进京面圣。万寿节结束后，他也没有离开北京，而是来到了一个朋友门口，叩响了门环。

这位朋友时任礼部尚书，再过四个月，他就会挂上武英殿大学士的头衔入阁，开创属于自己的一段局面。

此人正是夏言。

这时的政治局面已非常明朗，张璁在去年病退，现任首辅李时老弱多病，注定是个过渡人选，夏言入阁板上钉钉，只是个时间问题。

严嵩要下注了。

他对夏言说出了自己的请求，恳请自己这位同乡、皇帝的宠臣为他在北京谋个位置。

夏言并没有忘记严嵩这个人，得知来意后，他有点迟疑。严嵩毕竟和桂萼关系密切，桂萼又是张璁的盟友。帮了严嵩，会不会帮了对手？

但当他打量着眼前这位比他还大两岁，早十几年就考中全国第五，担任过自己考官的江西老乡，看到他形如骨削，眉毛已经疏落，已是一副老朽的模样。

夏言顿生恻隐之心，答应鼎力相助。

第二天，夏言就面见嘉靖皇帝，建议留严嵩在京任职。嘉靖皇帝原本对严嵩印象不错，于是答应由夏言一手去办。当时朝廷正好在重修《宋史》，严嵩博学多才，夏言便建议由严嵩暂时总理修史之事，嘉靖皇帝准奏。

年底，夏言入阁，又奏请嘉靖皇帝由严嵩接替他的礼部尚书之职。按正常程序，夏言晋升，尚书该由左侍郎顾鼎臣接替，但因为夏言的大力推荐，严嵩终于如愿以偿，时年他 57 岁。

此后有一段时间，严嵩和夏言关系很不错，他处世谨慎，对夏言非常尊重。但是夏言慢慢发现，这位老乡好像变了一个人。表面他依然尊敬夏言，私底下经常在皇上面前搬弄是非，还对拉帮结派非常感兴趣。

严嵩变得柔顺，阴媚，他不再是那个名望满朝野的严嵩，变得口是心非，热衷于权术。

夏言个性自负，为人比较高傲，他开始疏远严嵩，也不再帮他说话。严嵩察觉到夏言对自己的不满，就积极向夏言靠拢，希望继续得到夏言的赏识和提拔。

为了拉关系，严嵩几次邀请夏言到家里赴宴，夏言就是不去。总算有一次，夏言勉强答应了严嵩赴宴，但时间到了，夏言还待在家里，根本就没有赴宴的意思。

严嵩左等不来，右等不来，便亲自跑到夏言府上邀请，夏言辞而不见。

一般人遇到这样的情况，不是怏怏而归，就是勃然大怒，严嵩却是早有准备。他毫不在意地在夏府大门口铺开一张席子，往上面一跪，拿出事先写好的文章，便大声诵读起来。

这是一篇精心准备好的文章，严嵩对夏言大加称颂，说：夏言是多么了不起，作出了多大的贡献，自己是多么地仰慕夏言，希望夏言能赏光到自己家里赴宴。

严嵩的年纪比夏言要大两岁，他比夏言早十几年考中进士，还当过夏言的同考官，按科举名分来讲，夏言该叫严嵩座师才对。座师给学生下跪，还如此谄媚奉承，严嵩的所作所为传出去后，大家都很看不起他。

但是夏阁老是个口硬心软的人，看到严嵩这么卑微，对自己这么崇拜，夏言被感动了，他答应了严嵩的邀请。严嵩通过这种无耻的方式，得以让夏言继续在嘉靖皇帝面前帮助和推荐自己。

这种情况持续到了嘉靖十七年（1538 年），这一年，朱厚熜决心实现他下一个心愿，让从来没当过皇帝的朱祐杬称宗入庙，配享先帝。

这事早在嘉靖十年（1531 年）就讨论过一次，当时连张璁、桂萼、席书等人也表示反对。夏言倒是支持，但当时他人微言轻，并没能起决定性作用，事儿就一直拖着没办。

到了夏言当上内阁首辅，他对拍嘉靖皇帝马屁的兴趣已经大不如前，不愿再理这种破事。于是，大家的眼光都集中到了礼部尚书严嵩身上。

嘉靖皇帝铁了心要把朱祐杬弄进太庙祭祀，当然没人能拉得住。问题是朱祐杬在太庙到底占哪个位置，是排在朱厚照前面呢，还是后面？

在现实里，朱厚照做皇帝时，朱祐杬是臣子，理应排在武宗之后；但从辈分上来讲，朱祐杬是叔叔，朱厚照是侄儿。嘉靖皇帝显然觉得，把老爹排在堂哥后面不太妥当。

同时，兴献帝正式搬进太庙，朱棣的年号也要随之更改，“太宗”是保不住了，必须改为“成祖”。

这道题是很难做的，按照皇上的意思办，很可能会被众人当众骂；按照现实办，嘉靖皇帝不会饶了严嵩。

但是在多年以前，那个被踢到南京的前礼部左侍郎已经做出了自己的选择，他之所以低声下气对高傲的夏言，就是在等待这个机会。

严嵩毫不犹豫选择了拍马屁，他拿出了具体方案：兴献皇帝与孝宗皇帝是兄弟，其神主应该同居昭位，位于穆位的武宗之上！

然而光这样是不够的。

这点也难不倒严嵩，他绞尽脑汁，写下了《献皇帝称宗大礼议》《遵照献皇帝祔庙文皇帝称祖议》。在这两封奏疏里，他系统论述了兴献帝称宗入庙，排在武宗之上的理论合理性。并且以自己高超的学术水平，对嘉靖皇帝大肆吹捧，说这事是“举百王之旷礼，垂亿代之鸿名”，还肉麻地把嘉靖皇帝父子比作周文王、周武王，把他们捧到了开国之君的地位，让朱元璋、朱棣父子也相形失色。

严嵩身为礼部尚书，文学和礼学造诣都是极高的。这些奏疏既达到了吹捧的目的，用词也非常优美，还引经据典形成了逻辑闭环，让嘉靖皇帝在心情舒畅的同时，又非常享受。

兴献帝称宗祔庙的排位问题就此圆满解决，嘉靖皇帝下令完全按照严嵩说的办理。

自此，永乐皇帝朱棣的庙号正式成为我们今天熟知的“明成祖”。

在嘉靖十七年（1538 年）“大礼议”的最后演出中，严嵩成了朱厚熜最喜欢的人。嘉靖十九年（1540 年）正月，朱厚熜加严嵩为太子太保，嘉靖二十年（1541 年）晋少保。

严嵩入阁

严嵩并不满足，在南京的五年，他已经考虑得足够清楚，光是在这些国家事务上顺着嘉靖皇帝，并不足以让他成为不倒翁。

嘉靖皇帝迷信道教，好长生不老之术，他可以一整年不上朝，却不能一天不炼丹修仙。

嘉靖皇帝不仅自己迷信道教，浪费了大量的人力物力，还积极向其他人推荐。一次他赐给夏言等五个人每人一顶道冠——皇上的意思是希望夏言等朝廷大臣公开佩戴道冠，为他推广道教做好带头作用。

但是夏言不信鬼，不信神，只信自己。皇上信什么他管不了，身为内阁首辅，自己不能搞得神不神鬼不鬼的，不能让大家把宝贵的时间和资源浪费在这些无聊的玩意儿上。况且，大臣们的穿戴有明确的官方规定，怎么可以用道冠搭配官服？太不伦不类了。

当着众人的面，夏言不好说什么。回朝后，夏言单独上了一道奏疏，说：“这不是臣子该做的事情，也不是法定的制服，我不戴（此非人臣法服，不敢当）。”嘉靖皇帝看到奏疏异常愤怒，大骂了夏言一通。但是几天后，嘉靖皇帝却惊喜地看到有一个大臣公开佩戴了道冠，不仅佩戴了，他还怕道冠蒙上灰尘，特意在外面罩了一层轻纱。

这个人就是严嵩。嘉靖皇帝看到严嵩这么做后，大为欢喜；其他大臣看到严嵩这么做后，大为厌恶。

夏言冷眼旁观着严嵩的表演，他曾把这个江西老乡当作朋友，不遗余力地推荐他。这件事让夏言彻底明白了，严嵩变了，蜕变成了一个毫无廉耻，只知阿谀奉承的人。

夏言是个有情绪就会摆在脸上的人，他再也不愿搭理严嵩，开始找机会削弱严嵩。

可惜已经太晚了，严嵩的羽毛已经丰满了。

严嵩不但抢了夏言拍马屁的活，还抢过了写“青词”的活。夏言当上首辅后，工作越来越忙，也越来越懒得应付嘉靖皇帝。嘉靖皇帝叫他写“青词”，他能拖就拖，拖不过去就随便应付一下，“青词”质量下滑严重。这个时候，严嵩很及时地冒了出来，他写的“青词”让嘉靖皇帝眼前一亮。

严嵩诚心修玄的名声传到了嘉靖皇帝耳朵里，让嘉靖皇帝越发觉得他的虔诚不是装出来的。而且，严嵩的“青词”质量也很高，不输于夏言，久而久之，严嵩就成了嘉靖皇帝新的御用“青词”写手，只有他写的“青词”让嘉靖皇帝最满意——“醮祀青词，非嵩无当帝意者”。

嘉靖十七年（1538 年），夏言在最后的“大礼议”事件中表现退缩，已经失去了嘉靖皇帝的欢心；嘉靖二十一年（1542 年），夏言把郭勋整死在牢里，受到嘉靖皇帝训斥。

夏言又犯了不少小错误，越来越失去嘉靖皇帝的欢心，严嵩却是荣宠日盛。

严嵩觉得羽翼已丰，他决定对夏言出手了。

一天，乘着前往斋宫面圣的机会，严嵩扑通一声就跪倒在地，痛哭流涕地喊道："老臣受尽夏言欺辱，望陛下做主！"

嘉靖皇帝没有思想准备，便问：夏言怎么了？

严嵩拿出早已准备好的奏章，历数夏言几大罪状，说夏言如何专权，欺辱臣下；又列举其对"大礼议"阳奉阴违，对修玄毫无热情等事。

嘉靖皇帝听完大发雷霆，觉得像严嵩这样的老实人，尚且受到夏言如此压制，其他人可想而知。他又想起郭勋的事，更加怒不可遏，立即亲自下手敕，历数夏言三大罪状。主要是：千罗百织，与太监共谋，整死郭勋；国家大事不在公门处理，我不早朝，他也不上朝；我嘱咐的事，一点也不上心，视君言如儿戏。

更巧的是，嘉靖皇帝发怒第八天，出现了日食现象。这几顶帽子一扣，再加上天现异象，夏言也怕了，他上疏乞求致仕，嘉靖皇帝批准。

嘉靖二十一年（1542 年）八月，严嵩以礼部尚书兼武英殿大学士入阁，正式进入权力核心，时年 63 岁。

第三章 首位被处死的内阁首辅

"壬寅宫变"

嘉靖皇帝即位前期，有杨廷和、杨一清、张璁、夏言等人辅佐，也开创了一段励精图治的时期，有人将其美称为"嘉靖中兴"。这个说法略有夸张，不过实事求是地说，嘉靖前期一段时间，确实进行了一些改革，革除了一些弊政，让百姓得到了一些休养生息。

"嘉靖中兴"大约维持了十九年，与朱祐樘、朱厚照相比，时间算是相当长的。

但是除了有限几个开国皇帝，历任皇帝不可避免的问题也是一样的，年轻时励精图治，进入中老年就变得昏聩，失去革新的动力，帝国也开始变得昏昏欲睡，不复活力，弊政再起。

这几乎是历代统治者不可避免的问题，嘉靖皇帝也逃不过这个定律。

嘉靖皇帝越来越沉迷于修道，嘉靖十八年（1539 年）起，他基本不再上朝，大臣要见他只能等待宣诏。本来官员还以为，皇上只是太忙，太累了，休息一段时间，总会回来正常工作的。

但是嘉靖二十一年（1542 年）发生的一件大案，彻底断绝了他们的念头。

事件的诱因来自严嵩的手下赵文华。他不知从哪里弄来一只大乌龟，据说“身有五色”。

当时的人没这个认识，认为这是千年灵物，赵文华就把大乌龟献给了嘉靖皇帝。嘉靖皇帝是个特别喜欢祥瑞的人，灵龟又是祥瑞中的祥瑞，这岂不是神仙降旨，表扬他这个皇帝当得还可以？

嘉靖皇帝高兴万分，下令把神龟好生养在宫中，隔三岔五就会带着宠妃去看看。神龟有专人看护，宫中指定了杨金英和邢翠莲两名宫女养龟，两人小心伺候不敢怠慢。

谁知，可能是长途跋涉后水土不服，也可能是阳寿已尽，这只神龟突然就一命呜呼了。

这一天是十月十九日，杨金英和邢翠莲都是宁嫔王氏身边的宫女，死了神龟事关重大，两个小姑娘非常害怕，不敢报上去，先去找她们的主人商量如何是好。

王宁嫔也曾受宠于嘉靖皇帝，但不久嘉靖皇帝就移情另一位妃子——端妃曹氏，她已彻底失宠。

嘉靖皇帝对待后宫的手段非常厉害，历来讲究“连坐”“追责”。死了乌龟，追究的绝不止照顾它的两个宫女，王宁嫔房内十几个宫女，包括她本人都得连坐。就算不死，这一辈子也没什么盼头了。

宁嫔和两个宫女商量许久，也没什么好办法。想到嘉靖皇帝的手段，她们就不寒而栗，想来想去横竖脱不了干系。宁嫔索性把牙一咬，心一横，干脆把事情闹大。

闹得不是普通的大，而是比天还大——她们想要弄死嘉靖皇帝。

刺杀皇帝，这是天大的罪名，仅凭她们三个人无法完成，王宁嫔召来服侍自己的十几个宫女一起商量，大家竟然一致同意。

原因有两个，除了担心连坐遭殃之外，宫女们本身对嘉靖皇帝早已充满怨恨。

朱厚熜年纪轻轻就迷上了道教，随着修行的深入，他所用的方法也越来越变态。

为了长生不老，他需要服用许多丹药，其中许多需要特别的方子才能炼成。比如他经常服用的一种叫“红铅”的药丸，要用处女的经血和药粉拌和后炼成，据说长期服用能强身健体，延年益寿。

为了得到足够的原料，他强迫十三四岁的宫女们只能吃桑叶、喝露水，不得进食其他食物，并服下催经下血的药物。这些药副作用很强，轻则失血过多，重则血崩，为此丧命的宫女已经不少。

而且由于长期服用重金属严重超标的丹药，嘉靖皇帝已经出现一些中毒的征兆，他的精神变得不稳定，喜好酷虐宫女。狂躁起来就在后宫发泄，宫女们有一点小过错就受到严厉惩罚，重者甚至拷打至死，搞得后宫人人自危（若有微过，辄加棰楚，因此殒命者多至二百人）。

宫女们觉得，就算不在神龟事件中被连坐处罚，早晚也得被这个变态皇上弄死。反正都是死，还不如拼死一搏，为民除害，拉上嘉靖皇帝垫背。

商议已定，王宁嫔决定把动手的地点放在端妃寝宫中。

一则王宁嫔比较熟悉嘉靖皇帝的活动规律，他宠幸端妃，经常去那里过夜，别的妃嫔那里未必候得到他。

二则嘉靖皇帝喜欢睡懒觉，端妃则起得很早。她习惯天不亮就离开寝宫，去监督宫女们烹制供嘉靖皇帝起床后食用的点心。这个时候，寝宫就只有两名宫女看守，很好打发。

神龟已死，动手宜早不宜迟，众人选定了二十二日。

这天晚上，朱厚熜果然来到端妃宫中过夜，到了卯时，天还没亮，端妃就出宫去了。众人很轻易骗走了两名看守的宫女，进入寝宫。

嘉靖皇帝正在熟睡，浑然不觉。宫女杨玉香拿出早已搓好的绳子，杨金英系出一个绳套，众人一起靠近。胆大的杨金英把绳套套到嘉靖皇帝的脖子上，其他人一拥而上按住他的四肢，压紧身体，口中塞上布团不让他发声。

嘉靖皇帝突然遇袭，用尽全身力气挣扎了一番，但架不住宫女们人多，逐渐就没了动静。

这些宫女没有受过什么训练，也没什么组织，行刺现场很混乱，谁都没有发现，一个名叫张金莲的宫女不知何时不见了。

这个张金莲年龄很小，胆子也很小，并不清楚杀人是怎么回事。看到拼命挣扎的皇上，张金莲脑子蒙了，或许是条件反射，她竟然偷偷溜出去报告了方皇后。

事情就此提前败露，火速赶来的管事和护卫冲入宫中，将一众宫女生擒活捉。

时间已经过去很久了，嘉靖皇帝死了没有呢？

当然没有。

或许是嘉靖皇帝命不该绝，这些宫女不过十几岁年纪，哪懂得杀人。在皇帝拼死挣扎时，宫女杨金英手下发慌，于是又把绳套打了个结，这两个结打到了一起成了死结，杨金英使出吃奶的力气，力道没吃到嘉靖皇帝的脖子上，只是把他给勒得五迷三道，缺氧昏厥了过去。

嘉靖皇帝幸运地捡回一条命，却也气息奄奄说不出话来，经过太医七八个小时的救治，才吐出数升紫血，逐渐才能开口。

行刺失败，16位宫女不久就被押赴市曹，凌迟处死。王氏是妃嫔，照顾到皇家颜面，在宫内被处死。

这些都是早能料到的事情。略出意料的是端妃曹氏，她本身与此事毫无瓜葛，又是嘉靖皇帝宠幸的妃子，怎么看也牵扯不到她头上。

但后宫就是如此，受宠于皇帝一人，在其他妃嫔眼里就是罪过。在朱厚熜还在救治，无法说话的几个小时里，方皇后竟自作主张，下令将端妃与王宁嫔一起处死。可怜这个为皇家生下两个公主的女子无辜受到诬陷，被牵连而死。

方皇后逞一时之快，造成既成事实。嘉靖皇帝醒来后，根本不相信端妃会同谋行刺自己，但人已无法复生，他也因此对皇后的自作主张怀恨在心。

四年后，宫中失火，方皇后身陷火海。嘉靖皇帝阻止了宦官们冲进房中救人，让皇后听天由命，方皇后就此葬身火海之中。

讽刺的是，“壬寅宫变”后，嘉靖皇帝并没有心生悔意，反而变本加厉，沉迷于方术中不可自拔。他在嘉靖二十六年（1547 年）、三十一年（1552 年）、三十四年（1555 年）、四十三年（1564 年）又四次大选宫女，共计选入 8—14 岁的 1080 名女孩进宫，作为他修道事业的“材料”。

“壬寅宫变”对明朝政治产生了很大影响，嘉靖皇帝从此搬离大内移居西苑永寿宫，再也没有搬回去过。他以多病需要休养为名，就此开始了修仙的日子。

从此以后长达 24 年时间里，嘉靖皇帝只留下三次上朝的记录，长期与群臣处于隔绝状态。

严世蕃的计谋

不上朝归不上朝，朝中政局并没消停。

严嵩入阁后，依然受到宠信，大臣们基本上见不到皇上，严嵩却享有优待。嘉靖皇帝时常召他到西苑见面。严嵩很快赶跑了内阁首辅翟鸾，提拔自己人吏部尚书许赞、礼部尚书张璧进入内阁。

看上去，严嵩似乎已经胜利了，然而事实并非如此。严嵩独操内阁大权，但并未得到首辅的头衔。也就是说，他的权力是临时的、代理的，嘉靖皇帝还没有下决心让严嵩成为内阁首辅，因为他还没有忘记夏言。

嘉靖皇帝能容忍贪官、昏官，唯独不能容忍独断专行的官员。严嵩掌握内阁权力后，弹劾他贪腐的奏章不断，嘉靖皇帝都视而不见。但是有言官弹劾严嵩专权，嘉靖皇帝就睡不着觉了，他立即想起了夏言。

夏言怎么样了呢？

致仕三年多来，夏言过得很不开心。夏大人喜欢享受，讲究派头，罢官以后，不要说昔日门庭若市的热闹场面，连当初他不放在眼里的地方官，也不怎么待见他了。

这种心理落差让夏言闷闷不乐，他整天只想一件事：我何时被起复。

嘉靖二十四年（1545 年）十月，起复夏言的手诏终于送到了他手里，夏言大喜过望，立即吩咐家丁打点行装。

有亲友规劝道，严嵩还在朝野，以你的性格，如若再出，恐有大祸。

夏言只是轻蔑一笑：严嵩在我眼里，不过是只蝼蚁，何足道哉。

这年底，夏言抵达京师，第三次成为内阁首辅，也是最后一次。

夏言没有变，他还是那个夏阁老。这次他在恃才傲物之外，又多了一个使命：复仇。

夏言回来了，带着王者归来的霸气，夏阁老依旧一言九鼎。他把严嵩提拔的人全部赶走，大事小事"略不顾嵩"，又指使言官弹劾严嵩不法之事。在夏言眼里，严嵩成了个摆设，大有不把严嵩批倒批臭，就不罢手的意思。

严嵩恐慌了，在家唉声叹气，坐卧不宁。严嵩儿子严世蕃看到，便问："父亲何事忧愁？"

严嵩叹口气："夏言重新入阁，待我甚薄。看来他不把我赶走，是不会罢手的。"

严世蕃只是呵呵一笑："夏言刚愎自用，不难对付，只要依我的，包父亲过他这一关。"

严嵩长相气度不俗，严世蕃长得不像他老子。史料中说严世蕃的尊容是"短项肥体，眇一目"，也就是说严世蕃是短脖子、大胖子，还是个"独眼龙"。

严世蕃在国子监读过书，完成学业后担任过顺天府治中、尚宝司少卿，时任太常寺少卿。不过他走的不是科举路线，是依靠严嵩的关系读书入仕。

通常来说，靠老子关系走后门的人，都没有什么真才实学，但严世蕃却是个另类。此人的能力不在读四书五经，而是擅长于奸猾机辩，通晓时务，熟悉国典，而且他还颇会揣摩别人的心意，有嘉靖朝第一鬼才之称。

没多久，许多人就看到了匪夷所思的一幕。

这天，严嵩带着严世蕃来到了夏言府上，口称要面见阁老当面请罪。夏言不出意料地请他们吃了闭门羹。要是一般人，多半是隔日再来，想办法三顾茅庐。

可是严氏父子的方法很不一般，两人见夏言不出，两腿一软就跪在了夏府堂前。接着，爷俩泪如雨下，旁若无人地哭诉他们是如何敬佩夏言，是如何对夏言忠诚。夏阁老是受了小人蛊惑，才会对他们有这么大意见。

这就是严世蕃的计策，他说："父亲上次您到夏言府上下跪，效果很好。但是这次不一样了，我们得想办法，小小地改进一下，改为跪哭，夏言一定会心软。"

夏言怎么也想不到，当朝阁老父子俩会丝毫不顾面子与名声。他毕竟是个血性男儿，被两人这么一搞，感情上实在吃不消。夏阁老只好无奈地挥挥手，答应旧事不提，嘱咐他们今后好自为之。

严世蕃确实是个人精，也是个优秀的导演，这场戏成功地帮助严嵩度过了这次危机。

当然，严世蕃给父亲出这个主意，不是说他们真心悔过。严世蕃此人的品性，《明史》用了四个字形容：剽悍阴贼。"剽悍"这两个字说明严世蕃做事情很凶、很狠、很高调；"阴贼"两个字说明严世蕃很有心机，喜欢用阴招。

严嵩父子把这个仇记在了心里，就等着夏言露出破绽，好彻底击垮他。但是严嵩此时并没有足够的力量扳倒夏言，他只好蛰伏起来，等待着那个能帮助他的人出现。

夏言这样的性格，实在是很容易得罪人，很快他就得罪了一个不该得罪的人，这个人将和严嵩一起，置他于死地。

嘉靖皇帝南巡

嘉靖十八年（1539 年），二月十八日，河南卫辉。

虽已是深夜，天空一角却一片火红，在早春的这个四更时分，人们睡得最熟的时候，火苗疯狂地卷着舌头，烧得卫辉这座临时行宫噼噼啪啪直响，眼看随时就要坍塌。

行宫门口人影绰绰，踉跄奔出的宫女太监们，身上披着火苗就地打滚。还有许多人，带着一身火光发出凄厉的尖叫。

大家都在忙着避火灭火，但在这忙乱中，没人考虑到一个最重要的问题：皇上在哪？

在所有人潜意识中，皇上受到的保护最严密，此刻早已被转移到安全的地方了。

陆炳站在行宫门口已观察了良久，嘉靖皇帝晚上宴请前来见驾的汝王朱祐㮙后，车马劳顿，早早就休息了，他是看着皇上进入内室的。

身为正三品的锦衣卫指挥使，原本陆炳可以享受汝王给他安排的舒适行辕。不过他把自己的住所，就近改为了距离行宫更近的一处简陋民居内。

原因是自从皇帝车驾南巡后，一路驻跸的赵州和临洺镇两处行宫，在驾发之后都发生了火灾，已引得龙颜大怒。而在车驾近河南卫辉时，嘉靖皇帝又看见有一股奇怪的旋风，绕着圣驾来回不停地刮。

他疑惑地问道士陶仲文："此何祥也？"

回说："主火。"

嘉靖皇帝要求其用道法消灾，陶仲文说："火终不免，可谨护圣躬耳。"

此话被陆炳听在耳中，他不得不留心预防危险。

陆炳依然叉着腰站在行宫门口，手下都在奔忙救火，他已保持这个姿势站了许久。火苗初起之时，陆炳已然警醒，不过天气干燥，火借风势，等他奔到行宫门口，火势已完全蔓延。

他在等，等皇上的消息，对陆炳而言，嘉靖皇帝在君主之外，还有一层更亲近的含义——他们是喝同一个母亲的奶水长大，更是从小玩耍，一起长大的玩伴。

还是不见皇上人影，"不能再等了"，陆炳说道，"他披上早已备好的一床湿棉被，只身冲入了火海。"

眼见陆炳如此冲动，随候在旁的两名锦衣卫不禁目瞪口呆。大火烧得噼啪连声，行宫中已传来大梁断裂的声音，这整座建筑，恐怕马上就要完全倒塌。

两人相视摇头，陆大人还不到30岁啊，这一进去，恐怕是出不来了。

果不其然，陆炳冲进火场没多久，大梁轰然落地，震得火光突然蹿起三丈多高，外围的人群纷纷后退，以免被波及。

大家心中都是同一个念头，纵然有大罗金仙在，恐怕也难救出火场中的人来了。

但在逐渐回收的火势中，在已被断木堵塞的门口，出现了一个身影，虽一步三摇却异常坚定。奇怪的是，这个身影臃肿异常，似乎又高又胖。

众人仔细一看，正是刚才冲进火场的陆炳。陆炳发髻披散，身上飞鱼服早已烧裂，几近赤膊，摇摇欲坠而不倒。

他的背上背着一个人，虽已被烟熏得七荤八素，不是皇上又是谁?

众人一哄而起，七手八脚地把他们抬上车驾，立即请太医把脉，还好两人都只是被烟熏伤，并无大恙。

第二天清点损失，后宫嫔妃、宫女、宦官等多人葬身火海，离京时所携带的很多法物、宝玉也多被焚毁。损失十分惨重，而起火原因不明，多半是“宫人所遗烛”引发火灾。

想到差点葬身火海，嘉靖皇帝恼怒异常，下令右都御史王廷相勘查火灾现场，严惩相关人员，并将卫辉及河南的地方官员全部治罪。

于是出现了一个百年难得一见的画面，整个卫辉当地官府只留了小吏看守印信，其余官吏被戴上枷锁，由锦衣卫押着行走在车驾之前示众。除了他们，还有河南巡抚易瓒、巡按冯震、左布政姚文清、按察使庞浩、佥事王格，悉黜为民，俱下镇抚司，整个河南官场几乎一扫而空。

这趟南巡，是嘉靖皇帝唯一一次南巡，原因是嘉靖皇帝生母蒋太后于嘉靖十七年（1538年）十二月初四去世，临终前她叮嘱儿子，“务必把我跟你父亲葬在一起”。

为完成母亲遗愿，嘉靖皇帝遂决定亲自扶章圣蒋太后梓宫南诣，与父陵合葬。

经过这场大火，这趟南巡倒也平安无事，嘉靖皇帝于三月十二日抵达自己的出生地——承天府钟祥兴王府。十三日，在“大礼议”斗争中终于胜出的嘉靖皇帝拜谒生父兴献王的显陵，大臣郭勋、朱希忠、崔元、夏言、严嵩等人随侍左右。

曾经抵制“大礼议”的官员们低下了头，这一刻，朱厚熜彻底感受到了胜利的滋味，全天下的人在自己的坚持下臣服，所谓君威浩荡，不过于此吧。

荣耀之下，又有点落寞，中国人都重视乡土。朱厚熜也是个很重视乡情的人。当上皇帝后，他朱笔一圈，将原先的安陆州升格为承天府，府城所在地赐名为钟祥。

但不论如何，自己出生长大的这块风水宝地，终究是离开了，日后也很难有机会再回来。事实上，嘉靖皇帝这趟南巡不光是他最后一次，也是明朝皇帝的最后一次南巡。

皇帝出宫，花费巨大，光是为了供应南巡队伍粮草和修理沿途道路，就花费 30 万两白银。南巡车驾浩浩荡荡，翊国公郭勋、成国公朱希忠、京山侯崔元、大学士夏言、礼部尚书严嵩、左都御史王廷相等一干大员率领文武百官随行，京营官军六千人随同护卫。

锦衣卫自然也不敢怠慢，选精壮旗校八千人扈行，其中六千人专门负责保护嘉靖皇帝车驾。没想到，在大火蔓延，嘉靖皇帝命悬一线时，八千锦衣卫如同酒囊饭袋，除了陆炳一人，竟无人想到皇帝安危。

想到此事，嘉靖皇帝又深感懊恼，“这趟回京，定要好好整顿锦衣卫，解决前朝积弊，指挥使陈寅虽则忠心，到底还是老了糊涂了”。

三月二十四日，车驾回銮，嘉靖皇帝永远地离开了他的故乡钟祥，再也不会回来了。

陆炳上位

却说陆炳，陆炳比嘉靖皇帝小三岁，他母亲是朱厚熜乳母，陆炳自小跟随母亲出入兴王府，是朱厚熜的玩伴，也是他的朋友。

朱厚熜进京即位，带上了陆炳一家，陆炳父亲陆松先后升迁至锦衣副千户、锦衣卫都督佥事（正二品），在此任上去世。

陆炳袭职为指挥佥事，到嘉靖皇帝南巡之前，他已升任正三品的锦衣卫指挥使，他还需要再升三级：锦衣卫都指挥同知、都督佥事、都督同知，才能爬到权力的顶点，名义上的锦衣卫最高指挥官：正一品的锦衣卫都督一职。

然而所有人都看得出，作为和嘉靖皇帝喝一个母亲奶水长大的陆炳，从小就被重点栽培，只要没有出大岔子，将来的锦衣卫首席长官非他莫属。

只是南巡的这场大火，把这个时间大大地提前了。

回到京城，原锦衣卫首领陈寅知趣地告老退休，陆炳被正式擢升为都指挥同知，取代陈寅执掌锦衣卫。

此前多次提到锦衣卫，这个机构曾长期被宦官压制。多数时间，太监在皇上面前更受信任，连带他们提督的东西厂也凌驾于锦衣卫之上，颇为颐指气使。

要说锦衣卫最扬眉吐气的时段，就是陆炳执掌这段时间，宦官力量在嘉靖年间陷入前所未有的低谷，皇上信任陆炳，也就更信任锦衣卫。

但是光有信任是不够的，你还得拿出能力。

陆炳绝非无能之辈，此人的外表就很奇特，史载他“长身火色，鹤行左右”。

光是相貌奇特，走路跟鹤一样，一般也就是个怪人。然而陆炳是有真材实料的，他是武进士出身，到边关砍过蒙古人；跟前辈王佐学习过公文写作、撰写笔录、案卷等专业知识。待人接物方面，陆炳没有仗着是皇上发小就飞扬跋扈，反倒是谦虚谨慎，工作态度极其认真。他也很懂得为官之道，历任首辅，包括夏言、严嵩，都和他关系不错。

有这样能干又有背景的上司，锦衣卫不上天都不行。他们在陆炳手中达到了一个全新的高度，人数一度膨胀到了十万之众（包括北镇抚司与卫所），为历朝最多。

在那些日子里，东厂特务和宦官，见到锦衣卫都要矮一头。太监中的大太监——司礼监太监，看见陆炳也得赔着笑脸，生怕被他在嘉靖皇帝面前告上一状。

总体来说，陆炳在工作上是很称职的。不过他和99%的官员一样，不是个很干净的官员，喜欢仗着关系干点投机倒把的买卖。

这些事不算什么大事，以往大家都睁一只眼闭一只眼，谁也不去揭发谁。嘉靖皇帝就算知道了，也只当没看见。

可是嘉靖二十六年（1547年），湖广道御史陈其学上了一纸奏疏，让朱厚熜坐不住了。

陈其学揭发了一件事，陆炳勾结崔元，收受贿赂，任由奸商徐二增加盐税。

如果光是受贿，嘉靖皇帝还能置之不理，可是此案中另一位关键人物崔元，身份更不简单。他是明宪宗次女永康公主的丈夫，官拜驸马都尉。

当初前往湖广安陆迎接朱厚熜入京即位的那批人中，就有崔元。“大礼议”事件中，崔元是皇亲国戚中朱厚熜的坚定支持者。嘉靖皇帝认为崔元可属大事，命他掌宗人府事，召直内苑，属于炙手可热的勋贵。

古代盐税是国家命脉之一，皇帝都非常看重，这是事关国计民生的大事。两个自己身边深受信任的人勾结到一起，把手伸到盐税上面，嘉靖皇帝再淡定，也不能不有所想法。他把此案交给了内阁，叫夏言拟旨，命令二人交代罪行，查清案件性质到底有多严重。

听到皇上动怒，陆炳和崔元害怕了。陆炳长期执掌北镇抚司，深知这里面的操作空间，只要夏言替他们打打掩护，不往死里查。凭借两个人在皇上心里的印象分，多半可以大事化小。

两人商量半天，觉得这事最好亲自登门，以表诚意。知道夏言也爱财，他们特地备下一份重礼，试图投其所好，厚贿夏言以求免罪。

当他们带着礼物登门求见时，却只收到冷冰冰的两个字：不见。

夏言收钱，但他不收黑钱，只收无关紧要的钱。

做官做到夏言这个级别，光是这些钱就足以让他改善生活。陆炳和崔元想多了，夏言爱财不假，收钱不假，可能也有贪污，但他从不愿受贿帮人办事，落人口实。

夏言的逻辑是，我拿了你的钱，不等于要帮你办事，那是你心甘情愿送给我的，不能说我受贿。

所以，对手可以说夏言爱财，也可以说他生活腐败，就是不能说他受贿，因为确实没有这样的证据。

拉下面子登门求见，面还没见到，先把事情搞僵了，怎么办？陆炳、崔元对视一眼，两人都在想同一件事。

“真的要效法那个人吗？”

“不这样，好像没有其他办法了。”

……

夏言正在内室，只听仆人气喘吁吁跑来报告：陆大人，崔大人，他们跪在堂前，说什么也不肯起来。

夏言一听大惊失色，赶紧跑出来，伸手把长跪不起的两人扶起：“两位大人，这是要折杀公谨啊！”

陆炳、崔元起身拱手：“夏阁老，我们也是无奈啊。”

严嵩这样的人给自己下跪，夏言都看不下去，何况是陆炳、崔元这种嘉靖皇帝的近臣，他非常清楚两人所来为何。

这个面子，夏言不得不给。这件案子最后没有闹大，嘉靖皇帝只是把徐二下镇抚司拷讯，崔元和陆炳供职如故。

陆炳通过效法严嵩求得了夏言的谅解，他把这事视为奇耻大辱。陆炳对夏言和严嵩的争斗原本并不上心，这件事以后，他和严嵩成了同病相怜的人，开始一起密谋对付夏言。

夏言在不经意间培养出两个死对头，这时他依旧感觉良好。夏言认为“嵩屈服我也”，放松了对严嵩的警惕，此时的他正开足马力，打算办成一件惊天动地的大事。

这件事说起来确实很大，夏言下决心要整顿北部边防。

曾铣“复套”

正德十二年（1517 年），达延汗去世后，由其长孙博迪继承汗位，号“库登汗”。博迪没有爷爷的威望，他事实上能驾驭的，只有他亲统的察哈尔万户。这一时期，达延汗的另一位孙子，巴尔斯博罗特（达延汗第三子）之子，土默特部的俺答逐渐强盛起来，成为右翼蒙古首领。

嘉靖十七年（1538 年），博迪联合鄂尔多斯部、土默特部击败兀良哈万户的反叛后，卷土重来，再次深入河套，明军不能阻挡。

嘉靖二十三年（1544 年），蒙骑三犯山西，甘肃等处同时告急；次年七月，套虏 2 万余人侵入榆林，杀掠人畜数十万；八月，敌骑再次入掠大同。

正在朝廷上下一筹莫展之际，一封奏疏燃起了大家的希望。此疏名为《请复河套疏》，上疏人——兵部侍郎、三边总制曾铣。

曾铣，嘉靖八年（1529 年）进士，嘉靖二十一年（1542 年）任兵部侍郎，总督陕西军务，曾在浮图谷击败俺答，让他一年不敢入寇。

曾铣这封奏疏直指问题根源：河套不复，边患永无宁日。

“复套”这个建议其实是老生常谈，是从明代中期开始就说烂了的事。曾铣奏疏的意义在于，他给出了具体的方案。

按照曾铣的办法，“复套”分两步，先是大举“搜套”，赶走河套的蒙古部落。为此需要出动 10 万精兵，其中骑兵 6 万，步兵 4 万，执行为期 50 天的特别军事行动，需要消耗军费白银 577680 两。

“搜套”成功，第二步是“守套”。“守套”需要 20 万军队，其中 10 万人修筑防御工事，10 万人防守，为此一年需要军费白银 200 万两。好处是一旦防御体系成型，可以让军士在西北屯田自给，中央的财政压力大大减轻。

曾铣是个知兵的官员，战术理念是以骑坦协同（战车加骑兵）的方式步步为营，达到把套虏驱逐出河套的目的。他已经把方案提升到了具体执行层面，亲自画出了一套《曾铣拟逐套虏阵图》，其中包括《立营总图》《遇虏驻战图》《选锋车战图》《骑兵迎战图》《步兵搏战图》《行营进攻图》《变营长驱图》《获功收兵图》等。

从整体战略到每个战术细节，都做出了详细论述，具体描绘了从接战到取胜的全过程。

夏言一看大为兴奋，首辅任内如能立下如此军功，历史上会浓墨重彩记下他一笔。这个成就张璁做不到，杨一清、杨廷和也没能做到，夏言的地位将超然于他们之上。

嘉靖皇帝御览后也是大悦，他同意曾铣的看法，西北边患的根源，就是河套重新被蒙古占据，他们以河套为跳板，威胁大明的九边重镇，频率和烈度远超正德年间。

有了首辅大人的支持，修仙的嘉靖皇帝再次燃起热血，他批准曾铣的建议，首批拨款白银 20 万两，授权曾铣发起反击。

曾铣的方案能不能成功呢？

不能说一定行，因为作战毕竟不是纸上谈兵，临阵变数太多。但可以肯定的是，只要指挥得当，打上一两场大胜仗，像当年王越一样，确保河套十数年的和平是有可能的。如果战果大，和平的时间再长一点也不是不可以。

与其年年被动挨打，不如花点老本来个反击，曾铣的方案是具备实际操作性的。因此夏言和嘉靖皇帝，起初都坚定地站在曾铣一边。

曾铣也很给力，当年就主动出击，击败了土默特一部。不太完美的是，曾铣本来打算围歼这个部落，可手下总兵仇鸾不听将令，贻误了战机。曾铣为明军纪弹劾仇鸾，嘉靖皇帝下诏剥夺其职务，关入京师天牢。

打了胜仗，曾铣信心翻倍，他趁热打铁，再上一封《重论复河套疏》，详细列出了“复套”的步骤和完整预算。

看到这个预算，嘉靖皇帝的眼珠子差点没掉出来。

第二封奏疏里曾铣说，“复套”是个长期艰巨的工程，据初步估算，防御体系需要三年修成，再花十年完善，前后共计需要花费白银 2600 万两。

嘉靖皇帝捧着奏章的手在颤抖，这怎么和说好的不一样哪？

在第一份计划里，曾铣说，之前调宣大的军队来守卫延绥和河套地区，每年需要花费白银 120 万两。我的“复套”计划，只要增加几十万两的预算，花费并不算太多（“复套”之费，不过宣大一年之费）。

嘉靖皇帝的理解是，每年增加几十万两军费，几年下来能够“复套”，这笔账是划算的。

这里面曾铣其实玩了个文字游戏，之前说的白银 120 万两，是宣大军区的日常军费。不管宣大军队有没有被调去河套，这笔钱每年都是要花的。而曾铣的“复套”计划，是需要在这些基础军费上，每年再增加白银 200 万两。

如果是 13 年，那就是白银 2600 万两。

当初朱厚照没能解决的财政问题，朱厚熜也一样不能解决。嘉靖中期，朝廷的财政赤字已经相当严重，“搜套”那 57 万余两白银，嘉靖皇帝还能东拼西凑拨给曾铣。“复套”每年增加白银 80 万两，三五年能搞定，嘉靖皇帝也许咬咬牙，砸锅卖铁也认了。

你现在跟我说要 13 年，白银 2600 万两？

嘉靖皇帝顿时就后悔了。

恰好陕西又传来风沙大作、山崩地裂的灾异报告，让迷信的嘉靖皇帝越发相信这是老天给他的警告，使得他对曾铣“复套”计划的态度急转直下。

可是之前已经挺了曾铣，再要反悔，你让我的面子往哪搁？

嘉靖皇帝召来夏言等内阁学士商量，提出几个尖锐的问题：套虏之患久矣，今以征逐为名，不知出师果有名否？及兵果有余力？食果有余积？预见成功可以否？

中心思想是，我身处宫内，不了解实情。你们身为朝廷辅弼，应该提醒我办正确的事。

这是嘉靖皇帝一贯的推卸责任的手法，夏言太熟悉了，出尔反尔，诿过臣僚，以示自己的高明。意思是我后悔了，但我不能后悔，你们应该主动站出来，不能让天下人说是我要反悔了。

然而，夏言太想建立这个功勋了，或者说他在这件事上有些畏首畏尾，“不敢决”。他没有接过嘉靖皇帝抛来的这个皮球，把球又踢给了嘉靖皇帝。

一直在冷眼旁观的严嵩，终于等来了机会。

嘉靖皇帝的意思已经很明显，“复套”这件事太大，自己没这个本事。但是他又不好意思自己收回成命，最好是由内阁提出来，否决这个提议。这样，大家就不能说是皇帝出尔反尔。

这个球要怎么接呢？夏言提出反对的话，就要承担相应的责任；严嵩如果抢着替嘉靖皇帝把这事担了，即使能赢得欢心，嘉靖皇帝也不得不处理他。

严嵩的手段很高明，他抢先上了一道绵里藏针的奏疏，以退为进，既撇清了自己，又把火烧到了夏言身上。

在这道奏疏里，严嵩先是夸奖夏言，贬低自己，说：“夏言于他政效劳为多，臣独分毫无补。”这里面打了个埋伏，夏言在其他方面有功劳，但不包括“关系国家安危大计”的大事。

这件大事就是“复套”，“复套”是夏言一人力主，“大臣皆知不可”，故该由他一人独当，在“复套”这件事上，夏言有不可推卸的责任。

严嵩自己，也是个犯了错误的人。严嵩的错误，在于明知夏言不对，却没有力阻，“臣独分毫无补”，犯了行政不作为的错误。原因是夏言独断专行，自己不敢发声。请求皇上惩罚我，让我辞职。

嘉靖皇帝看了严嵩的奏疏，非常满意，他对严嵩说：“夏言支持曾铣，你们一定以为朕也是这样，其实我始终没有答应啊（朕故一言未答，以示不可之意）。曾铣这个人，打着为国为民的旗号，其实是为了自己的私欲，我早看出来了。所以昨天我才有那几问，怎么可能真的答应他（岂可真从之）？你继续当你的官，不许辞职！”

嘉靖皇帝有没有答应过呢？当然是答应过的，兵部已经根据他的指示拟好决策，就等着“批红”执行了（其曾铣奏讨山东枪手、河南水夫及神机营火药，偏老甘肃各边兵马，悉听圣断裁定给发）。

嘉靖皇帝的反悔有没有道理呢？客观说，不是没有道理。军国大事，牵一发而动全身。曾铣的“复套”计划需要庞大的兵力和财力支持，远超嘉靖皇帝之前的心理预算。嘉靖皇帝的几问，问的都是实际问题，作为最高统帅，他谨慎一点，并不能说是无理取闹。

到这个时候，嘉靖皇帝并没有把“复套”问题提到一个很高的高度，他说："非他（曾铣）欺罔，我内居上处，下情何知可否。"这实际上是给了夏言一个台阶，我一直在宫里，下面的情况不明白，曾铣未必是成心欺骗我。说到底，这是信息不对称造成的误会。

本来夏言就坡卸驴认个错，也许就是被罚点俸禄，嘉靖皇帝未必会真正处理他。

可夏言不是这样的性格，听到被严嵩背后捅了一刀，夏言急怒攻心，当殿就和严嵩吵了起来。

"此事与你多次商议，你都无异词。现在先行上疏，名为自劾，实为推诿，你是何居心！"

严嵩早就设计好了台词："我以为那是圣意，现在才知道，圣上并没有批准过。你这是开启边衅，淆乱国事。"

夏言更愤怒了："曾铣奏疏一到，我就密奏圣上，得到许可才让大家讨论，怎么能说圣上没有批准呢！"

这句话一出，严嵩知道他胜利了。

嘉靖皇帝极好面子，要的就是大臣们替他担出尔反尔的骂名。夏言非但没有这个觉悟，还当众把密奏的事抖搂出来。这岂不是说，当初同意"复套"的是你，现在死不认账的也是你？

君无戏言，君威何在，嘉靖皇帝的颜面何在？

嘉靖皇帝冷冷地喝止住了盛怒的夏言，给了他四个字的评价"强君胁众"。

首辅夏言第三次被罢官，参与讨论的大臣全部罚俸一个月，兵部侍郎罚俸一年。曾铣逮捕入狱，三边总制由王以旗接任。

人走茶凉，按照以往政治斗争的习惯，夏言败了，事情也就到此为止了。夏言自己也没少整治异己，如今被拉下马来，不过是又一起司空见惯的政治斗争而已。

可是严嵩不同，他忍了很久，恨夏言入骨。现在你平安落地？这也太便宜了！夏言，你让我受过的屈辱，我必加倍奉还！

严嵩想要的，不光是内阁首辅的位子，还有夏言的命！

可是真正能要夏言性命的人只有嘉靖皇帝，罢官已经是对首辅最严厉的惩罚，如何能说服皇上，把夏言置于死地呢？

严世蕃非常清楚父亲想要什么，他提醒道："只要您跟那个人联手，不信夏言不死！"

严嵩一拍脑门："我怎么把他给忘了！"

他连夜就去拜访了陆炳。

陆炳和严嵩一样，对当初受过的屈辱念念不忘，时刻图谋报复。他热情接待了严嵩，一起商量怎样才能罗织罪名，陷夏言于死地。

严嵩问：陆大人，曾铣案现在处理得怎么样了？

陆炳回答："律无正条"，正不知如何处理。

意思是法律上没有规定曾铣犯的是什么罪，也就不知怎么定罪。

严嵩阴恻恻一笑：拟《交结近侍官员律》，如何？

陆炳一震：那可是死罪。

"曾铣一死何足惜哉，大人难道忘了，夏言是怎么折辱我们的吗？"

"可是，这如何扯得到夏言？"

严嵩一拍胸脯："我已经打听好了，大人您是不是忘了，诏狱里还有一名叫仇鸾的犯人？"

一桩阴谋就此成型。

这年三月，锦衣卫审结曾铣案情，以"交结近侍官员"罪名上报。证据链是曾铣有个亲信叫苏纲，苏纲是夏言同乡，也是他岳父（女为夏言继妻），因此曾铣其实是夏言的人。

以此来说，"复套"一事，就是内阁首辅与边关大帅内外勾结，为私欲危害国家安全的典型案件，案件性质恶劣，影响严重。

另外，曾铣还有掩败不报，克扣军饷，贿赂首辅的其他罪名。

证人：曾铣部下总兵仇鸾。

量刑建议：曾铣斩决，家人流放两千里。

这个过程中，另一个被夏言折辱的驸马都尉崔元也起了很大作用，他出钱买通宦官（行金于中贵人，实其事），帮助坐实曾铣的罪名。

同月，曾铣被押往西市，斩首弃市。临刑前，他悲愤地说："袁公本为百年计，晁错翻罹七国冤。”

曾铣是很有能力的名将，他对战车、火器等战术的理解很深刻，提出了划时代的车营作战体系。如果让他长期干下去，我相信是能干出一番功业的。

很可惜，曾铣没有机会在实战中验证他的战术了，名将没有倒在战场上，却成为政治斗争的牺牲品，史称此案“天下闻而冤之”。

可悲的是，曾铣的死，只是这个阴谋的第一步。杀不杀曾铣，严嵩和陆炳根本就不感兴趣，但是曾铣不死，他们就无法进行第二步。

“交结近侍官员”按律当斩，那么被交结的官员呢？

夏言之死

夏言并不是第一次被罢官，这回他和以前一样，不紧不慢收拾行李，告别门生故旧才离开京城。曾铣被害时，他刚走到通州。

“嘚嘚嘚”，急促的马蹄声传来，一队锦衣卫追赶上前，拦住夏言的车驾：夏大人，请上囚车。

夏言并不惊慌，他好整以暇地问：敢问诸位，以何罪名逮捕我？

“近侍交结边将。”

“交结何人？”

“曾铣。”

“曾铣何在？”

“已斩首弃市。”

一听此言，见惯大风大浪的夏言也不禁大惊失色，两腿一软从车上掉了下来，嘴里念叨着：我死定了！

夏言被逮回京，三法司审理时，认为夏言属于“八议”制度中的“议贵议能”之列，应该从宽判决。

嘉靖皇帝不肯，令严嵩拟旨，对法司严厉训斥。

夏言最后的判决是“当曾铣所犯符同律”。

量刑完全相同：斩首弃市。

夏言妻子苏氏，即苏纲之女，请求代夏言服死刑。嘉靖皇帝拒绝说：“苏氏系流放人，安得代死？”

至此，夏言之死已无可挽回。

十月，夏言在西市被杀，时年67岁。妻子苏氏流放广西，从子从孙削职为民。

夏言由此开创了一个悲惨纪录，他成为明代第一位被处以极刑的内阁首辅——本朝二百余年，宰相蒙殊眷又罹极法者，唯夏一人而已。

之前，不管首辅犯了多大的错，最多也就是免官为民，永不叙用，性命可保无虞。

如果说夏言真的十恶不赦，证据确凿，处死也不是不可以。

但是夏言的情况不是这样，就算“复套”尚需再议，军旅未兴，并没造成损失，又怎能说一定是错的？

况且“复套”之事，即使真的是错的，也只能说是不同政见，绝不至死罪。

夏言不过是在政治斗争中失败了，严嵩可以去报复他，羞辱他，但不可以置他于死地。

尤其是，严嵩为了陷害夏言，串通其他大臣，捏造罪名，促成了这件事。

这种先例一开，对政治生态的破坏是极其恶劣的。

夏言之后，徐阶整倒严嵩，高拱迫害徐阶，张居正驱逐高拱，他们都有置对手于死地的念头和行动。因为若不把人整死，万一对手卷土重来，死的可能是自己。

所以说，严嵩这个首辅，最大的恶不是他贪了多少钱，整了多少大臣，而是开启了清算前任首辅这个恶劣的先例。

既然内阁首辅都能被清算，那他在位时，必定要费尽心机，广植党羽，培养接班人，以免自己失败后遭到清算。

如此局面下，大臣们不得不选边站队，这种政治风气一旦形成，是极其恶劣的。

再从嘉靖皇帝的角度分析一下，他为什么非要夏言死呢？

法律规定，“交结近侍”是死罪。但大家都知道，古代社会其实是人治而不是法治，犯了交结近侍但不死的案例，在明朝比比皆是。嘉靖皇帝大可网开一面，显得自己天恩浩荡，为什么非得对夏言这样的老臣下如此死手？

对夏言量刑时，为他求情的官员不少，刑部官员说：“夏言论罪当死，但他为您服务多年，没有功劳也有苦劳。而且按照‘议能议贵’的条目（据律宜在议能议贵之条），首辅在免死之列，臣等不敢判他死刑。”

嘉靖皇帝不听则已，一听更火了：“你们不看看，我当夏言是心腹，夏言拿我当什么东西（朕视言为腹心，言则视君为何）？夏言不死，你们想死吗！”

很显然，直到这时嘉靖皇帝仍然怨气冲天：“我曾经是那么信任你，让你拥有了无尽的荣华富贵，可你又是怎么报答的，你对得起我吗？！”

为首辅数载后，夏言忘了与嘉靖皇帝相处的君臣之道——你收点钱，整点人，那都不是事儿。当嘉靖皇帝的内阁首辅，不能碰的底线只有两条：一条是他的权力，另一条是他的面子。

不支持嘉靖皇帝修道；私拿郭勋；还当众让皇上下不来台，夏言两条都占了。

政治生涯的前20年，夏言谨小慎微地服侍嘉靖皇帝，走上职业巅峰。可是一览众山小以后，他就逐渐忘记了，当初自己是怎么上位的。

他不再对嘉靖皇帝小心翼翼，凡是他认为正确的事，敢跟嘉靖皇帝对着干，不给皇上面子。他还无意中培植了几个强大的对手而不自知。

第三次复出，夏言已经处于一个危险的境地，他依旧我行我素，毫无察觉。

当嘉靖皇帝和这几个人站到一起，没有人再能帮夏言。

夏言的死，死于自己的性格，书生意气，直言犯上。“交结近侍”算什么？嘉靖皇帝一句话的事罢了，真正想让夏言死的，除了严嵩，还有嘉靖皇帝。

夏言最后的罪名，除了“当曾铣所犯符同律”，还有郭勋下狱后“犹千罗百织”，指使言官，“逆君沽誉，倾人职位”。

可以说，嘉靖皇帝是新账老账一起算，严嵩捕捉到了夏言的性格漏洞，和嘉靖皇帝对夏言的不满。他适时地递上了一架梯子，让嘉靖皇帝彻底发泄了自己的怒气。

这两个人，再加上从犯陆炳、崔元，一起促成了夏言的死亡。

第四章 『庚戌之变』

仇鸾的生意

夏言、曾铣被杀，“复套”再也无人敢提，“搜套”也成了泡影。

一味被动防御的后果是什么，蒙古很快就给出了答案。

嘉靖二十九年（1550年），农历庚戌年。

新年的钟声刚刚敲过，边关就不断传来奏报。博迪、俺答、吉囊等蒙古首领在西北不断入掠；兀良哈在东北策应，进犯广宁、辽阳。最多的时候，一天收到数十封告急书。

到五月，劫掠仍然没有缓解的迹象，一切仿佛预示着，这将不会是平静的一年。

只是谁也没有想到，会闹得这么大。

六月，俺答进犯大同，大同总兵张达、副总兵林椿战死。嘉靖皇帝震怒，将宣大总督郭宗皋流放辽东，大同巡抚陈耀逮回京师，当殿杖死。

接着嘉靖皇帝下旨，由仇鸾接任大同总兵。

仇鸾出身其实不凡，他是正德年间立下平定安化王朱寘鐇奇功的仇钺之孙。

仇钺当初孤胆破贼，为子孙挣来世袭武襄侯之位，那是何等英武。可惜有个争气的爷爷，并不代表孙子就一样有出息。仇鸾袭爵后，派头很大，战功没有，担任甘肃总兵期间，因不听号令受曾铣弹劾下狱。

在严嵩和陆炳达成的那个阴谋里，仇鸾扮演了关键角色，在狱中上书反咬曾铣一口，也让自己脱离了困境。

六月初三，朝廷恢复仇鸾的头衔，起用他镇守大同，仇鸾却一点也高兴不起来。

俺答纵横江湖数十年，拳打兀良哈，脚踢瓦剌，还经略了青海。大同是俺答重点进攻的防区，他的土默特部是右翼蒙古中最强大的部落，强大到正牌蒙古大汗博迪汗也要封他为索多汗（护卫汗庭的小汗之意）。

俺答的战绩有多可怕呢？据统计，嘉靖年间，死在俺答手里的明军高级将领，就有总兵四人、副总兵两人、参将两人、游击四人。

与巡抚一样，总兵原来是个临时性职务。遇有战事，朝廷选派高级武官，以“总兵官”之名接受帅印，调集军队出战。战事结束，军队各回卫所，总兵官交回帅印，意味着任务完成。

到了明代中期，由于边境战事增多，就开始固定编制、设置“总兵”官职，负责镇守边关及出征。总兵就是地方最高军事长官，相当于今天的战区司令，上将级别。

这样的高级将领，在俺答手里就栽了四个。

光看军事能力，可以说俺答已经超越了也先、达延汗，成为明朝自正统年间以来来自北方的最强大对手。

大同总兵张达、副总兵林椿都是行伍出身的有名战将，在俺答手下却没走过一个回合。仇鸾不过是个靠祖宗世袭的纨绔子弟，要他拿头去挡俺答？那是决计不肯干的。

可是边将有守土之责，这一出战，就算不被俺答砍死，回头也会被追责，那仇鸾就是下一个郭宗皋、陈耀。

想来想去也没什么办法，仇鸾只好每天烧香拜佛，祈祷俺答别来找麻烦。

八月初，消化完上次劫掠的成果，俺答再次集结起大队人马，气势汹汹地杀奔大同。

仇鸾束手无策，正急得不知如何是好，手下两个仆人时义、侯荣凑了上来："主勿忧，吾为主解之。"

仇鸾来了兴趣："说来听听。"

时义问："主人请想，俺答为何要三番五次入寇？"

仇鸾想都不想："抢劫啊。"

"如果他不用打仗，就能拿到想要的东西呢？"

仇鸾恍然大悟："你的意思是……"

当夜，时义、侯荣就带着仇鸾的口信和大笔钱财潜入了蒙古营地。他们通过俺答的干儿子脱脱见到俺答，成功订立了盟约——这是给你的钱，我家总兵久仰大汗威名，很想交你这个朋友。大家不要打打杀杀，以后朋友有得做……

俺答心领神会，果然收兵撤走。

原来平安是可以花钱买来的，九边防线长达一万二千余里，俺答你去哪都行，只要不来骚扰我的防区。

俺答是个守信用的人，他确实没再找仇鸾的麻烦，仇总兵把心放回了肚子里。

可是俺答既然出来了，就没想着那么快回去。没过几天，仇鸾就收到了新的军情，俺答移兵向东，直奔蓟州（今天津市蓟州区）而去。

"庚戌之变"

朱棣之后，明朝对蒙古进入了战略收缩，主要依靠长城、边墙的体系来构筑防御线。长城沿线被划分成了九个防区，分别驻有重兵，号称九边——“初设辽东、宣府、大同、延绥四镇，继设宁夏、甘肃、蓟州三镇，而太原总兵治偏头，三边制府驻固原，亦称一镇，是为九边”。

其中蓟州是离京师最近的一镇，大同距京师700余里，蓟州只有不到200里。打穿蓟州，蒙古骑兵一天内就能兵临北京城下。

八月十四日，俺答攻击古北口，从黄榆沟毁边墙而入，兵部尚书丁汝夔调去的24000兵马被打得溃不成军。俺答纵兵杀入怀柔、顺义，一番杀掠过后惊奇地发现，竟然没有人来阻挡自己。

明军呢？那支曾经由永乐皇帝亲统五征蒙古，由于谦指挥重建的大明军队的骄傲——京军呢？

编制还在，早就不能打了，腐烂了。

京军的弊端，在正德朝就暴露无遗，朱厚照用轮操的方法想要恢复京军的战斗力，没来得及成功，自己把自己玩死了。朱厚熜忙着认爹、修道，更没啥兴趣改革京军，他们现存11万人的编制，一半给各级官员吃了空饷；另一半被当作农民、建筑工人、军官的用人来使用——“与田夫无异”。

俺答本来也没有什么雄心壮志，本着能抢一点是一点的原则，他试探性地前进到了通州，离京师不到50里。

依旧不见一兵一卒，那座庞大宏伟的巨城，平静得让人感到可怕。

俺答反而惊疑不定，这帮家伙，不会是设好套等着我去钻吧。他勒住兵马放出斥候，小心翼翼地搜索前进。

俺答实在是高看他的对手了，此刻京城里早已乱成了一锅粥。

得知俺答杀到怀柔，嘉靖皇帝就已发出了勤王诏，并令丁汝夔领兵出战。丁尚书一清点，京营号称有11万人马，实际人数不到5万。

5万就5万吧，丁汝夔咬咬牙，发给这些残兵衣甲兵器，要他们出城拒敌。这些人却个个都像大难临头一样，痛哭流涕，脚底下就是不动弹。

这实在也不能怪这些大兵，他们平时干的都是农夫、泥瓦匠的活，根本就不怎么训练，许多人箭都不会放，马都骑不稳。

丁大人要他们出去，跟从小生活在马背上的蒙古骑兵野战？

那您还不如干脆现在就杀了我吧。

俺答在通州耐心等待了两天，等着做出下一步判断。他看到京城仍旧大门紧闭，不见一个将领带兵杀出来。

俺答开始确信，嘉靖皇帝手里并没有筹码。

当然，也先犯过的错误（攻城），俺答是不会再去犯的。八月十九日，俺答推进到白沟河东扎下营来，蒙古大军化整为零，开始四出掠杀。他又派出八个在东直门抓到的宦官，为他充当使者带去书信，提出了自己的条件：要我撤军容易，答应我封贡就成。

所谓封贡，名义上是册封与进贡，实际是一种经贸交往，历来是中国对外国的一种外交经济手段。

你听话，我就让你封贡做生意；不听话，大明不欢迎你。

因此可以说，封贡就是古代的一种经济制裁手段。

很不幸，达延汗重新进入河套后，与明朝关系急剧恶化，封贡已经是几十年前的老皇历了。

俺答想要封贡，嘉靖皇帝能答应他吗？

当然是不可能的，嘉靖皇帝极好面子，俺答这是想要通过军事手段达成经济目的，如果答应他，嘉靖皇帝的面子往哪搁？

白沟河是当年朱棣大战李景隆之地，离京城不到三十里。与此同时，一场御前会议也正在紧急召开，参会者是嘉靖皇帝与他的内阁班子：首辅严嵩、大学士李本、礼部尚书徐阶。

御前会议

嘉靖皇帝发问：搞成现在这个样子，怎么办？

严嵩回答：这伙人只是来抢劫的，不用担心。

这句话的意思是，蒙古兵只会在城外抢劫，不会攻城。等他们抢完了，自然会退走，所以我们很安全。

严嵩的判断没错，但这个回答是十分无耻的。在他眼里，京郊百姓的财产不是财产，他们的生命不是生命。为了保护百姓的生命财产安全，当初于谦可是冒着风险关闭九门，在城外列阵与也先野战的。

不知此刻，嘉靖皇帝是否曾有一丝怀念起那个讨厌的身影。就在两年前，那位精神矍铄的老人还在每天义愤填膺地开骂，然后孜孜不倦地工作。

他脾气很臭，说话很难听，态度很傲慢。可他说的话，现在想起来掷地有声：套寇不除，国无宁日。

在京师遭到威胁的这一年，那个孤傲的小老头，已经不在人世了。

若没有嘉靖二十七年（1548 年）那场冤案，听从夏言的主张主动出击，这场灾祸是否就能避免？

嘉靖皇帝对严嵩这个回答很不满意，他转向徐阶：“你看呢？”

徐阶回答：“贼寇正在城下杀人放火，怎么能说不用担心呢！今天这个会议，难道不是商量御敌之策的吗！”

嘉靖皇帝看看徐阶，点点头：“卿言是！”

他冷冷看了一眼严嵩，好像在说：“你是首辅，怎么能在这种大是大非的问题上不顾百姓死活！”

内阁这三个人里，李本是凑数的，凡事都要征求严家父子意见，比较微妙的是严嵩与徐阶的关系。

当初被夏言提拔后，徐阶的仕途便重新起飞，一路当上了国子监祭酒、礼部右侍郎、吏部右侍郎。

夏言不曾关照徐阶，徐阶的火箭蹿升，除了自身能力过硬，更在于他认清了形势。

在严嵩崛起，夏言失势的大背景下，徐阶认㞞了。严嵩与夏言的斗争，他置身事外，以免惹火烧身；夏言落败，徐阶并没有为老师说话；严嵩专权，徐阶事事顺着严嵩，从不与他争执；严世蕃多次对他无礼，他也忍气吞声。

当初那个敢于出言顶撞张璁，傲然长揖而出的翰林编修不见了，徐阶活成了他曾经最痛恨的那种人——一个老到圆滑的官僚。

徐阶的龟缩让严嵩很得意，故此他没给徐阶的晋升设置多大障碍。夏言死后，徐阶不降反升，以礼部尚书挂文渊阁大学士衔入阁参与机务。

可是发生在杨博身上的一件事，让严嵩隐隐感觉到不对劲。

杨博，山西蒲州（今运城永济）人，嘉靖八年（1529年）进士，一直走的是军事路线，与蒙古人打交道几十年，以知兵著称，有胆识、度量，被严世蕃称为“天下三才”之一。

杨博官至兵部尚书，为人正直，从不肯趋炎附势，为此被严嵩父子所忌恨。以杨博的能力和声望，早就应该入阁。严世蕃教严嵩以杨博擅长军务为理由，打发他去边关担任总督，远离朝廷中枢。

严嵩不想就此放过杨博，他注意到一次机会，蓟辽总督杨选未听从杨博建议，莽撞率师东进，中了蒙古的调虎离山之计。蒙古兵在墙子岭击溃守军，进犯通州，大肆劫掠之后退去。

事后杨选论罪被诛，严嵩进言说兵部尚书杨博负有不可推卸的责任，也应一并处理。

在这件事上，徐阶站了出来，他表示杨博曾传檄制止杨选，之前又多有功劳，不应治罪，嘉靖皇帝听从了他的意见。

杨博的事让严嵩感到有些不安，严嵩觉得，徐阶可能是个潜在的对手，借俺答入寇这件事，正好让他吃不了兜着走。

就在这一天，严嵩已经拟好了一个圈套，一个能让徐阶倒霉的圈套。

嘉靖皇帝转向严嵩，终于问出了那个问题：贼人求贡的事，怎么处理？

严嵩从容回答：这是礼部的事。

礼部的事，也就是礼部尚书徐阶的事。

严嵩以首辅之尊，有专断之权，从权限上说，他有权力提出自己的意见。严嵩甘愿让出权力，绝不是尊重徐阶，而是要给他使绊子，因为这个问题很可能是道送命题。

俺答求贡，只有两个选择，答应或拒绝。

拒绝俺答，他会继续在城外大肆烧杀，事后追责，徐阶逃不了；答应俺答，即使能让他退兵，徐阶也别想全身而退。

等到俺答撤退后，便会有人出来弹劾，咱们大明自开国以来，从没有被人打到京城下，拿刀子逼着签订协议一说。当初也先兵临城下那么危险，朝廷也还是硬刚到底，为什么今天要认㞞！

当初是谁提议的？

礼部尚书徐阶！

搞外交确实是礼部的事，严嵩这一手虽不地道，却也不能全说是推卸责任。他早料到嘉靖皇帝会有此一问，顺势把皮球踢给了徐阶，一脸得意地等着看他笑话。

徐阶没有回答，他拿起贡书，再次仔细看了一遍，神情越来越放松。

严嵩有点慌，他想干吗，他在搞什么？

徐阶放下贡书，抬头说道：“陛下，这件事不能答应。花点钱还是小事，万一他将来提出越来越过分的要求（第恐将来要求无厌耳），那就难办了。”

嘉靖皇帝点头：“可是拒绝他，俺答驻兵近郊，我们战守之备一无所有……”

“也不能拒绝他。”

嘉靖皇帝迷糊了：“然则当何如？”

“可以计款之。”——能用计对付他。

“计从何出？”

“就在此贡书内。”

外交礼节是件很烦琐的事，礼部尚书徐阶恰好精于此道，他一眼就看出俺答的贡书很不正规，最大的问题有两点。

一、按照礼仪，交往的文书必须要用两国语言写成。俺答这份文书只有汉文，没有蒙文，朝廷大可以不合规范为由，将其打回重写。

二、俺答派来的人，不是正儿八经的蒙古官员，我们不认识，不知道他是真是假。况且封贡互市是件和平的大好事，更没有在城下夸兵，用军事手段来威胁的道理。

要跟俺答说清楚这两点，还要告诉他，只要他按正常程序走，朝廷就会答应他。

正常程序是什么呢？俺答应该退回塞外，派使者呈上文书，通过大同官员转呈朝廷——乃可从。

这一来一去，勤王的兵马早就到了——我战守有备矣。

嘉靖皇帝眉开眼笑："就照你说的办！"

无耻的仇鸾

听到使者带回的消息，俺答顿时头大了。这位仁兄打仗厉害，可他毕竟不是正儿八经的蒙古大汗，从来没搞过什么外交，哪儿搞得懂这些弯弯绕绕。为了找回面子，俺答急忙找人研究，明朝的回复是刻意刁难还是有理有节，咱们该怎么用外交手段挡回去。

就在俺答还在研究外交文书的时候，望眼欲穿的嘉靖皇帝终于收到了第一个好消息，第一支勤王军到了，这支部队正是仇鸾率领的大同兵马。

仇鸾用钱摆平俺答，还没来得及庆祝，就收到了俺答直寇蓟州的情报。军情不断传来，俺答到顺义了，俺答到通州了，俺答在白沟河扎营了。

白沟河离京师不到三十里，仇鸾也慌了。

俺答老兄，你在长城外抢抢也就算了，怎么还跑去北京环城游了。瞧这意思，还打算在京郊开分公司了。

虽说蓟州不是自己的防线，但俺答直逼京师，仇鸾也脱不了干系。万一俺答一得意，再把他们的交易抖搂出来…

想到这里，仇鸾不禁一身冷汗，他赶紧叫来时义、侯荣：都怪你们，捅出这么大娄子，你们说怎么办吧。

时义、侯荣听完，却一点也不慌张，反而拱手道喜："恭喜大帅，贺喜大帅，您很快就要发达了。"

仇鸾发火了："我生死系于一线，喜从何来，你们莫不是在消遣老子！"

时义说："小人怎敢消遣大帅，您想，俺答去哪里，咱们就出现在哪里，皇上会怎么想？"

仇鸾有点明白了："你是说，我们开赴京师与俺答交战？边军没有得到许可进入京畿，可是死罪。"

“这好办，皇上发出勤王诏，是迟早的事。您可以说，已侦察到蒙骑东犯，诚恐京师震惊，请求带兵应援。或追击敌骑，或直赴居庸关防守，皇上一定会答应！”

“在各地总兵都还没来得及反应的时候，您自请入援，头功就是您的。”

仇鸾脸上露出了笑容，可是还有一个最重要的问题。

“俺答实力强悍，我实在没有战胜他的把握。”

时义脸上露出一丝诡异的笑容：“谁说一定要和俺答交战，才能拿到战功？只要能斩到首级，便是军功……”

仇鸾终于明白了。

这招非常恶毒，简直是人神共愤，在军队里，它叫作“杀良冒功”。明代以斩首数量为军功标准，一些军队中的败类不敢与敌人作战，又想升官发财，便把屠刀对准了平民——“老乡，借你脑袋领个军功”，这便是杀良冒功。

八月二十日，仇鸾率两万兵马自居庸关进抵通州，成为第一个抵达京畿勤王的将领。嘉靖皇帝大悦，盛赞仇鸾“忠胆照人”，拜他为平虏大将军，统领勤王兵马。

仇大将军果然不负所托，接下来几天，每天都能收到他的捷报。今天说保卫了哪里的百姓，明天说斩首多少敌人。搞得嘉靖皇帝非常感动，又是赐袭衣，又是送玉带，还特赐封记：朕所重，唯卿一人。

兵部尚书丁汝夔却觉得不太对劲，他收到手下的报告，明明是说仇鸾一仗没打，大同边兵四处劫掠，杀良冒功，搞得民愤极大——“百姓受边兵之害，甚于胡虏”。

敢情仇鸾上下嘴唇一碰，一切都反了过来？

然而嘉靖皇帝并不愿听丁汝夔的汇报，仇鸾赤胆忠心，是首功之臣。边军军纪不好，属于可以接受的无心之失，忽略不计。

丁汝夔并不真正了解仇鸾，他低估了这个人的无耻程度。

丁汝夔的指控只说对了一半，抵达京郊后，仇鸾就一直在和俺答打交道。只不过不是在战场上，而是用他最拿手的方式——谈判。

仇鸾暗中派出亲信，多次与俺答接触，表示大汗只要退兵，什么事都好商量。你不就是要封贡吗，包在我身上（许贡市以自安）！

仇鸾夸下海口，他这个建议却来得很及时。俺答的部下再贪，胃口总是有限的，这么多天下来，抢到的财物和人口已经超出了众人的心理预期。而更关键的是，正如徐阶所料，几天内宣府、河间、山西、辽阳等勤王兵马已陆续赶到，城外明军总数已超过十万人。

俺答大事不糊涂，要是不懂见好就收，当年也先的失败还历历在目。

对于仇鸾能否促成封贡，俺答将信将疑，但是仇鸾的建议为他提供了另一种可能。

蒙古军队掳掠到大量金银、牲畜和男女人口，承载力已经到达了极限。他们摇身一变个个成了暴发户，带着这些战利品，行军速度还达不到之前的一半。

俺答明白上当，他已经没心思研究什么外交文书了，现在最大的问题成了如何全身而退。要是仇鸾以当年的石亨为榜样，追着自己的屁股打，这一趟不是肉没吃到还惹了一身臊？

“仇总兵，那就这么办。但有一个条件，我军撤退时，你不许追击。”

其实早有部下要求发动反击，但仇鸾是个很精明的人。所谓收益越大风险越大，追击固然可能立大功，但也可能失败。我现在已经深受皇上信任，万一在天子脚下吃了败仗，之前不是白忙活了？

这个险，不值得冒！

八月二十六日，俺答下令撤军。各部落满载战利品缓慢而行，勤王军统帅仇鸾统领十几万大军，没有下令发一矢、放一枪。他们远远地跟在敌军后面，以行注目礼的方式，目送敌军平安离境。

有这样一个勤王军统帅，从各地赶来的边军可谓窝囊到了极点。不少将士义愤填膺，私下违抗主帅的命令，自发组成小股部队追击落单的蒙古兵。

这些志愿军在局部取得了一些战果，但对整个战局于事无补。九月初一，蒙古兵从古北口、张家口等处从容出塞。这场围困京师八日之久，造成京畿百年少有之杀掠的“庚戌之变”才告结束。

值得一提的是，在自发追击的明军里，涌现出了一个来自大同的军官，不久以后，这个叫马芳的千户将让蒙古人患上“恐马症”。

第五章 马芳：威震边陲的名将

从奴隶到军人

马芳，山西蔚州（今河北张家口蔚县）人，农户出身，时任大同千户。明代的军官选拔多为世袭，马芳祖上没有军籍，也不是武举人，能在30来岁这个年纪升到正五品千户职务，我们很容易能猜想到，马芳必有过人之处。

确实，史载马芳“多谋略，精骑射”，这些都是成长为将领的必要条件。例外的是，马芳的本事不是在大明边军中摸爬滚打练出来的，而是在蒙古练出来的。

嘉靖六年（1527年），蒙古各部落在宣大发动了一次大规模劫掠，洗劫大批村镇，还掳到了数万百姓。很不幸，时年八岁的小马芳落到了蒙古人手里，捆手捆脚地带回草原，送给了达延汗的孙子之一，土默特部落的王子俺答。

从此马芳有了第一份工作，放羊娃奴隶。

人们不久发现，这个孩子在工作之余，喜欢跟蒙古人学习制作弓箭。学到一点本事，他就找来树枝制作成简陋的弓箭练习，好像他不是个奴隶，而是个为国戍边的引弓之士。

长期与马匹打交道，马芳还练出个驯马的特长。经过他训练的马匹，不管性子多野，都能“腾跃控御”，使马匹不敢踢咬。

年复一年练习下来，马芳的骑射功夫，在蒙古人看来也已颇为了得。主人俺答十分喜欢这个机灵中透着狠劲的奴隶，出门打猎经常会把他带在身边。

一次马芳跟随俺答狩猎，树林里忽然跳出一只斑斓猛虎，直扑俺答。事出突然，随行众人都吓呆了。唯独马芳面不改色，弯弓搭箭，当场射毙猛虎。

俺答对如此勇士赞赏不已，赠他“良弓矢，善马”，命他在左右服侍，当作亲信来培养。然而马芳却在嘉靖十六年（1537年），趁着跟随俺答来到延绥外围狩猎的机会，骑着俺答赠送的宝马，挎着俺答赠送的良弓，连夜投了明军。

这不是马芳忘恩负义，他从没忘记自己是明人，是被抢来的奴隶，更想知道双亲是否还在人世，想回去尽一番孝道。

延绥总兵官周尚文大半夜的被叫醒，说门外来了个自称明人的鞑子，口称自己是反正义士。周尚文意识到事情不简单，一番询问，他确认马芳不是奸细，是真心前来投靠的。

在边境地区，蒙古牧民和混不下去的蒙古武士前来投诚，是常有的事。但一个被掳走的明朝人，还在俺答手下成了亲信，这样的典型可实在不多。

周尚文发现了马芳身上的标杆效应，马上把他提拔为队长，在全军上下将马芳树立为爱国模范，扎扎实实进行了一波爱国主义教育。

事实证明周尚文没有看走眼，当上典型之后，马芳很快证明了自己。接下来近十年时间，马芳都过着刀口上舔血的刺激生活。总结起来就是有事没事扛着大刀在防区转悠，遇到三两成群的蒙古劫匪，往往他一个人就给解决了。

军队中不乏勇士，有勇无谋的丘八多得是，马芳则不同。他打仗的特点不光是勇敢，多年在蒙古的生活，让他摸到了与蒙古人交战的门道，鬼点子特别多。每次作战，他总能扬长避短，出现在敌人意想不到的地方，打得蒙古骑兵既狼狈又难堪，总会在马芳手下丢掉几个人头。

嘉靖二十七年（1548 年），俺答掠大同，马芳再次献计，率兵抄袭蒙古骑兵后路。此战并未斩获多少首级，效果却良好，腹背受敌的俺答不知明军虚实，未敢深入便匆匆北撤。

有人说，这些兵法里都写得清清楚楚，为啥只有马芳能成。因为他太熟悉俺答了，在蒙古十二年，俺答用兵的特点让马芳摸了个透。不用等情报，他就能大致判断出俺答的行军路线与目标，八九不离十。

此战以后，周尚文彻底明白马芳潜力无穷，他大赞道："汝他日必为能将"，奏明朝廷晋升他为千户。

周尚文先后任宁夏总兵、延绥总兵、大同总兵。他长于练兵，儿子君佐、君仁都是帐下勇将，是极少数敢于和吉囊、俺答等部落野战的明军将领。可惜与严嵩不合遭到排挤，周尚文没能建立更大功业，于嘉靖二十七年（1548 年）卒于大同总兵任上。

"庚戌之变"，马芳所部奉命勤王进抵怀柔，驻扎下来就没挪过窝。眼看蒙古兵都大包小包地撤了，勤王军统帅仇大将军一句话也没有，可把马芳气坏了。

当初小马芳就是这样成为奴隶的，无耻的不抵抗政策，又有多少无辜的百姓成为新的奴隶?

马芳看不下去了，他私下联络军中一批热血将士，说主帅没种，我们不能没种。能救一个百姓是一个，能杀一个蒙古兵是一个，杀一个够本，杀两个赚一个，怎么也得出口恶气。

他们四处搜寻，果然在怀柔堵住了一拨蒙古兵，为首的是俺答一名部将。这个家伙和他部下战利品太多，远远地落后了大部队。

眼看有人堵路，这个蒙古将领还没意识到将要发生什么。他哇啦哇啦了半天，示意马芳赶紧让路，否则他就不客气了。

马芳并不搭话，只是默默取下弓箭，弓响人倒，随即催马上前，斩下了他的首级。

怀柔小挫俺答部，并不能算是很大的胜利。不过在俺答那场游行般的撤退中，马芳的战功已经足够闪亮，仇鸾也乐得顺水推舟，以此作为自己指挥有方的证据。所以马芳没有因违令受到责难，反而还有嘉奖。

两个月后，蒙古部落入侵山西威远（今朔州市威远镇），马芳率部迎敌。等接近敌人，马芳第一眼就看出不对劲。

对面只有几十名松松垮垮的骑兵，他们的动作迟缓，队形松散，丝毫没什么阵型可言，仿佛是对马芳他们不屑一顾。

蒙古人作战有两项非常重要的战术，第一是“迂回包抄”，第二是“退兵回袭”。这点稀稀拉拉的弱兵，摆明是故意示弱，想搞“退兵回袭”来了。

这种战术，怎么骗得过蒙古通马芳。你要退，你便退，我不贪功穷追，你的战术就白给。

蒙古兵没想到马芳这么淡定，他们是来搞抢劫的，不是来和明军玩捉迷藏的。有这么群人不远不近地监视着他们，实在是没法痛快地搞袭击。于是他们决定，不玩什么虚头巴脑的战术了，集合起来正面击垮马芳。

他们怪叫着发起了冲锋，明军果然无法阻挡，一触即溃。蒙古人兴奋地进行着追击，追着追着，他们发现周围烟尘四起，败逃的敌人拨转了马头，冲他们露出了诡异的微笑。

谁说只有蒙古人会用“退兵回袭”？

击退敌人后，众将士都松了一口气。马芳却冷静分析：这只是敌人前锋，受挫后主力必然卷土重来。大家立即随我到野马川布防，恶战还在后面。

少顷，果见大队蒙古骑兵杀来。敌众我寡下，马芳毫无惧色，命部将先撤退，自己亲率精壮勇士断后，撤到一个山头据守。敌人尝试着进攻了几次，发现这个地方易守难攻，攻不下来。

要想拿下马芳也不是不可以，但是代价太大。这伙人跑到明朝境内来，主要业务是抢劫，杀人不过是副业。遇到马芳这样死硬的亡命之徒，谁也不想拿命跟他死磕。

于是他们商量了一下决定还是撤退，有这工夫啃这块硬骨头，不如多抢点东西回去过冬才是正事。

马芳很清楚蒙古人的心理，看到敌人撤退，他召回主力却没急着进攻。只是远远地跟着这群劫匪，就像狼群远远地跟着羊群，耐心地等待着机会。跟到泥河的时候，马芳抓住他们一个疏忽，全军突击冲进一片蒙古包，大刀片子尽情地往正在休息的劫匪头上招呼。

蒙古人被打了个措手不及，一而再再而三都不能摆脱马芳，这群劫匪的神经终于崩溃了，“这次出门抢劫怎么没看皇历，碰到这群神经病”。他们化整为零直接逃回了塞外。

几轮恶战下来，马芳带着弟兄们斩获八十多个首级，也收获了“马疯子”的绰号。

在大明上下被蒙古人折腾得风声鹤唳的大环境下，马芳团队的战绩无疑是辉煌的，是标杆，是典型，必须予以表彰。同年，马芳被破格提升为正二品都督佥事，至年末又加封为正一品左都督。

马芳的建议

一年之间，马芳连跳八级，真正成为冉冉升起的将星，他却一直在思考一个问题。

皇上重用的意思，马芳很清楚。宣府离北京不到四百里，历来是保卫京师，防御蒙古南下的锁钥之地，位置比大同更加要紧。

可是，为什么俺答千里转进，想打大同打大同，想打蓟州打蓟州，无人能挡？

自己打了几个小胜仗，不过是挫了俺答一点锐气，离伤筋动骨还差得远。

九边防线长达万里，光一个宣府，所辖边墙就达 1023 里（东起居庸关，西达今山西东北隅阳高县）。宣大防线以外，更是俺答传统势力范围，是他最喜欢来逛的地方。

俺答迟早会卷土重来，只要被他找到弱点来一次快速突破，一样能打穿宣府。

俺答一定会来，宣府一定会被打穿，这毫无疑问。

怎么办？

数月后，兵部尚书赵锦收到一份来自边关的建议书，其中总结了蒙古骑兵的三大特点：

其一，蒙古人“天生骑射，弓马娴熟”，这是出娘胎就练出来的本事。咱们的人，后天付出再大努力，也比不上人家。

其二，蒙古人“来去迅即，顾此失彼”。他们不但马快，还马多（每人二三匹），长途奔袭是拿手好戏，来去如风你搞不清会在哪里出现，堵得住这头，堵不住那头。

其三，蒙古部落“居无定所，进退自由”。游牧民族没有永久定居点，更没有城池。他们逐水草而居，全部家当都在身上，来去自由得很。

总结以上三点，我们现在以守为主的防御体系，将会永远落于下风，处于被动局面。而且我们兵力分散，战斗力不强，经常会被蒙古骑兵轻易攻破。

接着，信里提出了对付蒙古骑兵的办法——“以骑制骑，以快制快”。

只有训练我们的骑兵，克制对手的优点，才是制胜法宝。

赵锦把书信交给部门讨论，官员们都认为，这个人讲了一堆正确的废话。大家在兵部混了那么长时间，谁都知道敌人的长处，可这不是没办法嘛！

“以骑制骑”，战马在哪里？“以快制快”，我们的骑术能强过蒙古人吗？不守城池与敌人野战，不是等于送人头？

大家纷纷指责，这小子是谁？分明是不懂边务，胡说八道！

赵锦回答：这封信是宣府马芳写来的。

顿时一片沉默。有人小声说：如果是马芳，也许可以试试……

马芳的来信不是心血来潮，是他仔细思考的结果。为什么王越、余子俊在时，蒙古不敢深入。到我们这个时代，他们动不动就能毁边而入，千里转进，如入无人之境？

边墙毕竟是个被动的防御体系，成化年间，依靠激情四溢的王越与老成稳重的余子俊，两人一攻一守，牢牢把握战场节奏，才能打得蒙古部落远远遁走。

如今只知防守不知进攻，等于把主动权交到了敌人手里。就好比蒙古骑兵是机械化兵团，我们的军队主要靠两条腿赶路。这样打下去，永远被敌人牵着鼻子走。

只有以我为主，破坏敌人的进攻节奏，才是破解俺答战术的王道！

马芳的提议引起朝野侧目，如此激进，引得言官弹劾说他是“骄兵悍将，邀功贪战”，也有人说他“沽名钓誉”。出人意料的是，这些弹劾都如石沉大海，从内阁到兵部，支持马芳主张的占了大多数。

倒不是说大家都觉得这事一定能成，而是马芳实在很会做人。

身为武将，马芳文化不高，情商极高。每到一个地方任职，他必定留心搜集当地珍奇土特产，用来孝敬各位大人。遇有功劳，不忘捎带上各位上司，哪怕自己吃点亏，他也只当是赚便宜。

有这样识相的部下，几任兵部尚书都将马芳“引以为知交”。朝中官员多与他交好，就连严嵩之子，绝顶聪明又极度自负的严世蕃，也颇为忌惮马芳。他曾专门叮嘱马芳的顶头上司宣大总督杨顺，说马芳这个人表面憨厚，实则心细如发，深有手腕，你千万别惹他（不可引之为仇也）。

除了会拉关系，会打仗，马芳还有个很明显的特点：会练兵。

仔细观察明代军事发展，乃至历朝历代军队战斗力的曲线，我们能发现一个现象。开国之初，军队都是身经百战的老兵，很少有人提出练兵问题；到了朝代中期开始，军队战斗力都会直线下降。

出于这样那样的原因，这是一种无奈，也是一种必然。所以一个王朝到了一个阶段，练兵就成为一个大问题，像当初的曾铣就曾说过一句很经典的话——中国不患无兵，而患不练兵。

自正统以后涌现出来的名将们，没有一个是不会练兵的，前有郭登、王越，后有马芳、戚继光、卢象升、孙传庭，都以练兵著称。

马芳练兵却与他人不同。初到宣府，马将军便召集起部下，宣布了他的规矩：临战畏敌不前者，后队斩前队，将领畏敌不前者，士兵斩将领。

部下大哗，这招“军战连坐法”，据传是当年于谦于少保在京师保卫战中所创，军中失传已久。马大人今天是不是吃撑了，想到捡起这么凶狠的招数？

有人不服，鼓噪道：“这连坐法管天管地，可管得到将军？”

马芳沉声道：“本将军自然也要遵守。”

“临阵之时，将军督后，这岂不是一句空话。”

马芳横他一眼：“本将自当争先，何须你多言！”

于是，前来抢劫的蒙古骑兵们每次都看到这样一幕。对面烟尘起处，旌旗招展，一马当先的不是通常的明军选锋将校小旗，而是一面冲天大纛，上书斗大一个“马”字。

大纛立，则军心汇聚，稳如泰山；大纛倒，则军心涣散，不堪一击。

大纛在哪里，马芳就在哪里。马大人以一品之尊，披坚执锐，亲冒矢石，部下哪个敢不效死力——要不然，“军战连坐法”，了解一下？

然而朝中的反对意见也不是没有道理，蒙古人天生是马背上的民族，先天优势就摆在那里。明军骑兵再怎么练，顶多只能缩小整体差距，要想以骑制骑确实有难度。

马芳用三个办法解决这个难题。

一、调整人员结构，淘汰老弱病残。马芳奏明朝廷，表示以往兵力不足，都从全国卫所抽调官兵来大同协防，我不要这些人。

原因是客兵来到山西，对地方没有归属感，作战意志并不强烈。许多人打仗出工不出力，反而拉低了军队的整体战斗力。

马芳提出，我想自己在本地征兵，这些乡土子弟深受蒙古侵扰，许多人身上都背着血仇。这些兵在自己家乡作战，不用动员，每次都敢玩命。

从山西募兵，能省下千里迢迢调兵的一大笔费用，对朝廷是笔划算的账，这个建议很快就被采纳。

二、组建特种部队。

蒙古骑兵确实厉害，大明也有啊。历来，明朝军队中的蒙古人本身就不在少数，马芳身处边关，又有蒙古背景，更是时常能有在部落中混不下去的蒙古人来投效。

马芳择其青壮，只要稍加训练，就能练出一支精通骑射的蒙古族军队。用他们来打反冲锋，正是以彼之矛，攻彼之盾。

通过这个“马芳优选”计划，马芳得到了一批精通骑射的生力军，以他们撑起“以骑制骑”的骨干。

三、升级装备和战术。

马芳这个人不光会做事，也很会做官，逢年过节，他总会为各位上司送上孝敬。就连哪位大人生日，哪位公子纳妾，他都知道得清清楚楚，不忘到场表示一下心意。时间长了，大家也有点不好意思，说马大人你若有什么困难，尽管开口。

马芳总是笑着摇摇头。

不是不提，而是没到时候。

“工欲善其事，必先利其器”，要练兵，要打胜仗，没有精良的装备怎么行。这就是马芳的要求：请把最好的武器优先调拨给我。

上司们这么多年拿了马芳不少好处，这点面子总归要给——“精兵良械优给之”。

兵器到手，马芳为敌人量身定做了“叠阵法”。

所谓“叠阵法”是南宋名将吴璘创立的一种战法，简单来讲，是一种“以车制骑”的战术，与曾铣提出的想法异曲同工。

可惜曾铣没能实现愿望便被害死，马芳接手宣府防务后，看着曾铣的图纸陷入了沉思。

“以车制骑”，稳步推进，用来“搜套”固然不错，不过自己并没有那么多资源可用，皇上也没有授权自己“搜套”。

把“叠阵法”升级一下，用它来“以骑制骑”行不行？

马芳版本的“叠阵法”呼之欲出了。

谁害死了丁汝夔

在马芳练兵这段时间，朝局也在发生着变化。俺答退兵，嘉靖皇帝怒气难消，抓兵部尚书丁汝夔当了替死鬼。

说起来，这位丁大人死得比较冤枉，他在嘉靖二十八年（1549 年）十月刚出任兵部尚书，屁股还没坐热就摊上了“庚戌之变”。丁汝夔本不是㞞包，上任伊始，他上边务十事，欲要整饬军备，有所作为。就在俺答兵临城下的危急时刻，丁汝夔也曾清点军额，招募义军，一度召集起了十来万人，有意出城接敌。

坏就坏在，临行前他去咨询了一下严嵩。

一听丁汝夔要出战，严嵩极力制止，他说：“在塞外吃了败仗，我有办法大事化小；在京城脚下吃了败仗，皇上一定会知道。到时候，谁来负责？”

丁汝夔担心道：“那贼寇怎么办？”

严嵩还是那个调调：“等他们抢够了，自然就走了。”

严嵩是内阁首辅，又是嘉靖皇帝宠臣，他的话丁汝夔不敢不听，因此“不敢主战，诸将亦益闭营”，任由蒙骑烧杀抢掠。

俺答退走，嘉靖皇帝仍旧怒不可遏，负责战略筹划的兵部首当其冲，兵部尚书丁汝夔、侍郎杨守谦被逮捕下狱，接受审讯。

丁汝夔向严嵩求救，严嵩肯定地说：“有我在，一定不会让你死。”

丁汝夔相信严嵩一定会帮自己，只要有严嵩在，自己就不会有事，所以咬紧牙关，没把严嵩扯进来。

八月二十六日，丁汝夔、杨守谦被斩于西市，丁汝夔并枭首示众。临行前，丁汝夔大呼：“严嵩误我！”

但是已经晚了。

严嵩没有救丁汝夔，据说是因为看到嘉靖皇帝愤恨已极，所以他“竟不敢言”。

再想一下，就算严嵩“敢言”，就救得了丁汝夔吗？

丁汝夔和杨守谦都不是严党，他们为官比较正直也比较清廉。边事败坏这种局面，是嘉靖皇帝长期修道、不注重边防的结果。

嘉靖皇帝这么做，完全是再次把责任推给臣下，而自己不知反省。

嘉靖皇帝正是懒政的一把好手，在他之前，明朝皇帝有消极防御的，有冒失出击的，也出了朱厚照这样贪玩的活祖宗。可他们各种不是，也没把边关防御废弛到这个地步。

比如朱厚照玩归玩，要是俺答敢杀进长城，他保准第一个拎着刀就冲出去了。

嘉靖皇帝即位以来，为了确立自己的权威，把大量精力都用在证明“我爹是我爹”这个千古难题上，没有心思去关心北面那个邻居。“大礼议”事件尘埃落定后，这个皇帝也差不多步入了怠政期。

边关军事长期被忽视，即使出现曾铣、夏言这样忧国忧民的实干派官员，还落了个身首异处，导致边军战斗力进一步退化，防守已经达到非常松懈的地步。

边事败坏已久，丁汝夔上任不过半年多，就想要他能挡住俺答，那才是见了鬼。

可是以嘉靖皇帝的性格，“庚戌之变”这种百年难遇的耻辱，一定不能是自己的错，必须要由臣子负全责。正好在丁汝夔任上碰到了，只能说他运气很不好。

丁汝夔出不出战，最后都难逃一死。区别只是，带兵出战，能堂堂正正战死沙场，不必死得这么窝囊。

所以说，最该负责的，不是丁汝夔，也不是严嵩，而是嘉靖皇帝。真正误了丁汝夔的，正是嘉靖皇帝本人。

实际上，丁汝夔也很明白这个道理。在他接受审讯时，按理兵部的参谋长官，职方司郎中王尚学也要连坐。丁汝夔说：“罪在尚书，郎中无预。”这句话保住了王尚学的性命，他得以免死戍边。

行刑前，丁汝夔还不知王尚学是否免死，他问左右：“王郎中怎么样了？”

王尚学的儿子王化正好前来为丁汝夔送行，他跪下谢道："承蒙大人恩情，家父免死。"

丁汝夔叹口气："汝父免，我死无恨。"

丁汝夔清楚地知道皇上的性格，但是他只能喊"严嵩误我"，不敢喊"皇上误我"。否则，不但王尚学的性命保不住，连他家人的性命也保不住。

仇鸾的结局

嘉靖皇帝杀了丁汝夔、杨守谦，只是消了一点气，并不能抹平胡骑践京华的耻辱。嘉靖皇帝刚愎但聪明，他也明白，杀个兵部尚书并不能阻止蒙古人再次光临。说不定过两天，俺答兄就溜溜达达又来环城游了，到时候怎么办？

为此他召来赶跑俺答的仇大将军，提出了新的要求：朕允许你自行推举将领，不必经过兵部的同意。但你一定要把鞑靼驱逐到三千里外，像先祖的时候那样。

仇鸾一听，这不是要我命嘛！但他不敢说不，反而信誓旦旦说道："现在是冬天，鞑靼的马正肥壮，不宜进攻。等到来年春天，我将选拔名臣到宣大、中地等地，观察鞑靼的动向，逼退他们，一定不让皇上担心北方的形势。"

嘉靖皇帝听了很高兴，加封他为太保兼太子太保，以都督职务提督京营，并给他节制九边诸将的权力。

仇鸾毕竟是个靠着祖上恩荫的花花公子，他清楚地知道，别说驱逐俺答三千里，就连三十里，他也做不到。

可是，三千里也就是皇上随口一说，没人真正会去量。只要俺答不再搞大动作，皇上那里就好交代。我说他退了多少里，还不就是退了多少里？

如何让俺答不再折腾呢？这方面，仇大将军深有心得——俺答是可以谈判的，只要价格合适，敌人也能变朋友。

于是仇鸾又找到俺答，两人愉快地商定，我高价收购你的马，咱们可以做生意。你约束好你的部下，大家继续做好朋友。

这种套路以往很多边将都玩过，叫作“养寇自重”。意思是故意放着敌人不打，以此使自己的地位变得重要，还能借机揽权索银，实在是一招养肥自己，祸国殃民的妙招。

靠着这一招，仇鸾实现了边境和平。

从“庚戌之变”后到嘉靖三十一年（1552 年），除了一些小规模的劫掠，俺答果然信守承诺，没有出动大队人马来找麻烦。

问题是，“养寇自重”很可能出现另一种情况，敌人未必会乖乖一直被你养着。人性总是贪婪的。如果我自己动手，能拿到更多，为什么要接受你的条件？

养寇自重有个很重要的前提，自身要有足够实力，不管“寇”是不是想被养，他都没有选择。

仇鸾显然不具备这个实力，俺答更不是个甘愿被包养的小角色。

嘉靖三十一年（1552 年）初，俺答撕毁协议重开战端，开始连续侵扰边境。消息传到朝廷，嘉靖皇帝派人传话：一定要重创敌人！

仇鸾也很愤怒，这个俺答，怎么能说话不算话呢！这次他终于集结起大军，想要给俺答点颜色看看。

五月，仇鸾的军队在镇川堡猫儿庄（今山西大同境内）撞上了俺答手下一个部落。仇大人指挥若定，尽显名将风采，此战取得了辉煌胜利，战绩为斩首五级，明军伤亡五百余人。

仇鸾下令：收兵，报功！

兵部尚书赵锦实在看不下去了，说我们是进攻，为的是全歼敌人。这个交换比放到防御战里，也很难说是大胜。陛下您给仇鸾这么多支持，他怎么还有脸，拿五个首级就来请赏？

嘉靖皇帝再信任仇鸾，也意识到事情不太对劲。这两年多来，仇鸾难道一直在忽悠自己？他将仇鸾召回，没收了他的兵权，就在正准备进一步调查时，仇鸾很及时地病死了，死因是忧惧交加，背疽发作，终年 47 岁。

仇鸾活着的时候擅长见风使舵，就连临死，也很懂得挑时候。如果他不是很及时地病死，下场将会非常悲惨。

仇鸾曾经和严嵩一起除掉夏言，由此脱罪，因而非常感激严嵩，认严嵩为义父。等到仇鸾翅膀硬了，就不认严嵩这个爹了，甚至还凌驾于严嵩之上。

锦衣卫都督陆炳，从来只有他敲诈别人，没有别人敢来恐吓他。仇鸾愣是胆大包天，就因为看中一件首饰陆炳不给，竟敢派人潜入陆炳家中抢劫。

连严嵩和陆炳这样级别的人都敢得罪，其他官员仇鸾更是不放在眼里。当朝重臣中，和仇鸾关系好的只有徐阶。

徐阶与仇鸾从没产生过冲突，总是笑脸相迎。仇鸾得罪的人很多，经常受到弹劾，只有徐阶从不跟风。这让仇鸾相信，徐阶是个好人。

仇大将军不知道，徐阶的特点是，对谁越客气，往往是在心里盘算，怎么才能干掉这个人。在徐阶眼里，仇鸾并不是朋友，这个人这么作，早晚会遭到清算。

在他得宠的时候，犯不着去跟他作对。仇鸾只是一块待价而沽的肥肉，当他被摆上案头接受报价时，徐阶一定会成为买家之一。

实际上，赵锦在嘉靖皇帝面前分量并不足够。嘉靖皇帝还在犹豫中，正是徐阶打响了清算仇鸾的第一枪。徐大学士的政治嗅觉告诉他，仇鸾的好日子到头了，与其让严嵩抢了功劳，还不如我自己来。

徐阶秘密上疏：臣已掌握仇鸾通敌误国，欺君罔上的罪状。

要么不出手，出手就是死手，这是徐阶的为官之道，他后来也是这么对付严嵩的。

嘉靖皇帝大惊，命陆炳暗中查探。陆炳早就摩拳擦掌，他设计诱捕仇鸾亲信时义、侯荣，得到了确切情报。严嵩亦不甘落后，再参上一本。

三大重臣联手，十头骆驼也压死了，何况一个重病的仇鸾。只是仇鸾得罪的人实在太多，他虽然躲过了西市的一刀，他的家人就没有那么幸运了。在主要嫌疑人已病故的情况下，三法司缺席审判仇鸾犯的是谋反罪，应当追戮。

反正仇鸾已经死了，没法抗辩了。他的棺材被挖出，头颅被砍下传首九边。仇鸾家被抄没，父母妻儿和时义、侯荣都被斩首，妾、女儿、孙子分发给功臣家里做奴婢，家属流放，党羽都各自获罪发配。

徐阶的嗅觉果然灵敏，仇鸾被清算，最大的受益人就是他。嘉靖皇帝给他加上太子太师头衔，信任度进一步提高，仅次于严嵩。

严嵩有点慌，俺答入寇和仇鸾谋反两件大事，自己都没抢到首功，在皇上眼里还跌掉点印象分。徐阶这个人深不可测，自己年龄越来越大，办事越来越糊涂，要是徐阶怀恨在心，把目标对准自己，那可怎么办？

徐阶却表现得很大度，他一点也没有在意严嵩曾在俺答求贡问题上给自己设过套，还主动把孙女嫁给了严嵩的孙子当妾室。徐阶友好地对严嵩表示：阁老，过去的事您别放心上，从今往后，咱们就是一家人了！

严嵩把心放回了肚子里，严世蕃也挺高兴，跟徐阁老成了亲家，不就消除了一个潜在的强大对手。

他们都没看懂徐阶。

勇不过马芳

俺答收到仇鸾的死讯并没在意，在他看来，仇鸾死不死和他关系实在不大。大不了，以后不做生意了，光靠抢我能过得更好。

嘉靖三十二年（1553 年），从二月至十月，俺答连续组织大军，对几大军事防区进行掠夺式侵扰，所过之处“军堡尽毁，府库尽遭掠，黎民流离被掳者无数”。其间，明军总兵、参将、指挥等大小各级军官战死者数十人，军队损失惨重。

嘉靖三十四年（1555 年），俺答故技重演，率兵绕过宣大防线，从薄弱处突破长城，再次闪击到京郊怀柔地区。京师拉响紧急警报，数万援军赶到京畿，却纷纷观望不敢战。

照此发展，“庚戌之变”一幕又要重演。区别在于，嘉靖二十九年

（1550年），那个来自宣府的小千户，只能捞几个落单的蒙古兵发泄一下怒火；嘉靖三十四年（1555年），这个千户成了手握兵权的将军。

马芳已完成了自己的练兵计划。

俺答到底没有进攻京师的野心，这次出兵也就是一次深度京郊自驾游。烧杀劫掠一番，看到各地勤王之师陆续到达，便一声令下退兵。

蒙古大军与上次一样，牵牛抓羊，还驱赶着大量人口，沿着来时路线缓慢退走。

当他们退到保安（今河北逐鹿）一带，斜刺里杀出来一支明军挡住了去路。

俺答得报毫不惊慌，这支明军不过两千多人，不会是来送死的吧。既然碰到了就算他们倒霉，一块收拾掉算了。

俺答招呼一声，留下一名将领带着五千多人前去迎击，剩下大部队继续赶路。

蒙将率部上前，他本以为这么点明军，看到他们多半会掉头逃跑。谁知这支军队非但没跑，还摆出了一个前所未见的奇怪阵型。

只见他们的骑兵从两翼冲出至前，烟尘遮蔽了视线。稍后骑兵退走，中间出现了几排队伍。最前是一排战车，以铁钩相连；第二排士兵蹲坐于地，手举长枪；后面两排都是弓箭手，以跪姿举弓；再后面就看不清了，似乎有火铳手和手举大刀的士兵。

阵中一杆大纛，上绣五个大字：宣府参将马。

有点意思，那又如何？不过2000来人，挡得住我们一次冲锋吗？蒙将也是身经百战，一声令下，蒙古骑兵呼啸而来，希望与往常一样，凭借良弓良马，摧毁明军的战阵。

这是蒙古人第一次遇上马芳的“叠阵法”。

吴璘长期在西线作战，西部多平原，他发明的“叠阵法”，是为了在平原旷野克制金军骑兵，本质上是个防御的阵法。

马芳是骑兵将领，深知吴璘的“叠阵法”防御有余，进攻欠缺，难获全功。蒙古人只要围而不打，或者干脆拍拍屁股往他处而去，光靠吴璘的“叠阵法”难以有效反应。

为此，马芳进行了战术升级，发明了马芳版“叠阵法”。

这个战术最大的改变，是大大加强了火器的占比。

众所周知，明代火器在宋代基础上得到了极大发展。宋军的火器射程近，杀伤力小，居高临下守城还能凑合，到野战时，基本就是听个响，差不多就是放放火，冒冒烟，起个氛围组的作用。

明初朱元璋已有大量火器助阵，朱棣更是建立了神机营。永乐以后，火枪在京军和边军中都有大量装备。

但并不包括骑兵。

在骑兵这个层面，交战还是以冷兵器为主。蒙古骑兵骑术精湛，箭法超群，与他们硬拼，就算能取胜，交换比也会非常惨烈。

有没有那么一种办法，在骑兵这个兵种上，能以己之长，克敌之短？

有的，那就是给骑兵装备火枪。

当时明军火器部队大量装备的是快枪、神机枪等单管火铳。马芳却吩咐，给骑兵配发三眼铳。

手下不解：快枪准头足、神机枪射程远。这三眼铳啥也不是，大人您是不是再考虑考虑？

“不用了，三眼铳才是最适合骑兵的火器。”

所谓三眼铳，是指三根铳管单独制造，造好后用铁箍固定到一起，用一根木棍在上面呈品字形挖出三道凹槽作为铳柄，铳管呈品字形排列，故此得名。

三眼铳是一种火门枪，这种火枪在影视剧中曝光率很高，士兵人手一把，看似很强，其实威力很一般。三眼铳是一种落后的火门枪，并不是很精准的火器，它的最佳射程是在三十步到四十步左右（明代每步一点二米）。在三十步内，其威力能破甲，在五十步外，能杀伤无甲或轻甲敌人，超过一百步，就失去了杀伤力。

这个杀伤力，说的是短管三眼铳（枪管一尺）。骑兵使用的是长管三眼铳，有四尺四寸、五尺五寸等几种规格，装药量更大，铅子更多，射程和威力能提高 30%—40%。

即使如此，三眼铳也算不上一种优良的火器，但它确实是最适合骑兵使用的火器。

骑兵作战不像步兵，他们始终在进行运动战。瞬息万变的骑兵交锋，很难有时间让他们勒停战马，从容来瞄准射击。所以火枪的精度，并不是骑兵最优先考虑的因素。

三眼铳无甚精度可言，但有个优点足以弥补：它能发射散弹。

明军骑兵作战时，习惯将三个枪管塞满铅子，“每铳著铅子二三个”，并且设置三眼同时击发。这样一次击发，总共有六到九颗铅子同时发射出去。除了三眼铳，还有五眼铳，一次发射十五颗铅子。

如此只需数名骑兵一轮齐射，就能发射出上百颗仇恨的子弹。蒙古兵面对的是 16 世纪最强火器，就问你怕不怕！

牺牲精度换来打击面，运动战中是值得的。

另一个问题，这种古董火枪发射完一轮，换弹装药是极其烦琐费时的事。等你原地完成一套动作，怕是早就被干挺了。

马芳对部下面授机宜：没时间换弹，就不要换！

部下不解：“那这三眼铳岂不成了一次性的废物？”

马芳举起三眼铳挥舞一圈：“谁说的？”

到了实战中，蒙古骑兵看到了这样一个令他们胆寒的场面。远远地，明军骑兵手中三眼铳腾起一阵烟雾，一片弹幕袭来，同伴们人仰马翻。幸存下来的骑兵咬紧牙关催马冲锋，要趁明军无暇换弹之时，杀他个措手不及。

意外出现了，对面骑兵压根就没有换弹动作，他们拎着三眼铳就对冲而来。

蒙古骑兵笑了，这玩意打完子弹，连根烧火棍都不如，他们怕是脑子秀逗了。

等到接近，他们再也笑不出来了，狞笑的换成了明军骑兵。只见他们手里的三眼铳枪管表面凹凸不平，上面捆着密密麻麻的铁甲片、铁箍。

这哪里是三眼铳，分明是一根根狼牙棒！

更有甚者，有人还在三眼铳尾部加装枪头或刀头，倒提三眼铳，就是一根根长刀长枪。

> 三眼枪后用剑刃、铁箍，更可作枪刀，作锤棒。两头相称，落有力而起又便，入巢极妙。

“入巢极妙”，这四个字生动地形容了三眼铳的妙用，用它来砸烂敌人的脑袋，那是极妙的一件事。

既能当火枪使，又能当狼牙棒、刀枪抡圆了招呼，实在是居家旅行，杀人越货之利器。

此后，以往不受待见的三眼铳逐渐在明军骑兵中推广开来，成为制式兵器。

以骑制骑，以己之长，克敌之短。为骑兵大量装备三眼铳，是其中关键一步。

这样的骑兵不是传统骑兵，应该叫他们“骑射手”。

“叠阵法”的另一个关键，就在于这个“叠”了，有可靠骑兵掩护，其他兵种就能发挥各自所长。拿刀砍、拿枪捅、拿火铳射，想着法子坑死一个算一个，而不是光靠骑兵对冲骑兵。

——敌骑长于奔冲，不尔，无有能抗之者！

猫儿庄一战，马芳手下的宣府精骑反复拼杀，刀兵、火枪兵、骑射手波浪般来回纵马冲击，火枪与铁骑相互配合冲锋的战术，令只善骑射的蒙古军接连受挫。整齐划一的冲杀与轰鸣呼啸的火枪弹丸下，蒙古骑兵纷纷被打落马，几次接战皆伤亡惨重。

蒙将在这种前所未见的打法下终于不敌，落荒而逃。

俺答横遭重击，被打得有点蒙。他不愧是个经验丰富的统帅，俺答判断，马芳一定是明军的先头部队，不然不能这么猛，敌军主力随时可能杀到。到时，我们可能会被包了饺子。

想到这里，俺答再无迟疑：下令，全军丢下战利品，加速北撤。

其实哪有什么主力，马芳没料到会遭遇俺答本尊，身边总共也就2000多兵力。他们已经是拼尽全力，是役马芳部下“奋勇跳荡，生猛敢战”，马芳本人身负五处刀伤，坐骑也被射杀，可谓以命相搏。

消息传回京师，以区区两千人马，击退数万蒙古大军，马芳总算让明朝军人长了一回脸。嘉靖皇帝大悦，晋升马芳为蓟州副总兵，赞叹道：“勇不过马芳。”

翻译一下，咱们大明最猛的就是马芳了。

此战马芳也给蒙古人留下了深刻印象，他们称呼马芳为“马太师”。这个“太师”不是指马芳的头衔，蒙古部落中习惯将最猛最能打的人称为“太师”，以此类比也先等前辈，这是一种尊称，代表对勇士的认可。

马芳打出名头后移镇建昌，俺答的土默特部很是消停了一阵。不过蒙古部落很多，另一伙蒙古人没有及时收到这个很重要的情报，他们就是蒙古大汗直属的察哈尔本部。

俺答强横一时，他的锋芒大大压过正统蒙古大汗博迪汗。博迪汗在位时期，察哈尔部是个打酱油的角色，只能给俺答打打配合。博迪汗于嘉靖二十六年（1547年）卒，子打来孙接任可汗，号“库登汗”。

当时在土默特部压力下，察哈尔部被迫让出水草丰美的河套地区，逐渐迁移到了西拉木伦河流域（今内蒙古自治区赤峰市）。

身为正牌大汗，被赶到叔叔挑剩下的地方，库登汗很不服气。土默特部势大，无法招惹，于是他想到一个曲线救国的办法。

这个办法当初也先也用过，也先强盛时挥师向西，将兀良哈部落和女真各部都纳入麾下，极大地扩充了自己的实力，这些部落后来都成为他与明朝大战的仆从军。

既然往西啃不动，不如复制也先的办法，征服女真部落，自己不就强大了。

库登汗说干就干，在他任内察哈尔的东进战略相当成功，先后征服女真各部，逼着他们出钱出人帮自己抢劫。察哈尔部屡次侵入辽东、蓟镇索要市赏。如果不给，他们就掠夺人畜，成了东北一股著名的顽匪。

库登汗埋头苦干十年，业绩不俗。察哈尔部恢复到了精骑六万的水准，大汗势力复振。嘉靖三十六年（1557 年），库登汗卒，其子土蛮（孛儿只斤·图们）成为新任大汗（图们汗，亦称札萨克图汗）。

土蛮上任不久就察觉到一个新情况，以往俺答隔三岔五就喜欢来蓟镇转转，看看哪里的城墙薄弱，土默特骑兵便会破墙而入打一把秋风。可是这一两年以来，非但俺答没有出现，他手下那些人也不来光顾了。

土蛮一寻思，土默特不往东边扩张，这是我察哈尔之福啊。打穿蓟镇，马踏京师的不就变成本大汗了？

土蛮深受俺答“庚戌之变”战绩的鼓舞，兴冲冲就带着几万人扒开长城冲进了蓟镇。

俺答不知是忘了还是故意没告诉他，蓟镇守将现在换人了，新任蓟州副总兵叫马芳。

前文说过，只要军队有战斗力，长城就是套很有用的防御体系。士卒点燃烽火，马芳得报，点起军马赶到界岭口，堵住了土蛮的必经之路。

两军摆开阵势一个交锋，察哈尔部前锋就败下阵来，被明军砍下几十个脑袋，还抓了十几个俘虏。土蛮一看纳闷了，对面的明军战斗力这么强，一点也不像印象中的蓟州军马。他找来个大嗓门手下隔空喊话：“你们是哪个部分的啊！”

马芳很高调，把头盔脱下来喊回去：“老子马芳！”

土蛮吓了一跳，连忙找来一个见过马芳的手下辨认。这哥们可能有点近视，看半天也没看清。马芳见状，脱下铠甲催马而出（免胄示之），示意你仔细看，使劲看，如假包换。

等认出真的是马芳，蒙古人害怕了。土蛮心里把俺答八辈骂了一遍，他赶紧亲自出马大喊：原来是“马太师”啊，都是误会，都是误会啊！转身撒开脚丫子一溜烟就跑回草原，回到传统地盘辽东去了。

第六章 陆炳：明朝最强锦衣卫

陆炳的请求

嘉靖晚期，明朝军队处于一个变革的时代。马芳的“以骑制骑”改变了以往一贯被动挨打的局面，在蓟镇千余里的防线上，明军有了把握战场主动权的能力。

另一处重镇大同，变革也在进行中。

嘉靖三十七年（1558 年），一个四更时分，左都督陆炳来到严府门前叩响了门环。

看到是陆炳，看门人睡眼惺忪地问：“太尉（陆炳头衔）怎么来得这么早？太师（严嵩）和侍郎（严世蕃）还在睡觉，如果不是宫中有旨意，我不敢叫醒他们。您最好先回去，等天亮再来。”

陆炳哪是这么好打发的：“我找太师和侍郎有要事相商，你只管进去通报，别耽误了我们的事情。”

过了很久，严世蕃伸着懒腰出来了，他揉着眼睛问："亲家（陆炳次女嫁严世蕃之子严绍庭）你为什么来这么早？我才刚睡下。"

陆炳回答："我好几天没有睡觉了。我在深夜斋戒焚香，占卜再三。卦象说今天来见太师、侍郎，你们一定会答应我的请求。"

严世蕃问："你说的是什么事？"

陆炳说："俞大猷的事。"

严世蕃奇道："俞大猷这个人徒有虚名，轻视朝廷，趋附徐阶而不亲近我们父子，已经被我下狱了，你为何要替他说情？"

陆炳说："俞大猷的事是一场误会。他去拜会徐阶，只是想为自己免罪，并不是打算依附他。现在他知道错了，便托我带着赔礼来说情。看在我的面子上，你就放过他吧。"

严世蕃听完不语，转身去叫醒严嵩，复述了陆炳的话。正如陆炳所料，严嵩很高兴，答应了他的请求。第二天就释放俞大猷出狱，让他到大同戴罪立功。

俞大猷，嘉靖朝名将，因得罪严嵩父子下狱。惹毛这两个人，通常都是没有好果子吃的，俞大猷能平安出狱完全要感谢陆炳，是他自掏千两黄金贿赂了严嵩父子，并亲自上门求情，才让俞大猷得以免罪。

明朝最强锦衣卫

陆炳此前出场不多，一出场就是大事。夏言被杀、仇鸾倒台，背后都离不开陆炳的身影，似乎很符合一个专搞秘密工作的特务头子形象。

要这么想，其实是误会陆炳了。除了和严嵩联手陷害夏言，以及一些官员们普遍都会做的事（贪污腐败），还真找不出他干了什么其他缺德事。

相反，陆炳执掌的锦衣卫纪律严明，效率颇高，北镇抚司也没有传出冤假错案的不良记录。要知道，嘉靖朝的锦衣卫数量达到了各朝之最。作为机构最高统帅，能约束住这些习惯于凌驾法律之上的部下，已经是相当难得的业绩。

执掌锦衣卫只是陆炳工作的一个方面，嘉靖皇帝对这个发小非常信任，朝事都让他参与。到了嘉靖朝中后期，陆炳加少保兼太子太傅，挂左都督职位，政务、军事都有他深度参与的身影。

“庚戌之变”时，陆炳严令锦衣卫加强戒备，搜捕出不少俺答布置在京城的奸细，断绝了敌人的情报来源。此外，他还劝嘉靖皇帝打开城门，放城外数以万计的难民入城，这绝对是一件大善事。

嘉靖皇帝说要打官员屁股，陆炳会找借口推迟廷杖时间，等嘉靖皇帝稍稍冷静下来，他就为官员说情。直言进谏的官员进了诏狱，陆炳还为他们送去伤药，精心调理。

时间长了嘉靖皇帝有点怀疑，便问陆炳：“你的杖下从来没有打死人，这是为何？”

陆炳的回答相当巧妙：“正因陛下先向上天请了愿，所以臣就算用严刑，杖下的官员也会仁寿安康的。”

这个马屁拍得嘉靖皇帝很舒服，他信以为然。

话说嘉靖皇帝是个斤斤计较的人，谁敢不给他面子，铁定是要吃不了兜着走的，唯一的例外或许就是陆炳。

嘉靖三十四年（1555 年），浙江道御史张巽言上疏劝阻嘉靖皇帝修道，惹得龙颜大怒。皇帝下旨锦衣卫逮捕张巽言严肃处理。陆炳不但不执行，反而故意放走张巽言。嘉靖皇帝气得不行，却只是请张巽言吃了廷杖贬谪套餐，公然抗旨的陆炳没有受到丝毫责罚。

陆炳很会找钱（文武大吏争走其门，岁入不赀），也很会拉关系（结权要）。当他想要营救那些善良的人时，也会大把撒钱，毫不吝惜（周旋善类，亦无所吝）。

严世蕃被誉为天下第一鬼才，他看得起的人除了他自己只有两个：谓天下才，唯己与陆炳、杨博为三。

这个人不是靠手黑让人害怕，而是以勇于任事让人敬畏。

严嵩父子权倾天下，唯一不敢惹的人就是陆炳。此人既是皇上发小，耳目更是众多。谁知道自己有什么小辫子在他手里，万一和陆炳翻脸，闹个两败俱伤划不来。

凭借特殊的地位，陆炳保护了不少被严嵩陷害的人，俞大猷就是其中之一。

保出俞大猷两年后，陆炳猝死于任上，终年仅51岁。

得知陆炳死讯，嘉靖皇帝取下他的画像，对着哭了一场，然后亲笔写下诏书，称赞他为国效力，尽忠职守，追赠忠诚伯，谥“武惠”，祭葬有加。

“帝数起大狱，炳多所保全，折节士大夫，未尝构陷一人，以故朝士多称之者。”

——这位缇帅是明史中得到赞誉最多的一位，一个特务头子，身后能得到文官政府如此认可，只能说他办了不少好事，贡献大到连陷害夏言这种坏事也被冲淡了。

对于嘉靖皇帝而言，陆炳之死还有另外的损失。

婚姻中的情报学

嘉靖皇帝长期修仙求道，他虽从未放弃权力，但一直与百官隔绝，难免会在细节层面无法做到完全掌控。

这种情况并未出现，嘉靖皇帝修仙归修仙，并没有与尘世脱节。内廷、外廷、军队、清流，大家知道的事他也都知道，大家不知道的事，比如严嵩又生了个儿子，严世蕃又纳了个妾，甚至谁谁谁贪污了多少银子，他也都知道。

莫非嘉靖皇帝真的仙术有成，天眼一开便能尽知天下之事？

当然不是，陆炳的锦衣卫就是他的耳目，陆炳相当于大明情报机关的总负责人，承担着确保皇帝情报安全的重要任务。

陆炳是如何编织他的情报和关系网的呢？

这个招数别人不但学不来，连想都不敢想——死老婆。

不知是命犯桃花还是前世报应，陆炳从18岁开始娶老婆，娶一个死一个。他前后总共有五个老婆，死了四个。

死老婆就死老婆吧，反正陆炳有钱，续弦就是了。问题是，陆炳的老婆身份都不简单。

原配吴氏，吴氏堂哥是吏部尚书吴鹏，掌管全国官员档案与业绩考核。

第二任黄氏，太监黄锦侄女，这位黄锦是兴王府旧人，后来升任司礼监太监，掌控东厂。

第三任张氏，老爹是安定伯张容，张容本人也是京军将领。他哥哥比他更加出名，正是正德年间“八虎”之一张永。

第四任赵氏，翰林院编修赵祖鹏之女，赵祖鹏另一个身份是工部尚书赵文华的同乡同族，而这位赵文华，是严嵩的干儿子兼头号亲信。

不好意思，陆炳又死了老婆。最后一任李氏，这个女子出身就比较低微了，因此没有得到正妻的名分。但她很有能力，陆炳去世后，陆家管事的就是这位李氏。

老婆死得早不要紧，儿女还在，姻亲关系还在。仔细观察一下这份名单，老婆家的关系中外廷、内廷、军队、清流，各种成分都齐活。这些人都与陆炳保持着良好的关系，有啥风吹草动，消息传递得比锦衣卫还快。

除了来自妻子方面的情报，陆炳另一个本事是给弟妹、女儿张罗婚事。

陆炳弟弟陆炜，官至太常寺少卿，娶广宁伯刘泰侄女为妻。初代广宁伯刘荣，原燕王府的总旗，“靖难”之后受封爵位。传到刘泰是第七代，曾在辽东重创倭寇，颇有作为。

陆炳妹妹，又嫁给了第八代广宁伯刘允中，牢牢抓住了这家勋戚。

陆炳长女，嫁给成国公朱希忠嫡长子朱时泰为妻。成国公家族就不用多做介绍了，“靖难”功勋朱能的血脉，地位卓然不群，朱希忠本人也是京军响当当的实力派。

陆炳次女，嫁给严世蕃次子严绍庭。严世蕃下班后干了点什么，很难瞒得过陆炳。

陆炳三女，嫁给次辅徐阶第三子徐瑛。道理同次女，首辅次辅都得看住。

陆炳四女，嫁给南京礼部尚书孙升之子。孙升之父，是在宁王造反事件中被害的江西巡抚孙燧。忠良之后，儿子也很争气，另外在南京也得有人看着。

陆炳五女，嫁给吏部尚书吴鹏之子。绕了一圈又绕回来了，看来陆炳很重视吴鹏，陆吴两家关系进一步加深。

看看陆炳的姻亲圈，简直是应有尽有。古语有云，血亲不如姻亲。陆炳算是把姻亲关系用到了极致，再加上他手里无处不在的锦衣卫，真是除了天上飞的，水里游的，陆炳想知道什么，就能知道什么。

凭嘉靖皇帝和陆炳的关系，陆炳知道的，嘉靖皇帝也能知道。比如嘉靖二十一年（1542 年），郑王朱厚烷世子朱载堉行贿官员，官员们收没收钱，收了多少钱，嘉靖皇帝都清清楚楚；乃至被下狱官员的一言一行，都有人密报给嘉靖皇帝。可以说，上至首辅大臣，中至言官，下至平民百姓，都在锦衣卫监控之下。

陆炳意外早亡出乎嘉靖皇帝的意料，下一任缇帅朱希孝虽也是位正直的大臣，论能力，论情报网就与陆炳相去甚远。

正是陆炳之死让嘉靖皇帝失去了"眼睛"，嘉靖晚年朝局逐渐失控，各种变故层出不穷，没有陆炳是关键原因之一。

大同镇兵车操法

陆炳为什么要救俞大猷？正是因为他深知俞大猷能力与大同防务。蓟镇有马芳，宣府有姜应熊，大同还留了个坑，由俞大猷去填，正好。

大家都知道，中国象棋里最重要的三枚棋子是车、马、炮，万千军中取敌将首级，全得靠它们。

嘉靖年间也有这样三位将军，他们是大明的车、马、炮。有赖这三位大将的军事改革，帮大明这辆行驶在下坡路上的破车踩了一脚刹车，取得后来万历年间“三大征”的一系列胜利。

“马”就是马芳，特点是以骑制骑玩得溜，长途奔袭不要命。

“车”便是俞大猷了。陆炳把俞大猷打发到大同不是心血来潮，他的情报网早就告诉他，大同巡抚李文进是俞大猷的老同事、老朋友，两人都是一心为国的人。

放这样两个人在大同，俺答准没辙。

陆炳的判断是准确的，俞大猷就是车马炮中的“车”。

曾铣说，以骑坦协同（战车加骑兵）的方式步步为营，可敌鞑靼。马芳继承了这个理念的一部分，他的叠阵法中，战车作为一种防御性装备使用，本质上还没有脱离永乐年间对战车的使用方法。

俞大猷没有马芳那么强的骑兵，来到大同后，他与李文进日夜研究破敌之法。针对俺答军队的情况和大同的现状，终于给他们创造性地研发出了一种因地制宜的战法——大同镇兵车操法。

马芳以骑兵打主力，战车打配合；俞大猷把它反了一下，此战法的灵魂就是战车。

大同镇的这种独轮战车长约4米，宽约2米，装有枪头四根，火炮一门，火枪两支，大盾两面。以骑兵10人，火铳手16人，步兵24人，战车一辆编为一队。

遇敌时战车列阵于前，发射弓弩铳炮，打乱敌军阵型后步兵出阵，战车推进。骑兵埋伏在阵中辅助各方，若敌军混乱，则趁敌不备长驱直入敌阵冲杀。

事实上俞大猷在大同两年都没待满，不过他在大同主导的军事改革没有被荒废。同年，车营的称呼正式出现，明史载“遂置兵车营，京营有兵车，自此始也”。

效果如何呢？

大同向来是俺答最喜欢光顾的地方，他不敢去找“马太师”的麻烦，便想着在大同找回场子。嘉靖三十九年（1560年）十二月，俺答再次集结起数万人马杀往大同，俞大猷已调任，李文进二话不说点起人马，在安银堡迎头截住了俺答。

此战李文进兵力并不多，只有战车百辆，步骑五千。明军先用车阵阻挡骑兵的冲锋，并在其中施放火器，然后步兵出击，骑兵两翼包抄，把俺答轰了个晕头转向，数万蒙古军队全线溃败，一口气被追杀出上百里。

远在浙江的俞大猷听到李文进送来的好消息，得意地对一名叫戚继光的晚辈说：近日兵车三千，当虏数万，大挫其锋，边方之人谓百十年来无此堂堂正正若此一战。

这名参将叫戚继光，他牢牢地把“车营”两个字记在了心里。数年后，车营战法将在他手里迎来再次重大升级。

从蓟州到大同，俺答不断吃瘪，他发现以往脆弱的明军变得强悍起来。见到他不但不㞞，还敢主动出击。数次失败让他伤筋动骨，不得不转向延绥、宁夏、甘肃等镇侵扰。祸不单行，那些年西北连遭雪灾，俺答的土默特部损失不少牛羊人口，遭受惨重损失，渐渐陷入颓势。

第七章 明朝倭乱始末

忽必烈征日的副作用

西北有了“车”和“马”，蒙古消停不少。嘉靖皇帝总算不用再担心俺答跑来京城放马，他却还是高兴不起来。

东南问题的盖子已经盖不住了。

嘉靖二年（1523 年）起，一帮被称为倭寇的人，在福建、浙江、广东几省沿海地区聚众抢劫，并深入内地。这个抢劫不是小打小闹，到嘉靖二十七年（1548 年），大规模的行动就达 9 次之多。

比如嘉靖二十五年（1546 年）、二十六年（1547 年），倭寇接连袭击宁波、台州，大肆劫掠，烧毁房屋一千多间；嘉靖三十一年（1552 年），倭寇犯台州，破黄岩，大掠象山、定海诸邑；嘉靖三十二年（1553 年），倭寇首领汪直率舰船数百艘，海盗万余人大肆入寇，长江南北、沿海数千里同时受害。

这些倭寇登陆后如入无人之境，烧杀抢掠为祸胜过蒙古人。史料如此记载：各乡村落境内房屋十去八九，男妇十失五六。掳得妇女，夜必酒色酣睡，群起淫之，裸形戏辱之状，惨不可言。得孕妇，刳视男女；束婴孩于竹竿上，沃以沸汤，视其啼号以为乐。

仅盐城一地，在一次劫掠中就被杀死3700余人。两年来，东南被害人数不下数万。

最夸张的时候，一小股不足百人的倭寇从绍兴上虞登岸，八十天内流窜浙、皖、苏三省八郡，转战三千里，杀死杀伤四五千人，最后竟然直逼留都南京城下。

虽然这股倭寇最终被官兵围歼，所造成的震动已足以令内地大骇，嘉靖皇帝震怒。

人们不禁要问，倭寇是哪来的，为什么以前没听说，一下子冒出来这么多？

按名称来解释，倭寇当然来自日本，他们是怎么来的，这是个长期复杂的问题，要倒查责任，大致能怪罪到元世祖忽必烈头上。

忽必烈建立元朝后，曾想把日本纳入统治，为此他两次派遣使者，要求日本臣服。

日本政府拒绝，于是在1274年和1281年，忽必烈派遣大军两次攻日，在日本历史上被称为“文永之役”和“弘安之役”。

忽必烈派遣的军队规模很大，第一次有四万多人，第二次更是派出十四万人左右的大军，声势惊人。

战争结果却没有遂他心愿，日本抵抗坚决，加上有台风助阵，元军两次都遭遇失败，损失大部分兵力，只有少量残兵败将逃回。

失败归失败，军事上遭遇挫折的忽必烈不会意识到，日本的历史走向，还是被他发动的这两次战争所改变了。

当时统治日本的是镰仓幕府，幕府执政的基础叫御家人制度。御家人就是效忠幕府的武士，他们与幕府相当于家臣和主人的关系。幕府赐给御家人世袭的土地，御家人平时为幕府维护治安、上交赋税，战时组成军队出征。

战后幕府执政者要根据军功对他们进行抚恤和封赏。

日本是个岛国，之前没有遭受过大规模外敌入侵，御家人制度执行起来没有太大问题。反正讨伐的是国内的势力，获胜后总能得到新的领地或是财富，将军和御家人各取所需，彼此合作愉快。

击退元军后，幕府将军傻了，敌人是退了，但既没抢到土地，又没什么财富，拿什么赏给手下武士？

抵抗外敌的战争并没有得到什么战利品，御家人伤亡惨重，幕府也是财力匮乏。没有钱财也没有战利品对御家人进行抚恤和恩赏，这个问题长久拖而未决。

御家人可不是善男信女，他们自有办法。你不给封赏，我就不交税；非但不交税，我还可以把损失转嫁到自己领地里农民的头上；还有胆大点的，直接就侵占了公有的或是其他家的领地。

原本牢固的御家人制度，自从元军征日之后，这种统治的基础就出现了松动，幕府、武士、农民之间稳定的关系被破坏。

这给反对派提供了机会，1333年，被流放的后醍醐天皇起兵倒幕，幕府依靠的御家人制度在这其中没起到什么作用，不少御家人反而抽刀向内，加入了倒幕大军。当年，统治日本148年的镰仓幕府就被消灭，这时距离蒙古来袭不到50年。

究其原因，抗元之后，镰仓幕府赖以维持执政的御家人制度的崩溃是个重要原因。

幕府倒台不过是次改朝换代，这次战争给日本人精神上带来更大的影响。

台风本来是偶然现象，但这样幸运的事，在日本人眼中就成了神迹，台风也就成了“神风”。所有人都相信，日本是被神明所庇佑的国家。

日本人本来就信奉神明，“神风”出现，成为日本自古以来是神孙降临、神佛护佑之“神国”的绝佳例证。这样的思想在抗元胜利后急速发酵，成为日本中世占据统治地位的意识形态。

如此理念之下，这个民族的自信开始爆涨，原本日本对中原政权心怀敬畏，不敢轻言对外征伐，心态改变之下，开始有了扩张的野心——既然天下无敌的蒙古大军都被击败，那么有神明庇佑的国家就理应获得更大的土地和资源。

这种自信，很大程度上来自抗元的胜利和由此建立起的信仰。

此后日本神国的观念在“二战”时期发展到了顶峰，“神风”的影响也在始终影响日本。“二战”中的“神风特攻队”，也就是类似镰仓武士单人单骑，以血肉之躯冲击蒙古军阵那样去“为国捐躯”思想的延续。

镰仓幕府倒台，日本陷入战国时代，他们暂时还没有力量来这样做。250 多年后，日本出了个叫丰臣秀吉的人完成统一。到那时，信仰会化为刀兵，一个叫朝鲜的半岛将成为战场，那个时间是万历二十年（1592 年）。

回到元至元二年（1336 年），日本国内部分裂为以天皇醍醐和大封建领主足利尊氏为首的南北朝，相互攻伐不已。战乱中的溃兵败将，亡命海岛，与冒险商人相结合，到中国沿海进行走私和疯狂掠夺。

中国境内的一些窝主、海寇、奸商和流氓分子也趁机打劫，与倭寇狼狈为奸，为害百姓。至明朝中后期，国势衰微，军备废弛，使倭患日重，沿海百姓日益受其害。

忽必烈征日 50 年后，镰仓幕府倒台，日本陷入战国时代。许多御家人失去效忠对象、许多武士破产，为了谋生，在神国信仰影响下，他们中的一部分开始跨海劫掠。

这些人被统称为倭寇。

朝鲜距离日本最近，又是忽必烈征日时提供基地和资源的征东行省，开始遭遇倭寇入侵。此后，倭患逐渐波及东南沿海，形成了明朝延续百年的倭寇之乱。

问题来了，既然延续百年，为何在嘉靖皇帝之前，没听说过闹出太大动静?

造成倭患扩大的人，还是嘉靖皇帝本人。

倭寇乱东南

明朝建立后，朱元璋唯恐逃到海上的张士诚和方国珍残部与倭寇勾结，颁布了严格的禁海令。不过到了永乐——宣德年间，执行较为开放的对外政策，海禁差不多是个纸面上的东西，两国沿海百姓可以心照不宣地做生意，犯不上提着脑袋来抢劫。

这种情况持续到嘉靖二年（1523 年），日本两批使臣先后来华朝贡贸易，因市舶司的太监对待不公，互争贡使资格，引发大规模的仇杀，史称“争贡之役”。

争贡之役发生后，夏言认为，市舶司的开放和沿海兵备的废弛是动乱发生的原因。他提请朝廷考虑，是否应当结束和日本的贸易，并要求沿海严饬防范、积极备战。

外交领域其实是夏言的短板，夏阁老是个传统保守的士大夫，在对外问题上，他趋向于和四面八方的国家都切断通商往来。这个对策在今天看来就是闭关锁国，是个因噎废食的馊主意。当然，嘉靖皇帝更不是个具备国际视野的皇帝，他采纳了夏言的意见，罢市舶司，封锁沿海港口，断绝海上交通，这一事件导致明朝与日本的正常贸易途径断绝。

效果很明显。明初，从洪武到永乐的 57 年间，倭患记录共为 94 次，年平均不到 2 次；永乐以后到嘉靖之前（1425—1522 年）近百年间的倭患记录仅为 17 次；在嘉靖一朝的 45 年间，倭患次数猛增到 628 次，占明朝时期倭患次数的 80%。

其实正如严嵩所言，俺答猖狂于国体有损，真正受灾的还是老百姓，朝廷丢的主要是面子。倭寇就不同了，他们频繁掠夺江南富庶之地，直接影响的是大明最粗的一根血管——漕运。

“东南财富半天下”，半壁江山都倚仗着漕运这条动脉。倭寇乱东南，漕运受阻，不仅兵粮难以运输，就连朝廷的维持都会成问题。

那么大明的官兵呢？就算京军指望不上，地方部队如何呢？

只有四个字：触目惊心。明朝沿海的防卫体系，到嘉靖时期已完全残破，基本无力阻挡。

比如漳州卫、铜山卫的官兵，欠饷 20 个月，欠粮 3 个月。铜山寨本该有 20 条哨船，实际只有一条。就连这仅剩的一条执法船也已损坏，无法出海。漳州沿海共有九个巡检司，950 名弓箭手编制，实际人数 376 名；泉州沿海 17 司本该有 1560 名弓箭手，现有 673 名。

……

沿海卫所这么个情况，官兵不被倭寇剿灭已经是谢天谢地了，还指望他们主动出击剿灭倭寇？

为消除倭患，嘉靖皇帝先后任用了南赣巡抚朱纨、山东巡抚王忬和南京兵部尚书张经，将他们调到东南抗倭，允许他们总督各处军务，一切事宜便宜从事。

这三位大员权力很大，结局很惨，一人被下狱后自杀（朱纨），一人被处死（张经），一人降级调用（王忬），海盗劫掠东南依旧。

是他们没干出成绩吗？

不是。

朱纨任内，增强了海防实力，出兵平定覆鼎山倭寇巢穴，取得双屿岛大捷；

王忬任内，在普陀大破倭寇，差点擒获倭寇首领汪直（与成化朝著名太监同名）；又取得独山大捷，斩首千余人。

张经更是取得了王江泾大捷，为东南抗倭以来最辉煌胜利。

那么他们怎么落得如此结局？

归结起来有两个原因：利益冲突与朝堂争斗。

我们把这批海盗统称为“倭寇”，其实真正把头别在裤腰带上，漂洋过海来杀人越货的日本武士数量并不多。这部分人被称为“真倭”，按比例来讲，只占到“十之一二”。

倭寇真正的主力是沿海盗匪，如其中著名的汪直、许二是徽州人，长期在江浙做生意；阮其宝、李大田、谢和、王清溪等是福建漳州人。

他们原本都是靠海吃海的商人，俗话说断人财路等于谋人父母，嘉靖皇帝一纸海禁诏书，搞得他们失去了重要收入来源。不管是被逼无奈还是见利忘义，总之这些人的身份从海商转为了海盗。

他们不是流浪的武士，是世居沿海的土著，海商们在当地是有宗族势力和地方关系网的，这些地方力量一样以海为衣食父母，突然丧失重利，即使是士大夫之家，也觉不便。

利益使然，自然要想办法阻止和破坏朝廷的剿倭行动。

他们与倭寇有着千丝万缕的联系。倭寇来搞抢劫时，他们就是带路党，甚至直接参与；倭寇被抓，他们的利益也受到损失，便会千方百计营救，乃至设法作对。

比如，双屿港之战后，朱纨手下将领卢镗抓获 90 余名倭寇，地方豪强说他们都是良民，并非贼寇。又挟制有司，要求将他们从轻发落。

朱纨不肯，说："现在海禁已久，这些人分明就是来自海上的强盗。说他们是良民，对不起，我理解不了。"

说罢，下令将这些人全部斩首。

这下捅了马蜂窝，地方豪强在朝廷有他们的力量，兵部侍郎詹荣、巡按福建御史陈九德、兵部尚书翁万建等人（都是福建、江浙人）相继弹劾朱纨擅自杀戮，朱纨被免职下狱，等待审判。

一心剿倭却横遭冤屈，朱纨想不通，他在狱中慷慨流涕："我贫穷而且有病，又意气自负，不能对簿公堂。纵使皇上不想杀我，福建、江浙人一定会杀我。我死，自己解决，不须他人。"

朱纨服药自杀，临终前留下遗言：去外国盗易，去中国盗难；去中国濒海之盗犹易，去中国衣冠之盗尤难。

朱纨以 53 岁的年华，为自己的一生画上了一个悲壮的句号。他留下六个孩子，为官三十年没有积蓄。临终前，他告诫子女：人生当有志；志者，生命也。

朱纨之后，接任的是王忬。

王忬明白这些关节，调来俞大猷、汤克宽为心腹，保出因受朱纨案牵累下狱的卢镗，征调少数民族的狼兵，在普陀大破倭寇，差点擒获汪直。

倭势看上去似乎很盛，实际上在王忬的打击下只剩虚火。他们不敢再组织大规模入侵，只能乘船漫无目的漂于海上，化整为零四处窜扰。只要再给王忬数年时间，剿平倭患并不是太大的难题。

然而有人并不愿意倭寇就此销声匿迹，各种流言四起，沿海“大猾”。嘉靖皇帝忙着炼丹，并没派人仔细调查，想当然地认为倭寇四处流窜是王忬抗倭不力，便将他免职，调任大同。

王忬是朱纨之后第二位倒在地方势力下的抗倭总督。庆幸的是他离开之前，留下了两位重要的抗倭大将，浙直总兵俞大猷和参将卢镗。

王忬走后，张经接任，张经的战绩比朱纨、王忬更大，他的结局也更惨。

嘉靖三十年（1551 年），张经以南京兵部尚书身份总督江南，上任半年多，即前后斩俘海盗 5000 有余，取得了王江泾大捷这样的大胜。

倭寇虽凶残，本质上不难对付。他们毕竟不是训练有素的职业军人，只是啸聚绿林的海盗。要和正规军当面野战，毕竟还差点意思，张经这样的官员足以胜任。

但是抗倭不仅是个军事问题，还是个经济问题、政治问题。张经能力很强，脾气也很硬，他竟然敢得罪巡海督师的兵部侍郎赵文华。

赵文华，嘉靖八年（1529 年）进士，自小文采斐然，早在国子监读书时，他就认了校长（国子监祭酒）当义父，这位校长就是严嵩。

笔者相信，年轻的赵文华认严嵩为义父，很难说有什么功利的目的，毕竟当时严嵩文名已是海内称颂，更兼声望极高。怎么看，未来都会成为一位名臣，而非奸臣。

只是谁都没有想到，严嵩后来会抛弃自己的信仰。或许正是目睹义父的选择，以严嵩为偶像的赵文华也走上了一条同样的路。

赵文华步入仕途，紧跟严嵩脚印，他与义父同气连枝，利用担任通政使的便利，弹劾严嵩的奏疏先要经过他手，赵文华就把这些奏疏先送交严嵩，由严嵩挑选后，再把其余的进呈嘉靖皇帝。

这样的义子加亲信，严嵩自然视为头号心腹，倭寇犯东南，由严嵩力荐，赵文华以侍郎衔巡视东南防倭事宜。

赵文华对抗倭一窍不通，一路吃拿卡要，就来到了张经地头。

张经觉得，自己是总督东南的一品大员，职位和权力都在赵文华之上。

赵文华不过是个过路的三品侍郎，跑到军营来指手画脚不说，还向自己索贿，这种人不能惯着！

张经以为，只要干好工作，就算是严嵩也不能拿他怎样。事实证明，工作干得好不好是次要的，站队不正确，严嵩就有办法，叫你干得再好也白搭。

嘉靖三十四年（1555 年）六月，张经以养寇自重，縻饷冒功的罪名被逮捕；十月，斩于西市。

这时离他取得王江泾大捷不过五个月，史载“天下冤之”。

朱纨、王忬、张经三任总督，他们都不是败于军事，而是败于政治。

总结，解决倭患的关键，还不是如何击败倭寇，而在于如何摆平与地方、朝廷等方方面面的关系。需要一个既有能力，又会当官的八面玲珑的人才能实现。

这个人叫胡宗宪。

胡宗宪的钥匙

嘉靖三十四年（1555 年）底，南直隶徽州府绩溪县人胡宗宪出任浙直总督，全面主持抗倭大计。

在这种背景下出任抗倭主管，是个风险极高的工作。胡宗宪却极度自信，临行前他发誓道：“我这次任职，不擒获汪直、徐海，安定东南，誓不回京。”

倒不是胡宗宪说大话，他确实掌握了平息倭患的两把钥匙。

一个萝卜一个坑，一把钥匙一扇门。胡宗宪的第一把钥匙，叫作“去中国盗”。

朱纨、王忬都倒在了“中国盗”手里，他们在前线取得了战绩，便有福建、江浙籍的官员在后方捣乱。有这些人在背后使坏，前线永远没法放开手脚，因此胡宗宪上任的第一步，就是清理这些“中国盗”。

胡宗宪的手段可称铁腕，他对沿海豪族采用软硬兼施的手段，逼迫他们要么被追究责任，要么切断与倭寇的联系。过去的一切可以既往不咎，但有一条，我干事，你绝不许扯后腿。

可是胡宗宪新官上任，为啥就敢这么做，他就不怕那些官员打击报复吗?

还真不怕，胡宗宪有第二把钥匙。

胡宗宪是嘉靖十七年（1538 年）进士，先后当过县令、御史，巡按过大同、宣府。嘉靖三十三年（1554 年），胡宗宪以监察御史的身份被派到浙江。

明代御史权力不小，品级很低。巡按浙江的胡宗宪，仍然只是个正七品，这时他已入仕 11 年（去掉中间“丁忧”守制的五年）。

按照正常的升迁模式，胡宗宪的仕途发展有两种模式。一是被提拔为正四品的按察司佥事，或是正三品的按察使；二是晋升为正四品的都察院佥都御史。

在嘉靖十七年（1538 年）那次会试里，共取进士三百二十名，27 岁的胡宗宪名次不过是三甲靠后。这个成绩比下有余，比上很不足。比如严嵩 25 岁中二甲第二名；徐阶 20 岁中探花；高拱 28 岁中二甲第十二名；张居正 23 岁中二甲第九名。

胡宗宪这个名次，比张璁还大有不如，能不能当上正三品的按察使和正四品佥都御史，还是个未知数。

办法也不是没有，比如张璁、夏言成绩都不太出色。他们通过“大礼议”得以翻身，成了嘉靖皇帝的内阁首辅。

但是“大礼议”这种机会，过了这个村就没这个店了。嘉靖十七年（1538 年），“大礼议”事件就已落幕，历史上也没有第二次，不出意外，胡宗宪的仕途到三四品也就到头了。

直接走嘉靖皇帝的路子无望，胡宗宪退而求其次，把目光放到了严嵩身上。

可是严嵩的马屁也是很难拍到的。理论上讲，胡宗宪算是严嵩门生（科举主考官）。问题是严嵩门生多了去了，光他在礼部那几年开科的都叫他座主。成为独相后，想投到他门下的人更如过江之鲫，一个外放的七品御史，哪入得了严嵩法眼。

嘉靖三十三年（1554 年），胡宗宪来到浙江后，观察到一个情况——抗倭指挥系统有很大的问题。

名义上，总督张经负责全盘领导抗倭事务；可是浙江巡抚李天宠也有权力调动军队；巡按理应负责监察，一个叫赵文华的兵部侍郎却顶着“督察军务”的名义到处找碴儿，还图谋陷害张经。

四人之间并无统属关系，职权也不明确，谁也指挥不动谁。

如果胡宗宪是个疾恶如仇的御史，他就应该上奏朝廷，指出赵文华不学无术，为张经鸣不平。

不过那样做，胡宗宪很可能被赵文华一并弹劾，仕途就没什么指望了。

胡宗宪不是个混吃等死混退休的干部，他是个胸怀大志的人。史书中记载，他的性格是“多权术，喜功名”，少年时代即立下远大志向，以岳飞、文天祥为偶像。长大后，他喜好军事，颇有文韬武略。

胡宗宪没有帮张经说话，他反而与赵文华结成统一战线，一起攻讦张经。可以说张经的死，胡宗宪要负次要责任。

张经罢官，胡宗宪先升任巡抚，他更加注重与赵文华的交往。如何和这种人搞好关系而不至于误了正事，胡宗宪对此非常清楚。在与赵文华共事的过程中，胡宗宪谨慎小心，行事圆滑，他不仅没有受到赵文华的阻挠，还得到了后者的赞赏。

得到赵文华赞赏，也就等于得到严嵩赞赏，严嵩在嘉靖皇帝面前颠倒黑白，说“文华、宗宪合谋进剿，（张）经冒以为功”，把张经的功劳都挪到了赵文华、胡宗宪头上。

胡宗宪升任总督，严嵩起到的作用至关重要。有了严嵩当后台，胡宗宪才敢于惩治地方豪强，才能放手施展自己的军事才华。

抗击倭寇的前提，居然是去讨好权臣！听上去很魔幻，但这就是嘉靖朝的政治现实，这就是严嵩专权的危害。

严嵩之前，这种事不是没有，但没那么过分。自严嵩开始，这种事成为政治常态。

干不干事不重要，跟对人才重要。有能力的人很多，你要不听我的话，我为什么要让你立功?

有了这两把钥匙，胡宗宪才得以强力清洗掉这些“中国盗”，断绝倭寇的内应。随后他整兵备战，提出八条方针——重科条以肃将领、申军法以严部伍、复兵以裕战守、清牧地以裨戎政、修边政以实军储、募勇敢以作士气、饬帅臣以革弊习、广招徕以杀虏势。

这些都是水到渠成的事，朱纨、王忬、张经都想做，而且也做了一些。胡宗宪的手段还是与他们有一些区别，他的性格特点“多权术”，从好的方面解释，是足智多谋；从坏的方面解释，是诡计多端。

但只要是对付敌人，管他什么足智多谋还是诡计多端，那都是需要的。

前任们很猛，对倭寇毫不留情。他们的词典里没有“俘虏”这两个字，抓到的倭寇统统杀头。这一手威力很大，也造成了负作用。

既然投不投降都是死，那我干吗要投降?所以倭寇们战斗意志很强，经常战至最后一人，要全歼他们，官军也要花很大力气。

胡宗宪不是这样的上司，他自幼熟读《三十六计》《孙子兵法》，还很喜欢当时的一本畅销书《三国志通俗演义》。胡宗宪曾巡按大同，用计谋平定了军士的哗变，大家都说他是个有谋略的人。

经验告诉他，倭寇虽众，他们并没有一个统一指挥的中枢。里面数十个大大小小的集团，从来不是铁板一块。这帮人并不是朋友，还存在竞争关系。而且他们本来就是中国人，是可以沟通的。

抓住这个基调，胡宗宪定下了他的策略：“攻谋为上，角力为下”“剿抚兼施，分化瓦解”。

胡宗宪的策略相当成功，短短数年间斩徐海，俘陈东，降汪直。几个最大的倭寇集团悉数平定，剩下一些漏网之鱼已形不成气候，倭寇之乱大体平息。胡宗宪用了较短的时间，干成了前面几任长官都没干成的事。

大大小小的捷报报到京城，嘉靖皇帝十分欣慰，不仅自己欣慰，还在西苑祭告祖先。搬进西苑之后，嘉靖皇帝的主要工作是斋醮和养生，是和上天对话，和上天交流感情。人间的事情，朝廷的事情，没有多少令他开心的，不是言官喋喋不休地提意见，就是群臣唠叨南边的倭、北边的虏。

多少年来，嘉靖皇帝还真没有这样痛快过，这个胡宗宪真是个人物。什么叫“社稷之臣”？这就是社稷之臣！

嘉靖皇帝对于帮助过自己的人，是从来不吝啬奖赏的。胡宗宪先后晋升为右都御史、兵部尚书，成为嘉靖朝后期最炙手可热的人物之一。

当然，抗倭结果很理想，实际过程没有那么轻松。

剿抚剿抚，除了计谋，没有过硬的军事实力，没有一批强悍的将领和士兵冲锋陷阵，出生入死，这帮蔽海而来，席卷千里的倭寇、海盗，是没那么容易认输的。

胡宗宪手下也有这样一批人，其中最出名的冠亚季军是：戚继光、俞大猷、卢镗。

倒着来吧，我们先请出季军：卢镗。

第八章 抗倭的名将们

大明水师

嘉靖二十七年（1548 年），朱纨在巡抚浙江，打击倭寇时发现了一个严重问题。在舟山群岛的双屿港盘踞着一群上万人的海盗，他们的成分非常复杂，除了有岛上的住户、商人、倭寇，里面还有不少葡萄牙人。

葡萄牙人被明人称为“弗朗哥”，他们在正德时期漂洋过海而来，既做生意也走私。后来朝廷和他们打了一仗，断绝了他们官方形式的来往。这帮人本质是商人，只要有利润，他们就敢铤而走险，他们找到了双屿这个位于浙江外海，无人定居的地方。在此构筑巢穴，长久居住，逐渐将它发展成一个走私基地。

嘉靖皇帝宣布海禁后，许多商贩成为海盗，他们也来到双屿港聚集，在这里交易抢来的各种商品。这个港口实际上成为一个各方势力的贸易集散地，朝廷已失去对它的管辖权。

俗话说盗亦有道，许栋、汪直、徐海这样的海盗虽然凶残，基本规矩还是讲的。一手交钱一手交货，交易完成，大家还会拱拱手，说声兄弟保重。

葡萄牙人就不那么讲道理，说好听点，这批人是大航海的先驱者；说难听点，就是西方越洋而来，打着做生意旗号的殖民者。他们信奉大航海时代的通用规则——得不到的就靠抢——经常搞点黑吃黑的买卖（货尽将去之时，每每肆行劫掠）。

葡萄牙人人数不算多，火器非常强大，大家都指望着从他们手里购买武器，许多人吃了亏也只好认栽。

随着倭患加剧，双屿的规模越来越大，来自双屿的走私商人也越来越嚣张。走私之外，他们常搞点抢劫的兼职，比如弘治王朝的内阁大学士谢迁在余姚的宅第，就曾被抢劫一空。

浙江是赋税重地，怎容成为海盗聚集地和葡萄牙人的殖民地。嘉靖二十七年（1548 年）四月，朱纨派时任福建镇都指挥佥事卢镗，率战船 480 艘，水陆兵 6000 余人，向双屿发起总攻。

刚开始倭寇与葡萄牙人坚守不战，官军未能攻取。但是这两伙人毕竟不是一条心，倭寇想的是赶紧逃离，葡萄牙人想的是死守双屿。过了一天，风雨交加，海雾迷目，倭寇连夜召集人马，趁夜色倾巢而出，朝四面突围。

卢镗趁机指挥官军四面夹击，分股包抄，击毁倭船数十艘，击杀倭寇数百人，擒获首领数十人。

倭寇跑了，葡萄牙人依然顽强，他们依靠坚船利炮继续顽抗，官军用木石堵塞双屿隘口，断绝他们出入的通道。经过两个月的围攻，终于拿下双屿，将葡萄牙殖民者全部驱逐。

根据事后逃出双屿的葡萄牙传教士平托记载，此役岛上葡萄牙人伤亡达到 800 人之众。如此重大的损失，是葡萄牙开展海外殖民行动以来从未遇到的情况。

卢镗并没有就此放过这些葡萄牙人。六月，他率水师追到福建浯屿港（厦门附近），再次击败葡萄牙和倭寇联军，此战共计消灭敌人 400 人。这次海战的战绩，超过了之前的双屿之战（大部分是陆战），成为明朝水师对外战争中一场数得上的大胜。

关于大明水师的情况，之前提到很少，毕竟大明的主要威胁从来不是来自海上，水师鲜有发挥的机会。实际上由于与世界脱钩，并且久疏战阵，大明水师的战斗力也出现了严重退化。

葡萄牙人可不是弱者，他们号称船坚炮利，当时与西班牙人几乎瓜分了大半个地球。他们有很厉害的“蜈蚣船”，这种帆船形似蜈蚣，速度极快——其达之迅也，虽奔雷掣电，势莫之疾，神莫之追。舰载火力凶猛的佛郎机炮——“锐发弹药如雨，所向无敌”。

明军水师起初不知厉害，正德六年（1511 年），由于屯门的葡萄牙人与地方官府发生纠纷，发生了明葡屯门海战。

广东水师出动 55 艘战船围攻一艘欧洲武装商船，这场本该一边倒的战斗，却足足打了将近七天。

明军水师官兵惊异地发现，葡萄牙人的一艘小船，竟能拥有堪比己方一支编队的火力输出，乃至普通士兵手里的火绳枪，都是明朝官兵所没有见过的新东西。

明军派出数艘大船上前围剿，都因西式火炮的猛烈回击而损失惨重，原本应快速解决的战斗，变成了拖而未决的长期围困。

虽说这场海战，明朝水师依靠本土作战的优势，最后耗跑了葡萄牙人，但他们也见识了西式火器和战船的威力。明人根据缴获仿制出了类似蜈蚣船的“快蟹”和佛郎机（官军得其礮，即名为佛郎机，副使汪鋐进之朝），后来这个成功经验被推广到西北边军，制造出有名的“大将军”炮。

好在卢镗率领的水师已大量装备“快蟹”和仿制的“佛郎机炮”，火力得到了很大加强。他们固然与永乐年间的蓝水海军不可同日而语，但在自家沿海主场作战，依托海岸工事、人数和舰只数量，还是有很大优势的。所以葡萄牙战舰在明朝海岸线上，在这支近海防御海军手中惨遭败绩，并不奇怪。

仅仅嘉靖二十七年（1548 年）这一年，卢镗赶跑葡萄牙人，生擒倭寇头子许栋、杜武，差点活捉汪直，转战数月，大获全胜。然而随着朱纨遭弹劾下狱，卢镗也被革职逮捕，定为死罪。

王忬上任后救出卢镗，此后他在王忬、张经、胡宗宪领导下屡立战功。王江泾大捷中，卢镗奋勇争先，“闻命即行，蛟窟鲸波，无少疑惮”，战功第一。胡宗宪平定陈东的烈港平倭大捷一战，正是卢镗与俞大猷设伏，追杀倭寇于海上，击沉倭船数十艘，擒斩倭寇六百五十余人，救出被掳男女七百余口。

卢镗战功很大，可他在历史上知名度却不高。原因不在卢镗，实在是另外两个人名头太响，卢镗这些功劳只能屈居他们之下。

俞大猷：一生为国

接下来，我们介绍排名第二的亚军。

嘉靖二十一年（1542 年）冬天，天下武术圣地少林寺来了一位军官，口称久仰少林棍法大名，想要讨教一番。

当时少林寺武风极盛，武僧众多，前来讨教的各界人士络绎不绝。住持便问寺僧：有谁自负棍法厉害的，可以出面表演一下。

这一嗓子喊出去，报名的竟然有千人之多。可等其中佼佼者表演完毕，军官毫不客气地指出，少林棍法“已失真诀”——你们没有传承到古人棍法精髓。

和尚们自然不服气，说你有何本事，敢来少林指手画脚，有种下场来比画比画。

军官也不谦虚，果真亲自下场跟和尚们切磋较量一番，自认为能力出众的武僧逐个与他比拼，结果纷纷落败。

众僧大惭，都表示愿意跟随军官学习棍法。军官说：“棍法无法速成，需要经年累月的实战。”于是众僧推选两个年少勇敢的和尚跟随他一边学习棍法，一边上阵打仗（众推年少而有勇力者二人，随余南行出入营阵之中）。

三年后，两个和尚习尽精髓，回少林寺之后又教会了其他武僧，自此少林棍法再次繁荣。

金庸先生《天龙八部》里藩僧鸠摩智单挑少林寺是虚构的，这名军官单挑少林是真实的。此人姓俞名大猷，泉州晋江（今福建泉州市）人，时任千户。

俞大猷或许是明代最特别的一个将领，特别之处在于，他除了领兵打仗是一把好手之外，自己还是个顶级武林高手。

关于俞大猷的武艺，各种史料中都有记载。比如《明史》就写了这么件事，说俞大猷出任守备时，广东新兴、恩平有土匪作乱。地方官请求派兵围剿，俞大猷不同意，这种区区蟊贼，何必出动大军？

地方官不服气，挖苦说不派军队，难道将军您独闯龙潭？

俞大猷就呵呵了，一转头，他就真的只带几个手下去找了那股土匪。

记载中，俞大猷“遍诣贼峒，晓以祸福，且教之击剑，贼骇服”——讲两句道理，露了几手剑法，就把土匪平定了。

这事复盘一下，也就是剿抚并用。土匪不是你说几句好话就会投降的，“教之击剑”是委婉说法，真实情况是用剑术教训了土匪，他们才老老实实听话。

毕竟俞大猷是敢上少林单挑的好汉，寻常土匪听到他的名头都会吓尿。

这不是开玩笑，要论武艺，排在当世前三的大概有三个人：唐顺之、俞大猷、戚继光。

这个排名分先后，俞大猷第二，就连后来的超级强人戚继光，也曾向俞大猷学习棍法。以剑法来说，俞大猷“剑术劲捷，变化如神，尚人所异也”，制服区区几个山贼算是小意思。

俞大猷的本领是哪里学的呢？说出来可能让许多人惭愧：半路出家，自学成才。

其实俞大猷年轻时走的是科举路线，此人“少好读书”，当过生员，中过秀才，成绩优异。坚持考下去，高中举人乃至进士，很有可能。

可惜这一切在父亲俞元赞去世后戛然而止，原因很现实——家里没钱了，俞大猷得去挣钱养家。

俞家有世袭的百户职务，俞大猷子从父业成为一名军人。他从此弃文从武，苦练武艺，在嘉靖十四年（1535 年）以会试第五名中武举人。

明代武举考试，并不只是一帮大力士比赛骑马射箭，它对文化素养要求也是极高。除了六经子史这些要烂熟于胸，会试还和科举一样要写时评、写策论，陈述自己的观点。

从俞大猷武举会试所写策论来看，他的文章水平也很不错。关于俞大猷的文学造诣，后人评价说“公研穷于六经子史，而取材于秦汉六朝，又贯以宋儒道德性命之说，根极天理人心，煜然盛哉”。

这个武举人含金量十足，后来也有人说，俞大猷其实是个披着将军外衣的大儒。他是个既有理论知识，又有过硬本领的多面复合型人才，综合素质要比只知砍人的将领高出一大块。

然而生活在嘉靖年间的俞大猷，绝对谈不上人生赢家。相反，他的人生可以说是充满悲情的。

中举以后，俞大猷升为千户，守御金门。当时倭寇屡屡作乱，俞大猷给提刑按察使提建议，说应派兵进剿，我愿效犬马之劳。

这位按察使可能是个带路党，他当场就火了：小军校怎配上书言事？意思你一个新来的武官，怎么敢来教我做事，命将俞大猷一顿乱杖，还剥夺了他千户的武职。

俞大猷被一盆冷水浇了个透心凉，一般人摊上这事，说不定就心灰意懒，能混则混了。可是俞大猷诚心不改，眼见东南没好官，他又把眼光投向西北。正好赶上俺答入寇，嘉靖皇帝下诏选举天下勇士，俞大猷便跑到巡按御史那里毛遂自荐。

俞大猷肚子里确实有料，御史觉得这是个人才，就把他推荐给兵部尚书毛伯温。毛伯温亲自面试，发觉小伙子军事分析得头头是道，听得尚书大人频频点头。

照理说到这份儿上，俞大猷受到重用应该是板上钉钉了吧？可惜他命实在不好，毛伯温打算派他去安南作战，命令拟好了，诏书下来，不打了；俺答入寇山西，毛伯温把俞大猷送到前线，宣大总督翟鹏死活不肯用；无奈，毛伯温将俞大猷调任汀、漳守备，俞大猷多次击破海贼康老，功劳却被严嵩压下不报，只得了 50 两银子赏钱。

这么一圈下来，十几年过去了，俞大猷已成了个中年人。长久受到不公正对待，他居然还是死心不改，哪里有战争，哪里就能见到他活跃的身影，好像压根就是个不会生气的人。

嘉靖三十一年（1552 年），憋屈了十几年的俞大猷，在朱纨手下开始扬眉吐气。这年他率兵击退宁波倭寇，再转战海上阻截进攻松阳的倭寇，焚烧倭船五十多条。孰料打完后处分也来了，朝廷以失事为由停发他俸禄令其反省。朱纨看不下去替他叫屈，才恢复了俸禄的发放。

这点小挫折对俞大猷已像挠痒痒一般，嘉靖三十三年（1554 年），俞大猷在宁波普陀吃到了一个败仗，损失三百多人，按理要革职下狱。但朝廷也知道俞大猷是不可多得的勇将，让他戴罪立功，果然俞大猷很快在吴淞杀败倭寇逃过一劫。

可是接下来一场战斗换了神仙也难打赢，此战俞大猷手下只有不到三百兵力，面对两万倭寇的进攻。俞大猷毫无悬念吃到第二场败仗，官职被撸还通报批评。

好在俞大猷天天打仗，败了一次，还会胜无数次。很快他在王江泾大捷中表现出色，这个功劳却被胡宗宪当礼物送给了赵文华，俞大猷反而因金山之败再被降职。

俞大猷很能体谅上司，这点事实在算不了什么，总之有倭寇打就成。那次小败之后，俞大猷的军事词典里就划掉了“失败”两个字，胜得多了，罪就抵了，还小小地升了下职，成为副总兵。

几十年间，俞大猷就这样不停地死扛，不停地打仗。同时也不停地被处分，不停地被降职，一直打到嘉靖四十四年（1565 年）。

在这年的潮州战役里，调任广东总兵官的俞大猷艰苦作战三个多月，全歼两万多倭寇。还没得到封赏，却因第二年部将李超的一次小败遭到弹劾，再次被免官。

换了旁人，经历这么多挫折早就抑郁成病了，俞大猷却愈挫愈勇，第二年就再立新功进为都督同知。他的英勇也逐渐为世人所公认，和戚继光一起并称为“俞龙戚虎”。

隆庆皇帝即位，为表彰俞大猷的功绩，进他为右都督，却并不重用他。此时倭寇逐渐平息，俞大猷还有个心愿未了，他曾发誓要在北方练兵平寇，如今还没实现。

隆庆六年（1572 年），得知私交甚笃的谭纶可能出任兵部尚书，69 岁的俞大猷感觉这是自己最后的机会。他给老上司连写数封信，希望谭纶一定要把自己调往北方效力。

在信中俞大猷大曝隐私，只为说明一个问题：你别以为我老了，我还行得很！

比如其中一封《禀大司马谭》，信中如此写道：

> 禀恩台，以猷为老乎？猷儿咨荣之母今又得孕两月。猷去冬在广西，因家眷已尽回家，乃买得湖广一女，得孕，此八月是产期。又房中尚有一二可望者。算命先生谓猷运今方亨通，故其气尚强健如此。恩台如不信，待猷至台下，试选三十好汉，各提枪棍，以猷一人独当。不令其披靡辟易，请就斧钺。猷日暮道穷，势诚急也。平虏壮志，报国雄心，竟不一试，恨遗千古，当有怜之者。愿恩台之图之也。

这封信可称奇文，俞大猷指出，他的身体还很强壮。如何证明？他家中的妻妾，已有正妻（得孕两月）、湖广买到的小妾（乃买得湖广一女，得孕）坐实怀孕，此外还有一二名妾室可能有孕（又房中尚有一二可望者）。

俞大猷说，算命先生说他气血强健，这就是证据。怕谭纶不信，他又表示：“等我来了，谭大人你要不信，给我选三十条拿家伙的精壮汉子，我一个人就对付得了。不把他们尽数击倒，自己甘愿受死（不令其披靡辟易，请就斧钺）。”

要知道军中无戏言，谭纶向来以军纪严明著称，他更不是个好糊弄的人。这说明俞大猷年近 70 岁的高龄请上前线，对自己有着充足的自信，不愧武林高手之名。

俞大猷如此急切，全因“平虏壮志，报国雄心，竟不一试，恨遗千古”，你不让我试一试，我死也不瞑目！

可惜俞大猷的壮志终于未酬，朝廷调往蓟镇的是戚继光而非俞大猷。更倒霉的是，为国拼搏一生，俞大猷连晚年也不能安享。一年以后，俞大猷又因部下失利被免官，后被起用负责训练车营。

万历七年（1579 年），俞大猷身体渐感不支，连续上疏三次请求告老还乡。未得批准，不久病逝于任上，享年 76 岁。

单论对倭寇作战，俞大猷比戚继光入战早，资历老，战功不相上下。但他的运气可谓背到了极点，行伍五十余年，四为参将，六为总兵，有过七次受辱，四次贬官，一次逮捕下狱的曲折坎坷。前半生不得志，后半生被压制，简直是一生波折，似乎全世界都在跟他过不去。

俞大猷在逆境之下百战不折，愈战愈勇，在逆境中还是走出了一条大道，终成一代名将。

俞大猷的一生，可以简单概括为一句话：没有人能阻止我前进！

> 大猷负奇节，以古贤豪自期。其用兵，先计后战，不贪近功。忠诚许国，老而弥笃，所在有大勋。

戚继光出场

最后一位出场的，是抗倭战争的冠军，不用说大家也知道他是谁了，“俞龙戚虎”向来被并称，既然有俞大猷，怎能少了戚继光。

俞大猷和戚继光是老同事、老朋友。俞大猷出道早，资历深，职位一度高过戚继光。不过要论出身，戚继光能甩俞大猷几条街。俞家世袭百户（正六品），戚家世袭指挥佥事（正四品），还有世袭罔替的明威将军头衔。

这个待遇是戚继光祖宗戚祥拿命挣来的。洪武十四年（1381年），朱元璋的贴身亲卫戚祥在跟随傅友德和蓝玉大军远征云南时不幸阵亡。太祖皇帝念及其跟随多年，劳苦功高，落得个中年殒命的下场，不禁恻隐之心大动，御笔亲批戚祥后代世袭指挥佥事、明威将军。

世袭这顶帽子，很难选拔出优秀人才。往后这小二百年，戚家都没出过什么有出息的人物，只能守着那点死俸禄过日子。然而明代官员的俸禄之低只够温饱，不足以小康，俞百户家里没钱供俞大猷继续科举，只能让他提前谋求一官半职以养家。戚将军家也好不到哪去，传到戚继光父亲戚景通这代，外人看来还是官宦人家，实则家里那本烂账只有戚景通自己知道。

穷归穷，戚景通却很有志气。他的官其实当得不算小，也曾立下一些战功，只是不愿以权谋私喝兵血才家无余财。戚景通50岁才抱上这个宝贝儿子，却一点也没有溺爱，就连儿子穿双外婆给的漂亮鞋子，他都要严厉呵斥，说这是沉迷物质享受。

用戚景通的话说："儿子你要做个对国家有用的人。现阶段，你要做的是加强文化课的学习，其他一切都是次要的。"

戚继光不服，说："我们是将门世家，少读一点书，倒也好像不太要紧。"

戚景通怒了："不读书，你焉知'忠、孝、廉、节'四字？不知孝廉，何以立志？"并让戚继光将这四个字写在自己房间的墙上，抬头就能看到。

少年戚继光似懂非懂，默默把父亲的话记在了心里。他通读各种儒经、史籍，史料记载，年纪轻轻的小戚就"以经术鸣于时"。要这么学下去，参加科举也未必不是一条出路，那样就没有后来的戚大帅了。

嘉靖十九年（1540年），戚景通染病难愈，只得解甲归田。明代武将地位很低，转业等于失业。在家啃了几年老本，戚家家境越发困顿，连吃饱饭都成了问题，实在是供不起儿子读书了。不得已，戚景通只得让儿子中断学业，上京袭职去。

这条路俞大猷前不久走过，他现在已经在毛伯温那里挂过号，当上了汀州守备。

临走前，戚景通拉着儿子的手叮嘱道："吾遗若者，毋轻用之。"

戚继光回答："儿当求增，何敢轻用？"

光看字面意思，这两句对答让人云里雾里。为了儿子上京，戚景通卖掉了家里一所房子，这钱就是让戚继光拿去公关的，什么叫"我给你的，不要轻易用掉（毋轻用之）"？戚继光的回答，儿子我只会做加法，不会轻易动用。可是到了京城，处处都是撒钱换人脉的地方，哪里不得花钱呢？

这个问题，要到48年后才能给出答案。

这一去便是父子永诀，嘉靖二十三年（1544年）秋，戚景通病重去世，戚继光还在京城等着走流程。等他得到世袭军职，回到家乡祭拜完父亲，还发现一个很严重的问题——家里已经家徒四壁，连为父亲办葬礼的钱，都是母亲出面借的。

戚继光大受打击，他不禁要想，父亲一生奉公守法、勤于王事，到头来连个葬礼钱都出不起。他这套为人处世方法，真的对吗？

年轻的戚继光，心里对一些他原本深信不疑的东西产生了动摇。

此时戚继光没有时间过多思考这个问题，他已光荣地就任登州卫指挥佥事，成为大明王朝组织的一员，年仅16岁。

俗话说，嘴上没毛，办事不牢。戚佥事职务不低，年龄太小。手底下的大兵们口中喊着戚大人，心里压根没把这黄毛小子当回事。

这时倭寇已经相当猖獗，得不到认可的戚佥事却被丢去管理卫所屯田事务。众所周知军屯是个天坑，严嵩来了也没辙，这摆明是给小戚穿小鞋呢。戚继光郁闷了，自己可是有心杀贼啊，真就连个机会都不给？

可是这么熬下去，戚佥事还是很难遂愿。好在还剩下另一条路，那就是向俞大猷学习，走武举出头的路线。

戚继光找到了比屯田更有意义的目标，他白天操练武艺，进行高强度体能训练；晚上挑灯夜读，拿出父亲的遗作《御虏方略》学习。

休息的时候，他便吟诗明志，那首著名的《韬钤深处》便是在如此情境下写就：

小筑暂高枕，忧时旧有盟。呼樽来揖客，挥麈坐谈兵。

云护牙签满，星含宝剑横。封侯非我意，但愿海波平。

翻译成大白话，我的生活暂时高枕无忧，但别忘了虎狼在侧。客人来了，倒酒好好招待，一起比比画画如何对付日本。又是兵书又是宝剑，这只是想为国杀敌。封侯与否无所谓，我只是想海上清静点。

戚继光就这么恶补了五年多，每天研究到深夜。长到21岁，他已发育成一个文韬武略、龙精虎猛的棒小伙。这一年他参加武举顺利考中举人，下一步就是赴京会试，争取能搞个武状元干干。

嘉靖二十九年（1550年），戚举人来到京城等待参加会试，这一年恰好是庚戌年，俺答的到访让一切都泡了汤。兵部尚书丁汝夔发动一切可以发动的力量参军，既是朝廷命官又是武举人的戚继光一脸蒙地被编入队伍，成了九门一名旗牌官。

倭寇还没打着，蒙骑先来了。这跟想好的不一样啊，戚继光赶紧连夜重写了一份计划书，名为《备俺答策》。武生们是识货的人，一看都说写得好，几个人自发抄写了一些手抄本传阅开来。由于丁汝夔定策失当，后来武生们并没捞到与俺答作战的机会，这本手抄本却在军中流传开去，令他声名鹊起。

“庚戌之变”后，丁汝夔下狱问斩，吏部侍郎王邦瑞暂代兵部事务，他在整理军务时发现了这本小册子。里面记载的几条对付蒙古人的办法极有见地，不像是民科所写。

王邦瑞问：“此书作者何人？”

属下回答：“世袭登州卫指挥佥事戚继光。”

“人在何处？”

“本来要参加武举会试，现正滞留京城。”

王邦瑞沉思片刻：此人是个将才。为备俺答，兵部正打算调集山东、山西等地部分军队轮流守边……

“大人的意思？”

“先不要叫他回登州了，安排他去蓟门吧。”

戚继光光荣中标被安排到蓟门巡边，这个结果是他始料未及的，却也让他相当兴奋。蓟辽前线可是相当不太平，打不到倭寇，能打蒙古人也是一样的。

怀揣报国梦想，戚继光奔赴边关，这一巡就是三年，一仗没打。

是蒙古人没来光顾吗？不是啊，那段时间马芳还在宣府看大门，俺答和土蛮来得勤得很。

是戚继光尿了吗？更不是啊，戚佥事每天横戈立马到处巡逻，就等着敌人出现了。

答案是他又被玩了，在山东被排挤，到了蓟州，受到的排挤更加严重。

说起来这也有兵部的问题，当初在小戚档案上写下的推荐语是这样的：才猷虎变，当收儒将之功；意气鹰扬，可望干城之寄。

落到蓟镇官兵眼中，这番话就成了挑衅。

兵部的大人们，我们世代镇守边关，献完青春献终身，也没见朝廷来半点嘉奖。这 20 岁出头的小子没杀过一个人，不过写了个小册子，就成儒将了？就成干城了？

想当儒将是吧？你得有战功啊。这战功去哪里取，在蓟州地头上，还不是我们说了算。

蓟州军官团达成共识，开会时场面话一套一套，把戚继光捧成武曲星下凡，二郎神转世。转过身去，这些人绘制好了戚继光巡边的路线图。那些又穷又难走，蒙古人从来不会去的地方，叫他去；蒙古人来了，最后一个让他知道。

戚继光，你不是想立功吗？我们把你捧到天上，却让你无仗可打。几年之后，草包现形，神话破灭，看你还敢不走？

激情四溢的戚继光又成了一块腊肉，高高挂起，自然风干。

力拒蒙古的报国梦算是泡汤了，不过这趟蓟门之行，还是给戚继光带来了不小收获。

巡边三年一仗未打，除了认识到世道之艰险，也让戚继光摸清了北方防务的底细。

在蓟门三年，戚继光跑遍了千里防区，查勘战场实地情况，心里盘算着《备俺答策》在实用性方面还有哪些可改进的地方。

这是个旁人避之唯恐不及的苦差事，一年到头没几天休息，每天都要出外巡逻吃沙子。一天横戈巡视并不难，难的是三百六十天如一日，更难的是年年如此。

有诗为证：南北驱驰报主情，江花边草笑平生。一年三百六十日，都是横戈马上行。

戚继光还在顽强地坚持着，数百里之外的京城，一个对戚继光至关重要的贵人已悄然改变了他的命运。

尺蠖之屈，以求信也

万历十二年（1584 年）五月初三,一伙衣着华丽的钦差在当地官员的陪同下，兴致勃勃地打开位于湖广江陵的一座大门。

这座宅院的主人已在两年前病逝，他生前无敌于天下，还是皇上的老师。去世不到两年，学生便决定推翻他所做的一切，来了个总清算，万历皇帝派出专案组从京城出发，查抄他位于湖广江陵的老家。

当奉旨查抄的专案组打开大门时，一幕人间惨剧呈现在众人面前。

只见全家老小数十人，地上倒了十来具尸体，俱是骨瘦如柴，形容枯槁，一望可知是饿死的。其中有些骨骸竟被饿狗咬噬残食，其惨状不可直视。

这座府第的主人，就在两年前还权倾天下，呼风唤雨。万历十年（1582 年）八月病逝后，家族就落得如此光景，着实令人唏嘘不已。

这位主人便是张居正，人称万历第一首辅，也有人称其为大明第一首辅。

他就是戚继光认识的那位贵人。

嘉靖四年（1525 年）五月初三，湖广江陵（今荆州）一户姓张的人家诞生了一个男孩，由于在他出生之前，曾祖父张诚曾做了个白龟负月之梦，便信口替他取名为“白圭”。

张家隶属军籍，张白圭爷爷张镇是江陵辽王府一名护卫，父亲张文明参加过七次乡试，都落第而归。白圭小朋友既非高门华贵，也不是士大夫之家，他的出生和其祖辈和父辈一样默默无闻，帝国依旧，好像什么也没有发生。

然而大明王朝晚期历史变化的契机，就蕴藏在这个呱呱坠地的普通男孩身上了。

今人看来，白圭实在不算个好名字，放到当时却不差，白龟应月精之瑞，乃异常的征兆。小白圭不负此名，两岁时便显露出“颖敏绝伦”，与众不同；五岁开始读书，博闻强记；十岁通晓六经大义，以才学出众，在江陵一代颇有名气。

虽说后来的大人物，其出生和童年一般都被加工渲染成天降异象之类的传奇故事，但我们有理由相信，张白圭同学确实是个神童。

证据是他 12 岁参加童试，15 岁参加乡试，成为一名少年举人，完成了老爹张文明毕生也没取得的成就。当时的荆州知府李士翱极为看好这位神童，替他改名为“居正”，意思是你长大后要行事端正，尽忠报国。

嘉靖二十六年（1547 年），23 岁的张居正中二甲第九名，授庶吉士，从此张居正跻身政坛，开始了他的政治生涯。

可惜入职时间挑得不怎么好，嘉靖中期这个时间段，张璁谢幕，夏言身死，严嵩上位，徐阶不吭声，大明朝堂容不下什么有识之士。

张居正在翰林院的老师是徐阶，徐阶重视经邦济世的学问，时时引导学生钻研朝章国故，寻觅治世之道。张居正却发现，老师有点心口不一，朝政尽决于严嵩，徐老师这个次辅一味软弱，严嵩擅权，从不见他仗义执言，就连当初提拔徐阶的夏言被害，也不曾见他求个情说句话。

张居正还年轻，他还不懂嘉靖朝的运行规则是怎样的。

嘉靖二十八年（1549 年），张居正三年庶吉士期满，授翰林编修。通过几年的学习，他对朝廷的政治腐败和边防废弛有了直观的认识，同一年，张居正上《论时政疏》总结了大明王朝五大痼疾，分别是宗室问题、人才问题、官僚问题、军备问题与财政收入问题。

上这样一封奏疏，有很大风险，这个小小六品翰林有扭转颓政的抱负，有弃身为国的舍身精神。张居正原本以为，自己的奏疏可以马上一石激起千层浪，但此时他离政治核心还相当遥远，这样的政见根本不会引起当权者注意，甚至根本到不了嘉靖皇帝那里，也就没有引发任何政治争端。

张居正的等待如同石沉大海，毫无回应，这其实算是一桩幸事，毕竟严嵩没有注意到他。

自此以后，张居正似乎明白了什么，他有匡济时事的才干，却无意于清名，不想作无结果的牺牲，这使他能够理智地驾驭自己的感情。

张居正开始理解老师，要做伊尹的抱负，一生的事业，这地位来之不易，一时赌气固然痛快，万一和当年被发配的小编修徐阶一样，自己还能有东山再起的机会吗？

尺蠖之屈，以求信也，自小熟读经书的张居正懂得这个道理，终嘉靖一朝，除了例行的奏章和必要的应酬之外，他没有再说什么。

张居正毕竟年轻，心里还是郁闷的。嘉靖三十三年（1554年），深感苦闷与压抑的张居正身体不适，遂上疏请病假，回到故乡江陵休养。

不过张居正在临走之前，向徐阶要求了一件事，说他在嘉靖二十九年（1550年）时曾读过一本陈述守御的手抄本，写得颇有见地，作者名叫戚继光。当时自己在城门巡视时曾与他长谈，见识谈吐都有可取之处。可惜后来他被派往蓟镇，过得不怎么如意，如今东南正在用人，何不将他调到浙江去，兴许他真是个人才呢。

爱徒开口推荐，徐阶给了这个面子，戚继光调任浙江，进署任都指挥佥事一职。

第九章 戚家军是如何炼成的

戚继光受挫

指挥佥事和都指挥佥事，一字之差，区别可就大了。从正四品跳到正三品不说，都指挥佥事领 25 个卫所，职权不是一个登州卫的指挥佥事能比的。要没张居正的推荐，在蓟州被晾成肉干的戚继光，能成？这就叫朝中有人好办事。

在山东待了两年，戚继光对所属卫所进行整顿，加强训练，巩固海防。每每他巡视海疆，心如满月弓，志似穿云箭，戚继光在向往着天下，天下似乎也在等待着他。

两年过去，预想中的金戈铁马依旧没有到来，除了一些散兵游勇来骚扰一下，压根不见大股倭寇来犯。

咋回事，是倭寇怕了戚继光？

不是，山东并非最前线，那段时间张经他们正在浙江死磕几大倭寇集团。张大人领右都御史兼兵部右侍郎，总督诸军，专办讨倭，取得很大成绩。

两年后（嘉靖三十四年，1555 年），张经、李天宠被诬杀，新任长官叫胡宗宪。

胡大人是个毁誉参半的人物，那是在后世。当时，他是多数人避之唯恐不及的奸臣，是陷害张经的帮凶，是靠巴结严嵩上位的奸党。要按戚景通的说法，为人要讲“忠、孝、廉、节”，这样狡诈的臭官僚，离得越远越好。

但此时的戚继光，被现实频频打脸后，对老爹那一套早已心生动摇……

父亲啊，您说的“忠、孝、廉、节”，我都记在心里。可是您的方法，好像行不通啊……您传给我的《御虏方略》，难道真就一直烂下去？我这一身文武艺，不卖给前线，又去卖给谁。

“吾遗若者，勿轻用之”，我记着呢。现在，请先允许我用另一种方式来做加法。

戚继光找到新任顶头上司胡宗宪：“胡大人，我想应聘宁绍台参将。”

胡宗宪抬抬眼皮：“你和倭寇打过吗？”

戚继光大窘：“没有，不过我曾在蓟州巡边三年。”

“有何战功？”

……

胡宗宪再看看戚继光：“我久闻你胸有韬略，为何数年下来，未立尺寸之功？那我问你，对剿倭你有何高见？”

要说高见，还没直面过倭寇的戚继光确实没有，他只得慷慨激昂，说出一番套话：“所谓将帅，就像是国家的辅木，辅木设置运行得周密可靠，则国家定会强盛；辅木设置运行得有空隙不牢靠，国家就一定会衰弱。”

胡宗宪皱了皱眉头。

戚继光硬着头皮再次请求：“请信任我，给我施展拳脚的机会，我一定能维持浙江平稳安定！”

“我知道了，你回去吧。”胡宗宪面无表情，只说了这一句。

戚继光悻悻地走了，看来传闻不假，胡宗宪确实是个靠附庸严党上位，没啥能力的狡诈官僚。

几天后，任命结果公布：戚继光，平调宁绍台参将。

戚继光心情复杂，这到底是胡大人的伯乐胸襟，还是说只是他的权谋之术？宁绍台参将，正三品，大致相当于宁波、绍兴、台州三地军分区司令员。地位高，职责重，地处抗倭最前线。

刚刚上任一个月，倭寇果然来了，据报这次有上千人，里面还有不少真倭。戚继光兴奋起来，点起万余人马抄家伙就上去了。

情报属实，看到倭寇，戚继光带头冲锋，眼看敌人不足一百步，他热血沸腾，高喊一声：兄弟们跟我上！

手下大呼疾进，颇有一口气吃掉敌人的气势。

戚将军颇为满意，主场作战，以多打少，这次开张大吉是拿定了！

五十步内，即将发生肉搏，让他怀疑自己眼睛的一幕出现了。

眼看两军相距已不到三十步，明军的长矛都快捅到倭寇脸上了，最前排的士兵却齐刷刷地丢下武器，撒丫子就往回狂奔。

后面的部队毫不迟疑，就像事先讲好了一样，偃旗息鼓，四散逃命。

上万名明军就这样被千把个倭寇肆无忌惮地穷追不舍，这幕战场上的奇景让戚继光不敢相信，又不得不信。

手下说，戚将军，不行了，您得赶紧跑，再不跑就来不及了。

戚继光气血上涌，跳上一块大石头弯弓搭箭连发三箭，射死三个冲在最前面的倭寇头目，其余倭寇一时被震慑住不敢上前。手下一看戚将军玩真的，倒也不好意思再跑，转身作势大喊追击，总算把倭寇赶了回去。

戚继光抗倭的第一仗不能算是败仗，也绝谈不上胜仗，只不过是把倭寇赶远了一点而已，自己还搭进去不少士兵。

等了五年的第一仗，就打成这样？戚继光蒙了，要不是自己练过，肯定就被这帮孱兵给卖了。

回到大营，戚继光直接就去找了胡宗宪：“胡大人，宁绍台这里的驻防官兵还能打仗吗？”

胡宗宪苦笑：“你以为呢？不然，朝廷干吗要千里迢迢调内地兵、西南土司兵来浙江？”

“这样的兵怎么能打倭寇，我要求重新练兵！”

胡宗宪叹口气：“浙江人要是能练出来，我和俞大猷早就去练了，还用等你来！”

戚继光无语，眼神中满是不忿。

胡宗宪的幕僚提醒他，年轻人有此心，是一件好事，不妨让他试一试。

胡宗宪最后说：“你要练兵，我拨 3000 人给你，按你的方式去练。不过丑话说在前面，要想靠浙江兵，趁早断了这个念头。”

带着这 3000 人，戚继光开始了一场轰轰烈烈的大练兵运动。虽然这 3000 名士兵基本素质差劲，但戚继光不为他们叫苦连天所动，坚持严格要求和训练，倒也能让他们做到严守军纪，令行禁止。

半年训练下来，戚继光认为已有小成，便拉出这支部队到台州试了下水。

效果出乎意料的好，从台州到温岭四战四胜，经戚将军训练的新军见了倭寇不再打哆嗦，每回总能最先攻进敌阵，发挥相当出色。

练兵效果喜人，戚继光颇为得意：谁说浙江人练不出来？半年光景不就脱胎换骨？

胡宗宪警告他：你碰到的都是假倭，要是遇上真倭，还得小心。

戚继光不以为然：有这样一支军队在手，何患倭寇不平。

嘉靖三十七年（1558 年），美梦破灭了。

这一年，戚继光与俞大猷、卢镗合作，围攻盘踞在岑港的千余名倭寇——绝大部分是真倭。三大抗倭名将联手，以绝对优势兵力围攻一个弹丸之地，打了一个月，愣是没打下来。

有人把消息捅上去，朝廷怒了，将俞、戚全部罢免，准他们戴罪立功。俞大猷、戚继光等人知耻而后勇，却依旧拿倭寇没什么办法，后来还是这帮人粮尽弹绝主动突围，岑港之战才算灰头土脸地结束。

这样的仗自然会引来弹劾，给事中罗嘉宾弹劾戚继光等人故意放走岑港的倭寇，有通倭嫌疑。戚继光朝中有人得以平安落地，俞大猷就没那么幸运了，他想走徐阶的路子却得罪了严嵩父子，被下狱论罪。后来是陆炳将他救出发往大同戴罪立功，这些前文有过交代。

虽说没被治罪，戚继光的情形也好不到哪里去。他点点手下，好不容易练出来的新军伤亡两千八百余人。也就是说，戚教官全军覆没，成了光杆儿司令。

戚继光难以接受这个事实，找到胡宗宪说："我想请假回家休息一段时间。"

胡宗宪体贴地说："我调你守卫台、金、严三郡，你平复一下心情。仗，还是有得打的。"

戚继光短暂退居二线，痛定思痛，他一直在思考，自己那3000人也不是没打过真倭，为何到岑港就不行了？

他仔细回忆岑港之战的细节，伤兵的绝望呼号仍让他不寒而栗。忽略掉这些，他继续往记忆深处寻找答案。从排兵布阵到现场指挥，不放过任何一个细节，终于让他认识到真正的问题，

原来真相就隐藏在一个很简单的问题里：不是我的士兵不行，而是这帮真倭，都是精锐中的精锐！

真倭很厉害，绝大多数人都知道，但未必所有人都知道，他们厉害到什么程度。

这帮真倭有三个特点：武士出身；职业强盗；根本不怕死。

所谓真倭，大多都是日本政府的通缉犯，他们性情暴戾，意志力和武力值都十分强大，打起仗来要么胜要么死。要是在战场上受了伤，宁愿切腹也不肯当俘虏，因此历来要活捉几个真倭是相当困难的。

战斗力达到真倭这个层次的，在军队里被叫作精锐。

一个比较冷门的知识，在冷兵器时代，打仗其实是两军精锐的较量。比如你出一万人，我出一万人，双方各有两千精锐，这些人才是主帅真正的家底。一旦你的精锐被打崩了，打没了，剩下七八千人就是一群绵羊，只能被狼群赶着到处跑。

换句话说，除了精锐能打硬仗、逆风仗，其他部队大体上只能打配合、

打顺风仗。一旦形势不利，这些人立马崩盘，撒腿就跑都不带停的，分分钟倒冲己阵，将领就算有心抵抗也无力回天。

因此，封建军队战争的真相，就是少数精锐领着一帮乌合之众作战。

倭寇的精锐就是真倭，假倭只是一帮乌合之众，他们跟在真倭后面打顺风仗可以，要跟他们玩真的，一样是帮乌合之众。

出于这些特点，真倭往往被倭寇放在队伍最前面使用。真倭善用刀剑，武艺高强，可称精锐中的精锐，战斗力要远远高于明军精锐。打仗时，真倭顶在前面一个冲锋，砍倒明军一批精锐，剩下人数再多也不顶用，所以才会有几十个倭寇追着上千明军砍的戏剧性场面出现。

以往，数千倭寇里有百来个真倭，已经是了不得的事情，这次一下集中了近千名！

这样一帮人，战斗力直线翻倍！

戚继光的新军出道连战连胜，遇到的都是少数真倭加大量假倭。碰上精锐中的精锐，新军的战斗力明显矮了一截儿。

想明白原因，戚继光仍旧头疼不已。道理是这个道理，自己练出来的新军已经很厉害了，他们服从纪律听指挥，打仗也很勇敢，就是少了那么一股天生的狠劲。

这种差距不是来自后天训练，是来自士兵血脉中自带的尚武精神。

换句话说，这是兵源的差异。打个比方，把宁绍台的浙江兵和西南狼兵（土司兵）进行比较，肯定是身材矮小但精悍的狼兵战斗力更强。

戚继光已经尽了最大努力，兵源问题无解，直到他目睹了一场民间械斗。

一场械斗

嘉靖三十七年（1558 年），戚继光因公出差，经过一个叫义乌的地方。行至山间，却听谷中远远传来一片呼喝叱咤之声。

戚继光有些好奇，问部下这是什么声音？

有熟悉的回答：此地民风凶悍，多半又是乡下人在聚众械斗。

听着动静不小，戚继光来了兴趣，说咱们顺路去看一眼。

众人绕过树林，眼前出现一片平坦的谷地，眼前的情况叫大家都大吃一惊。

这不是几十几百人的打架斗殴，他们见到的，是一个成千上万人持枪操棒的大型械斗现场。

作为一名见识过蒙骑肆虐、倭寇为患的将领，戚继光已见惯了战场上的血腥搏杀与尸横遍野。然而眼前这一场民间械斗，仍给他带来了巨大震撼。

这是一场什么样的械斗啊，只见上万名农民不顾一切地挥舞着各色农具，人人鼻青脸肿，衣服褴褛不堪，嘴角流着鲜血，头上淌着脑浆，像疯狂的犀牛一样向对方狂奔。许多人已精疲力竭，却没有停手的意思。

更令人恐怖的是，参与人等不分年龄不分性别，男人拿锄头、拿铁锹；女人举着菜刀，连小孩子也举起了砖头和板凳。所有人眼中凶光四射，哪怕头被砸破手被打断，也不肯后退半步。

这场群架让行伍出身的戚继光也胆战心惊，他叫来手下：快去打听，这些人是什么身份，为何事斗殴。

少顷，手下回报：这是永康和义乌两地农民，为争夺矿山在大打出手。

“哦？看这样子，这架像是打了一段时间了？”

“已经打了三个多月。”

戚继光再次大受震撼，一场群架能打三个多月，这些人斗志还这么强。这还是农民吗？真倭也不过如此啊！

戚继光找到义乌知县赵大河：赵大人，听说你地头上有人打群架？

“是。”

“还打了三个多月？”

“是。”

“地方官不应该劝阻吗？”

“将军有所不知，本县历来贫瘠，最近才好不容易在境内发现八宝山银矿。那些永康人却要来分一杯羹，是可忍孰不可忍啊！”

戚继光看着赵大河，表情复杂，一个知县纵容子民械斗，还说得如此冠冕堂皇，实在是出乎意料。

赵知县没敢对戚继光说实话，这位赵大人不是个省油的灯，听到永康人来抢矿了，赵知县比乡亲们还愤怒。该父母官打开库房，告诉父老乡亲，你们给我使劲打，卖力打，本大人替你们撑腰！凡是本县人口，积极参与斗殴的，饿了管饭，伤了管药，死了管埋还有抚恤金。一定要把永康人打跑，不要给义乌人丢脸！

其实根本不用赵大河动员，义乌人历来民风剽悍，能动手解决的绝不动口。他们全家扶老携幼，没有条件创造条件也要上。这些义乌农民既凶狠又团结，只为了一个目标：把永康人赶出八宝山！不达目的，这场架就没完，不管要死多少人！

据《义乌县志》记载，这场械斗总共持续了四个月，参与斗殴人数达三万多，死伤二千五百余人。

最后结果，义乌人大获全胜。

这场斗殴让戚继光大开眼界，也解开了他一个心结：我十分相信，我找到了一直在寻觅的士兵。

戚继光除了震撼还有激动，回营后他立即写下一封书信：

我南北都跑遍了，见过动如惊雷的鞑靼铁骑，见过强横凶暴的日本浪人。但都不如我在义乌看到的这些人。义乌人的彪勇横霸，一支军队能当三支用（即一旅可当三军）！

只要准我在义乌募兵，倭乱必平！

收信人：浙直总督胡宗宪。

戚继光为何会有如此自信呢？让我们来分析一下。

许多人觉得历史是由人决定的，其实未必。有句话叫“地理决定历史”，我们所熟知的历史，很大程度是由地理决定的。

一个地方的气候、地形、海陆位置等因素会影响该地社会的发展方式和人们的行为习惯。

放到世界上看，有大陆文明与海洋文明的区别；放到中国看，有北方和南方的差异。

比如在长江、黄河流域，人口众多，地势平坦，食物不是很丰富，需要大量种植农作物食用，农业种植比较早，文明继而产生；西北气候差，人口少，文明的进程明显就缓慢很多。

再如日本本土资源较少，适合农耕的平原地区偏少而且都在沿海，所以日本一旦有条件，就偏好对外扩张获取土地和资源；而中国整体环境封闭，北面大漠，西面高原，南面丛林，东面大洋，这种地理环境注定会出现强势古代文明，但也注定对外交流困难。

这句话放到人性上同样适用，地理原因很大程度上能决定一个地区人的性格。

历史上比较穷的地方的民风一般都比较凶悍，富裕的地方，因为教育、谋生手段等各方面关系，普遍就没那么好斗。

富庶地方的人大都有家有业，参军是不得已而为之。人家没指望靠着军功吃饭，更没打算把生命奉献给朝廷。穷地方就不一样，反正烂命一条，回乡也没什么好出路，砍一个人头就能赚几两银子，够种地一年的，砍得多还能升官。有点风险怕什么，反正已经没什么好失去的了！

义乌就不一样了，它不像台州、宁波这些临海城市，义乌三面群山环抱，地形以丘陵、山地为主。在当时的浙江属于相对闭塞的城市，农业和经济都没有那么发达。

一方水土养一方人，自古以来义乌人彪悍强硬、宁折不弯，当地民谚有“兰溪噱头、义乌拳头”，又有义乌“只有穷人，没有屃人”之说。

拽的怕狠的，狠的怕不要命的。要对付这些不要命的真倭，就得用不要命的兵！如果说在浙江募兵，什么样的兵能狠得过九州倭寇，那非义乌人莫属！

胡宗宪说浙江人练不出来，那是他没到过义乌。戚继光本来也想不到，自己焦虑的兵源问题，会通过观摩一场民间械斗得到解答。

胡宗宪被戚继光激动的心情感染，批复同意募兵计划。

嘉靖三十七年（1558年）九月，戚继光重返义乌，正式招募新兵。义乌人这个群体，通过这场惊天动地的械斗，即将开创这一段属于自己叱咤风云、威震八方的历史，时间长达将近半个世纪。

戚家军是如何炼成的

戚将军对于要招募什么样的兵，心里早做好了盘算。

古代募兵最主要的一个条件是身体素质，以身高力大为普遍标准。要是你在此之外，还能在负重条件下急行军赶完百里路，或是有点武术底子，能耍大刀开强弓。将军就会拍拍你肩膀：小子好好干，以后你就是精锐了。

许多义乌人都符合这个标准，他们得知戚将军开出高额薪水募兵都很兴奋，报名的人挤满了军营。

要在以前，这些人都算优质兵源，但岑港一战后，戚继光彻底明白了他需要什么样的人。

他召集起这些人，宣布了自己的募兵标准：

一、城市户口的不要。二、军户出身的人不要。三、在衙门干过的不要。四、皮肤白净的不要。四、年过四十的不要。五、话痨事多的不要。六、性格偏激的不要。

诸位自己对照，不符合标准的请回。

这个标准可称严苛，就算俞大猷来应聘也会被刷掉，可见戚继光要求之高。

戚继光认为，城里人心眼多，打仗太计较生死；军户出身的大多是老兵油子，坑本将军不是一次了；在公门中待过，很可能被世俗官场污染；话痨事多、只会吹牛，不适合军营生活。

以往募兵只重身体素质，戚将军总结经验，认为政治素质同样重要。训练中身体指挥大脑，战场上大脑指挥身体，身体再棒，脑子跟不上，那也是不行的。

这些人通通不要，戚继光只要心眼实诚，高大粗壮，勇敢坚强的农家子弟。以此为标准，虽难免刷掉一些合格的人，但能保证部队的整体素质。

这都是血的教训，我们要去干的，可是精锐中的精锐。

一番淘汰下来，戚继光最后选出四千人，宣布了他的纪律：听好了，我不跟你们开玩笑。在这支军队中，我的话就是命令，就算我说错了，你们也必须服从。我要求的是绝对服从，你们可以不信命，但不能不信我！在这支军队中，我戚继光就是所有人的命！

大家轰然而应：是！

颁布完纪律，戚继光正式练兵，前番操练三千士兵已是非常严格，但与这批义务兵相比，简直是小儿科。

为了练出这批人，戚继光的军纪之严酷，军法之严，在明代可谓独一无二。他治军有一个诀窍，就是“杀”。你要是生在明朝，光荣地投身为戚家军的一员，先来看看你有多少次机会被杀吧——

临阵诈称疾病者，斩首；

临阵抛弃军器者，斩首；

你是鸟铳手，演习或实战中开枪开早了的，斩首，队长若发现不告发的，一起杀；

你是鸟铳手后负责保护的近战兵，若鸟铳手阵亡，你将被斩首偿命；

凡是临阵退缩，允许甲长割兵耳，队长割甲长耳，哨官哨长割队长耳，把总割哨官哨长耳；收兵回营，查无耳者，斩；

一人退却则一人被斩首，全队退却则队长被斩首，队长殉职而全队退却则全队被斩首；

埋伏作战，遇贼不起及起早者，队长斩，各兵捆打。

当然，不服上官，令不行，禁不止，杀平民冒功、奸淫妇女更是斩首。

此外，行军途中你若尿急离队小便，割耳；喧哗说话者，捆打四十；训练还有考核，凡是成绩在中下的，捆打；凡兵逃走，同队之人各捆打。

戚继光把大兵们往死里练绝非是虐待狂，只因他懂得战场上交战的道理，这个理论可以用一道简单的数学题来解释。

按照木桶理论，戚继光有4000人，里面有500精锐。倭寇有4000人，里面有300真倭。那么交战时很大排面就是看双方这些精锐的发挥，把敌人精锐砍完了，剩下的就好对付了。

但万一倭寇有8000人，可能会有五六百真倭，这时戚继光就不占优势了；再万一碰上岑港那样的倭寇，1000人里倒有八九百真倭，4000人也对付不了他们。

戚继光真正面对的其实是两个问题。其一，要把手下训练成一支完全由精锐组成的部队，凭借义乌人好勇斗狠的精神，这个目标可以通过训练来完成。

其二就有点麻烦，要让这些精锐对上精锐中的精锐时，能打出漂亮的交换比。也就是说，要让精锐完胜精锐中的精锐。

义乌兵够凶，狠劲和真倭不相上下。问题是真倭单兵素质极高，他们中很多祖上八辈都是武士家庭，其中不乏剑豪刀圣，一把扶桑战刀舞起来，那真是密不透风变化无穷。加之日本浪人的倭刀非常锋利，有道是“宝刀近出日本国”，他们手里拿的是祖传宝刀，削铁如泥不是盖的，明军在兵器上又吃很大亏。

义乌兵敢拼命，搁不住单兵素质和装备不如人家，毕竟农民打群架和上战场是两个概念，你叫这些农民后天再恶补，也不可能在短时间内赶上人家数十年的功力。就算经过戚继光的魔鬼训练，战场上一个真倭单挑几个义乌兵也可说是毫无压力。

砍倒一个真倭，倒下两个义乌兵？这么亏本的买卖，不能做！就算按老话说的“杀敌一千，自损八百”，也不能接受。

练出这四千兵，戚继光几乎是孤注一掷，倒下一个心都要抖一抖，他不得不考虑战损比问题。要再像岑港一战拼光，朝中再有人他也得倒霉。

办法不是没有，战争不是比试个人武艺，历来讲究团队配合。可到底怎么配合法，才能达到既能杀敌又能保全实力的目的呢？戚继光翻遍兵书，连当年徐有贞建言军事的奏折他也翻出来看了，还是没找到合适的方法。

胡宗宪看出戚继光心事，笑着对他说：你何不问问唐荆川？

唐荆川，名顺之，号荆川，时任兵部职方司郎中，奉命前来浙江视察军情，正与胡宗宪谋划讨伐倭寇。

听说戚继光发愁破敌之法，唐顺之送了他一本书，说：“这是我《六编》中的《武编》，你要的答案就在其中名为《秘战》的一卷。我本文官，无法亲自上阵杀敌，这本书就送给将军，希望对你有所裨益。”

在许多时人眼里，唐顺之只是个不得志的小人物，中进士几十年，就被贬了几十年。嘉靖三十七年（1558 年），他刚刚靠赵文华的推荐得以复官。他写的那套《六编》，据说上解天文，下通地理，无所不包。但在当时却没什么人看，因为基本看不懂。而且唐顺之出山靠的是依附赵文华，这样一个人写的一套书，在很多人眼中还不如手纸有价值。

戚继光还不了解唐顺之，碍于胡宗宪推荐只得收下。但当他真的翻开《武编》，翻到《秘战》那一卷，顿时奉为天书宝典，对唐顺之五体投地。

> 秘战者，即新名鸳鸯阵之谓也。每冲锋，五人为伍，用长挨牌一面，伍长选身长力大者一名，在前执牌，面左，只许顾左，不许顾右。后身第二名执狼筅，面右，以筅出牌右五尺，紧紧靠牌。其枪手在筅之后三步，平执枪。伍长执牌径进，馀各紧紧依法随行。

唐顺之没有吹牛，只是当时他的思想超越了很多人理解的上限，别人理解不了。好在戚继光是个慧眼如炬的帅才，他一眼看出，这正是他想要的阵法。唐顺之的阵法配置五人，戚继光根据自己的实战经验加以改良，在此基础上研发出了抗倭究极阵型——鸳鸯阵。

冷兵器时代的奇迹

嘉靖三十九年（1560 年），俞大猷调离大同重返抗倭前线，见到了老朋友戚继光。年底，他收到李文进在大同大败俺答的好消息。

车营首战告捷，俞大猷大有面子，身旁的戚继光在恭喜老同事的同时，心下也在嘀咕，我那4000人，是不是也该到了出笼的时候？

四个月后，倭寇大举进攻台州，其中一股三千多人窜到了一个名为花街的村子，本以为能肆无忌惮大抢一把的他们，迎头撞上了一支1500余人的明军。

没有任何花架子，两军相交后便展开了厮杀。令倭寇意外的是，这支兵力占劣势的军队排出一个奇怪的阵型，在他们凶猛的冲击下不仅没有溃散，反而打出了凌厉的攻势。一阵交手后，这帮倭寇丢下上千具同伙的尸体，其余的抱头鼠窜而去。

明军的伤亡是：牺牲三人。

这支军队就是戚继光练出来的义乌兵，而这场花街遭遇战，只是被称为台州大捷的十三场大战中的一场。

整个台州战役打下来，戚继光率军从宁海、桃渚、健跳一直打到新河、丽水、温岭。13战13捷，以4000兵力横扫两万倭寇，毙敌5500多人，烧杀溺毙无算，自己仅付出伤亡20人的代价就平息了浙江的倭乱。

取得一系列大捷，最高兴的人不是戚继光，而是他的顶头上司胡宗宪。

胡大人非常讲究派头，平时公文都由幕僚起草，主要执笔人是他头号智囊徐渭。听闻戚继光的逆天战绩，胡宗宪兴奋地招呼手下研墨蘸笔，亲手为他写下请功文书：

> 台金参将戚某，身经百战，勇冠三军。持廉秉公而士心咸服，令行禁止而军容整齐。执锐披坚，见贼则轻身先进；绝甘同苦，遇士则推腹不疑。白水能以寡而敌多，黎庶免荼毒之苦；花街乃以全而取胜，城隅获安堵之休。随旌麾之所指，即捷报之连闻。台民共倚为长城，东浙实资其保障。功当首论，破格优录，以风诸将也。

戚继光被提拔为副总兵，他这支精锐之师也得到了一个响亮的名头——戚家军。

浙江的倭寇都被戚继光给打绝望了，海盗们开始盛传“遇戚不得活”的魔咒，戚家军的浙江防区成为他们避之不及的红线。

在浙江踢到铁板，倭寇只好转去福建兴风作浪。胡宗宪不久前刚擒杀海盗头子汪直、徐海，重用戚继光，功劳有目共睹。胡总督志得意满，令旗一挥果断下令：彻底消灭倭寇！

嘉靖四十一年（1562 年），兵力增加到 6000 人的戚家军，在福建宁德以阵亡 13 人的代价，斩首倭寇 348 级，俘虏 29 人，这还不包括被大炮崩成零碎和被赶到海里喂鱼的上千名倭寇。

八月，戚家军在福清连破倭寇，杀伤数千，自身伤亡数：零。

随后在林墩，戚家军遭到成军以来伤亡最大的一场战役。此战倭寇占据桥头，利用地势顽抗，戚家军不得不冒死强攻，付出伤亡 69 人的惨重代价，战果是砍了 960 个倭寇脑袋，还把数千倭寇赶到河里喂了王八。

几番战斗，闽广一带的倭寇几乎被戚家军砍光，戚继光班师回到浙江。

嘉靖四十二年（1563 年），从日本新来的一批新倭不信这个邪，他们纠集起一万多人，趁福建空虚攻陷兴化，占据宁海卫。朝廷以谭纶为右佥都御史率浙江兵支援福建，谭纶自领中军，以广东总兵刘显为左军，福建总兵俞大猷为右军，浙江副总兵戚继光为先锋。三路大军互相配合，戚继光首先从中间突破，刘、俞水陆夹攻，一举攻克平海卫，斩倭 2200 余人，救回被掳男女 3000 余人，乘胜收复兴化府（今莆田），余倭逃往广东，福建倭患基本平定。

此战后，戚继光升为都督同知，取代俞大猷福建总兵职务。

接下来两年，戚继光率兵转战浙江—福建—广东，与俞大猷等众将密切配合，围剿流窜的残余倭寇。嘉靖四十四年（1565 年），“俞龙戚虎”联手歼灭逃往广东的最后一股倭寇。至此，东南沿海抗倭之战取得了最后胜利。

总结一下，从戚家军出山开始，数年间转战东南大小数十战，共计歼灭倭寇两万余人，自身伤亡 100 人左右，打出了 1 ∶ 200 的伤亡比。

这已不是传统意义上的完胜、大胜，简直就是冷兵器时代的奇迹。

鸳鸯阵

这样的战争奇迹，戚继光愣是打出来了！

怎么做到的?

十二个字：足粮足饷，枪炮共用，阵法克敌。

足粮足饷这个问题先放一放，我们先看后面八个字。

枪炮共用，这招马芳也用，不过戚继光的更猛。

许多人以为鸳鸯阵就是12人一组的冷兵器小队战法，其实它是一套完整的兵团战术，既有冷兵器，也有热兵器。

这种阵法包括队长1名，长牌手1名、藤牌手1名，狼筅手2名，长枪手4名，镗钯手2名，火兵1名。

根据《纪效新书》记载，戚家军在嘉靖四十一年的编制为，一个鸳鸯阵12人为一队，四队为一哨，算上哨长是49人。每哨配一队火器兵，有十杆鸟铳（火绳枪）和三门虎蹲炮（一种以曲射为主的火炮，类似迫击炮），这种火力配置在当时的世界军队堪称豪华。

遇到倭寇，戚家军的战术是接敌一百步（150米）时，鸟铳、虎蹲炮先来一轮齐射。同时，阵中长枪兵每人射箭9次，镗钯手射火箭一支。

这意味着倭寇在50—150米这个距离上要承受3门火炮和10名火枪兵的一轮打击，以及16名弓箭手每人9次射击，共144支箭，8支火箭。这个枪炮糊脸的过程，打倭寇这样没啥甲胄的轻步兵毫无压力。

等倭寇顶着枪林弹雨冲到阵前，还要再挨上牌手掷出的六支标枪，没被标枪插死的倭寇们抬头发现，长枪兵和镗钯手已放下弓箭拿起长短兵器，鸳鸯阵已张开了翅膀。

这时才真正进入短兵相接的阶段。

鸳鸯阵除一名火兵（负责全队后勤）和一名队长外，共有10名战兵，分五排站立。

第一排是长牌手 1 名、藤牌手 1 名，用来抵挡敌人的弓箭和长矛。长牌是长方形的大盾牌，较为长大，为后排人员提供掩护。藤牌较为轻便，直径约 1 米，藤牌手携带标枪，也可以作为近战突击力量使用。

第二排狼筅手 2 名。狼筅又称狼牙筅，长度达 5 米，有许多附枝，以带有枝丫的整根毛竹制成，顶部装有矛头——“凡狼筅，各要利刃在顶，长一尺；四面竹枝须坚直粗大者”。

毛竹极有韧性，就算是锋利的倭刀也难以劈开丫丫叉叉的狼筅，反而容易被克制住。这种兵器是鸳鸯阵所特有，专为善用倭刀的武士私人订制。

第三第四排是长枪手 4 名，手持长达 6 米的长枪，刚好可以越过狼筅刺杀前面的目标。

第五排 2 名士兵持镗钯（类似钢叉的一种多刃兵器）等短兵器，负责保护长枪手。

队长的位置相对灵活，有的突出于全队之前，有的在盾牌之后，根据敌情而定。

全阵呈左右对称的布局，恰似一只鸳鸯，这是其得名的由来。准确地说，这个阵法的发明者是唐顺之，第一个应用的人是戚继光。

可是在倭寇眼中，这哪是什么鸳鸯阵，分明是克死你不偿命阵。

鸳鸯阵以正面接敌，宽度只有两个身位，试图攻入的敌人，都会在攻击盾牌手时被一根狼筅控制住兵器，然后被几根长枪直刺。

要是想攻击长枪手，镗钯手便会上来保护，以防止长枪脱出狼筅的控制范围。若试图攻击镗钯手，会被长枪刺个透心凉。

“牌前进，筅救牌，长枪救筅，短兵救长枪，牌救短兵”，倭寇面对的是一个无解死循环，无论从哪个方向，怎样进攻，都要至少面对三四件兵器。

你说我人多，想要硬冲？

对不起，一则，倭寇组织能力不强，多半是各自为战；二则，鸳鸯阵队与队之间，哨与哨之间呼应极强，要是仗着人多硬冲进来，各个方向的兵器朝你身上招呼。局部优势，妥妥地在戚家军手里。

这样一来，倭寇与戚家军作战就很尴尬了。倭寇惯用的武器是倭刀、弓箭、长枪，但在鸳鸯阵面前，弓箭射不穿盾牌，倭刀无法摆脱狼筅控制，长枪又没有明军的长，死活近不了身，倭寇单兵能力强的特点无从发挥。

俗话说，武功再高也怕菜刀。鸳鸯阵就是为倭寇量身打造的菜刀阵型。等于一个倭寇，要被三四个训练有素的戚家军按着暴打，什么样的剑豪都是送命的下场。

我们知道，倭寇尤其真倭是极其凶狠野蛮的。他们深受“神风”“神教”熏陶，打起仗来往往有死无生，信奉的是成功了拿钱回去消费，不成功把命留下报废。

以往这种不要命的打法都能让明军心惊胆战，可对上勇敢坚强的戚家军，就形成一个怪圈，倭寇越是悍不畏死，就死得越多，给戚家军送上更多的人头，最终让戚家军打出看似不真实的伤亡比。

所以，戚家军是一支以优秀战术、先进军事技术和思想打造的强军，才能打出如此高的伤亡比来。

放眼世界，这支军队也是领先于同时代的军队，对上别的精锐封建军队都是碾压，对上乌合之众的倭寇，简直是降维打击。

这个伤亡比，一点也不夸张。

有这样一支领先于时代的军队，吊打倭寇是理所当然的事。不过真正的问题是，为什么别人练不出来，戚继光能练出来？

一句话，戚继光并不是传统概念中那种只会打仗的将军，在战争之外，他还有不为人所知的一面。

第十章 徐阶与严嵩的决战

反击严嵩

嘉靖四十一年（1562 年），就当戚家军准备进军福建，会同各路明军一鼓作气摧枯拉朽之际，大后方发生了惊天之变。

这事与严嵩有关。

整死夏言以来，严嵩已当权二十多年，老头毕竟八十多岁了，连行走都需要人搀扶，别说写什么“青词”，就连奏章都看不清楚了。

在严嵩任期后半段，主要是严世蕃在帮他台前幕后策划。

严世蕃确实是才子，嘉靖皇帝下的手诏，喜欢装神弄鬼虚头巴脑，老严嵩脑子跟不上了，再三品读仍不解其意，严世蕃一眼就能读出皇上的意思。

各个衙门送文件上来，各级官员前来汇报请示，严嵩顾不过来，就说“以质东楼”。东楼是严世蕃别号，就是说“去问严世蕃”的意思。

严世蕃虽只是个侍郎，却相当于拥有了内阁首辅的权力——“朝事一委世蕃”。

严嵩士大夫出身，多少还顾及一点面子。严世蕃越俎代庖，在干坏事方面，青出于蓝而胜于蓝。

有了权力后，严世蕃把聪明才智都用在了两件事情上，一是捞钱，二是整人。

严世蕃有过目不忘之能，他心里有本账，天底下官员权力大小，油水多少，都逃不过他的眼睛。严世蕃也很公平，别人找他办事，什么职务该奉送多少；地方官员进京，该孝敬他多少银子，都计算得清清楚楚。谁不给，就把他往死里整；严世蕃看上的东西，不拿到手他也是誓不罢休。

据说，明代小说《金瓶梅》就是影射严世蕃的，小说中的西门庆很可能就是以严世蕃为原型，因为严世蕃号“东楼”，小名“庆儿”。

总之，严世蕃从表象到本质，都是典型的坏蛋形象，史书上说“士大夫侧目屏息”，绝大多数人迫于严氏父子手握实权，对他敢怒不敢言。

但不是所有人。

即使黑暗笼罩官场，也总有一小部分相信光的士大夫，他们对严嵩父子的罪行进行了揭露，希望能凭借一己之力将乌云撕开一个缺口，期待圣光照耀大地。

现实是无情的，他们都遭到了严嵩父子的残酷镇压。

残酷到何种程度，如果对照嘉靖朝前后期官员进谏的不同境遇，还能发现，前期犯颜直谏的官员，哪怕杨慎那么被嘉靖皇帝所痛恨的，也几乎没有被杀掉；到了严嵩为首辅的近 20 年间，直谏官员要么被害，要么无期徒刑，免官流放的都没几个。

被严氏父子所害官员中，最有名的是沈炼和杨继盛。

沈炼，浙江会稽人，嘉靖十七年（1538 年）进士，当过好几个地方的知县。沈炼为人刚直，疾恶如仇，后被调到北京担任锦衣卫。来到京师，沈炼近距离看到了严嵩父子许多的丑恶行径，对这两个人非常厌恶。

面对权势滔天的严嵩父子，大多数人都选择了沉默、退缩，沈炼却挺身而出，写了一道弹劾的折子《十罪疏》，结果被处以杖刑，谪戍守边。

沈炼来到塞外，更加激烈地批判严嵩父子，在他身边很快聚集了一批正直的人。沈炼就组织大家训练射箭，期望有朝一日能为国所用。他以李林甫、秦桧、严嵩的样子，做了三个靶子，让大家瞄准练习射箭。

严嵩父子知道后，恨得咬牙切齿，欲置之死地而后快。恰好当时抓获了一批白莲教教徒，招供出多名嫌犯，严嵩就命令党羽在嫌犯名单上写上了沈炼的名字。

沈炼终因被诬为谋反而遭到杀害，终年 51 岁。严嵩还欲斩草除根，派人将沈炼之子沈衮、沈褒用杖打死，仅三子沈襄侥幸未死。

杨继盛，直隶容城（今河北容城县）人，嘉靖二十六年（1547 年）进士，“庚戌之变”时，杨继盛正出任兵部员外郎，目睹仇鸾对京郊百姓不闻不问，杨继盛义愤填膺，愤而上书，要求强硬对外。嘉靖皇帝听信仇鸾的一面之词，将杨继盛下诏狱，后贬为狄道（今甘肃临洮县）典史。

仇鸾事败，俺答依然扰边，嘉靖皇帝又想起了杨继盛，将他复用为南京刑部员外郎。杨继盛曾弹劾仇鸾，让严嵩感觉是个可以拉拢的对象，又将杨继盛改为兵部武选司员外郎，调回北京。

按照官场定律，杨继盛弹劾仇鸾被贬，严嵩是仇鸾的敌人，提拔了杨继盛，他还不得知恩图报？

严嵩没想到，敌人的敌人有时候未必是朋友，有可能是更大的敌人。

在杨继盛的心中，仇鸾固然可恨，但比起严嵩来，就太小儿科了。身为首辅，严嵩贪赃枉法、杀害忠良、排斥异己、废弛边防，哪一项都不输给仇鸾。

这样的人必须除掉，否则国将不国。

好友唐顺之看出杨继盛心思，他劝说道：“不要强自出头，留下有用之身，才能做更多不朽之事（不朽之业，终当在执事而为）。”

杨继盛微微一笑，说：“荆川，人各有志，你有你的处事方法，我有我的为人之道。”

在杨继盛心中，最大的不朽之事，便是为国除贼。

嘉靖三十二年（1553 年），正月十八日，杨继盛斋戒三日后上《请诛贼臣疏》。不用说，这里面的“贼臣”就是严嵩，杨继盛列出严嵩“五奸十大罪”，条条都是罪证确凿，公开请求嘉靖皇帝诛杀严嵩。

如此翔实的报告并没有得到嘉靖皇帝认同，反而是愤怒，嘉靖皇帝第一时间将杨继盛大骂一顿，后不置可否。

打蛇不死，必被蛇咬。

严嵩迅速做出回应，将杨继盛廷杖一百，再投入死囚牢。

杨继盛被打得伤筋断骨，入狱后还受到严刑摧残，伤势愈加沉重。

一位同僚实在看不下去了，偷偷托人给杨继盛送了一个蛇胆，告诉他：“用此物可以止痛。”

杨继盛拒绝了，说“椒山自有胆，用不着这个！”——椒山，继盛别号也。

半夜，杨继盛痛醒了，他的腿骨已被打断，腿肉一片血肉模糊，在蝇虫滋生、肮脏阴冷的牢房，伤口开始恶化感染。

杨继盛没有麻药，没有清水，连塞嘴止痛的毛巾都没有，只有一个吃饭用的瓷碗。

杨继盛打碎了瓷碗，用碎碗片开始刮感染的腐肉。碗片并不锋利，腐肉也不易割断。当腐肉已经刮得差不多了，骨头露了出来，他开始截去附在骨头上面的筋膜。

最后，他割下了身上伤口的三斤烂肉和两条断筋。

巡夜的狱卒打着灯笼看到这一幕，吓得脚都软了，差点瘫倒在地上。而杨继盛“意气自如”，一点都不屈服。

嗟乎，真英雄也！

严嵩及其党羽想要他死，杨继盛就顽强地活着。严嵩本想让杨继盛在恶劣的环境中迅速死亡，杨继盛硬是在狱中活了三年之久。

嘉靖三十四年（1555 年），严嵩看到了一个党羽送来的论罪奏疏，上面写着两个嫌犯的名字。严嵩突然想起了杨继盛，就在两个人名字后面加上了第三个名字：杨继盛。

名单报上去，嘉靖皇帝并没有犹豫，他用手中的朱笔轻轻地打了一个钩。

杨继盛已被苦难折磨得不成人形，他在监狱里面见了好朋友王世贞：“事情到了这一步，我也没什么好说的，我的后事就交给你了！”

王世贞哭着点头答应，尽管他不愿意相信眼前的这一幕，但在现实面前，他无能为力，唯一能做的就是看着好友一步一步走上人生的最后舞台——刑场。

十月初一，杨继盛被公开处决，临刑前吟诗明志：浩气还太虚，丹心照千古。生平未报恩，留作忠魂补。

天下相互涕泣传诵此诗，杨夫人不久后便殉夫自缢。杨继盛夫妇得到了民间的普遍同情，被视为“反击严嵩第一人”。

在这场毫无胜算的战斗中，杨继盛坚持到了最后一刻，即便现实将他折磨得遍体鳞伤，甚至付出了生命，他也未曾后悔。在留给儿子的遗书中，他如此写道：

> 见一个好人，则思量将来应该和他一般；见一个不好的人，则思量将来休要学他。你们若是日后做了官，必须正直为民，忠心报国，不可生歹念私心伤害百姓。财有用而不可贪，应当劳心劳力地去获取方心安理得。

无足轻重的次辅

严嵩掌权二十多年，毕竟是老而不死，在政治生涯的最后几年，严嵩也好像意识到了什么，开始一反常态提拔年轻俊杰，复用被罢免的官员。唐顺之、赵贞吉等人才都是在这段时间得到起用。

除了他们，严嵩还特别注意到一个人：内阁次辅徐阶。

徐阶已经和严嵩结成姻亲，他还把自己的户口迁到江西，因为那里是严嵩的老家。这十多年来，他对严嵩父子表现得十分友善，严嵩说用谁，他就用谁；严世蕃说不给裕王岁赐，他一句话没说；严嵩对沈炼、杨继盛疯狂打击报复时，徐阶也没有插手。

徐阶对严嵩卑躬屈膝，他在很多人眼中成了一个无足轻重、被人鄙视的次辅。

脾气暴躁的人干脆找到徐阶蹬鼻子上脸，“外面人们都认为，大人你只是严嵩的一个小吏而已”，徐次辅依旧面不改色。

严世蕃说天下有三个聪明人，分别是他自己、杨博、陆炳。徐阶在他眼里并不算聪明人，因此他没有在意徐阶，一心一意打压吏部尚书杨博。

然而严嵩毕竟老于江湖，他不能不为身后做打算。严世蕃聪明归聪明，缺点是太高调了，高调到就差在脑门上贴张纸，写上“我是坏蛋”四个大字了。哪天严嵩两腿一蹬走了，以严世蕃的性格，必定被天下群起而攻之。

到那时，能救严家的只有徐阶。

严嵩在家里摆下一桌酒席，宴请徐阶，等到酒酣耳热之时，严嵩叫来全家老小，一声令下呼啦啦跪了一圈。

徐阶不明所以，连说：“阁老这是要折杀我也。”

严嵩涕泪横流：“我老了，不行了，我这些不肖子孙就有劳您照顾了。”

徐阶连称：“不敢！不敢！首辅大人不必担心，这个事儿我管了。”

后来发生的事表明，他确实是管了，不过不是以严嵩希望的方式。

徐阶一直在盯着严世蕃，他深刻地明白，若要斗倒严嵩，一定要先处理掉严世蕃。严世蕃是严嵩的智囊，是他能屹立政坛不倒的唯一原因。

可是严家父子配合了几十年，默契达到天衣无缝的程度。要严嵩出错不难，难的是如何让严世蕃保持沉默。

在此之前，徐阶只能忍耐，就算别人说他是严嵩的孙子，徐阶也得装下去。能忍别人不能忍之事，才能建别人不能建之功。

嘉靖四十年（1561年），机会出现。五月，严嵩原配欧阳氏去世，严世蕃要守制不能出来工作，父子俩被不可抗力分开了。

没有严世蕃的帮忙，严嵩事情就干得不利索。嘉靖皇帝下的手诏他往往不解其意，只能瞎答一气。严世蕃没法干活，严嵩只能找别人代写“青词”，水平比严世蕃差了不是一点半点，这些都让嘉靖皇帝很不满意。

年底又发生了一件事，让嘉靖皇帝对严嵩还能不能干活进一步产生了动摇。

十一月二十五日夜，西苑发生火灾，永寿宫被焚毁，嘉靖皇帝只得暂时移居潮湿狭小的玉熙殿。

一些大臣主张乘此机会劝皇帝迁回大内，嘉靖皇帝征求严嵩的意见，严嵩既不主张重建永寿宫，又不主张迁回大内，别出心裁地建议迁往南苑重华宫。

南苑就是当年朱祁镇被安置的地方，这当然是很不吉利的，你让嘉靖皇帝住这个地方，那不是让其自我幽禁吗？这纯粹就是一个馊主意。

嘉靖皇帝很不高兴，便想听听次辅徐阶的意见。

徐阶说重华宫不行，大内您也待不惯了，我查看了一下永寿宫的损毁情况，不是太严重，很快就能修复（可计月而就）。

嘉靖皇帝却有点疑惑，他问徐阶，三大殿正在修建中，还有财力重修永寿宫吗？

徐阶早就胸有成竹，他陈述道："奉天、华盖、谨身三大殿，确实工程浩大，但我们休整永寿宫，并不需要多少拨款，只要充分利用三大殿的工程'余料'，就能达到花小钱办大事的目的。"

嘉靖皇帝一听龙颜大悦，立即准奏，钦命徐阶的儿子徐瑶承包工程，从速办理。徐瑶也不负所望，不到百日，如期完工。

这事办得既贴心又有效率，让嘉靖皇帝心花怒放，他对严嵩进一步产生怀疑，老头八十多了，是不是老糊涂了。

事儿被大臣们看在眼里，严嵩有阵脚松动的迹象，大家被压制的怒火纷纷燃烧起来。便有御史弹劾严世蕃在母亲丧期内放纵淫乐，是为大不孝；又有人弹劾严嵩父子不法。

在嘉靖皇帝心中，徐阶和严嵩的地位发生了微妙的变化，徐阶却还在隐忍。他依旧对严嵩客客气气，别人弹劾严氏父子，他从不跟风，仿佛要与这些人划清界限。

许多人搞不明白他到底想干嘛，只有徐阶自己清楚，通往成功之路还需要一个关键的砝码，他还在耐心地等待这样一个机会。

严嵩倒台

不久之后，一个不速之客的到来，打破了所有的宁静。

此人名叫何心隐，“心学”泰州学派著名传人。泰州学派是“心学”一个著名的激进学派，此派传人都表现出惊人的叛逆精神，大有掀翻天地、再造乾坤的志向。何心隐曾在家乡萃和堂试行过一套异端制度，萃和堂里人人平等，大家一起过着大同生活，可以说比同时代的西方思想家要更早实践乌托邦式的社会结构。

徐阶与何心隐素昧平生却闻名已久，见到徐阶，狂生何心隐也不客气，单刀直入说出他的担忧：要解决严党，他们没用，你徐阶也没用。

这是最严酷的事实，弹劾严嵩父子的奏疏这些年来就没有断过，这次只不过是又一次重复，数量多了一点，本质没有发生变化。严嵩数次面临信任危机都能不被处理，原因只有一个，能解决他的人，全天下只有一个——嘉靖皇帝。

严嵩与嘉靖皇帝已密切合作二十年，要让嘉靖皇帝下决心处理严嵩，显然不是容易的事。

徐阶不得不承认何心隐所说的事实，他叹气道：“那你有办法吗？”

何心隐微微一笑：“我没有办法，就不来找你了。”

何心隐指点道，要让皇上处理严嵩并不困难，他遇到自己解决不了的难题，会谋求与上天对话。充当皇上与神仙之间中介角色的是道士，道士的方法是扶乩，皇上会将要问的问题写在纸上，密封交给道士，道士当众烧毁交给神仙，然后神仙就会附体到道人身上，在沙盘上写下答案。

就现在的人来看，神仙给出什么解答，完全取决于这位道士。但嘉靖皇帝不这么认为，他虔诚地相信这是与神仙沟通的结果。

大臣的话嘉靖皇帝可以不听，神仙的话他一定得考虑。

何心隐问了，如果神仙都说严嵩是个奸臣，皇上会怎么想？

何心隐对时局判断准确，清晰地指出关键所在，徐阶听罢依然愁眉不展：神仙说什么话，我们怎么能知道呢？

是啊，神仙压根就不认识嘉靖皇帝，更不认识严嵩，怎么才能让神仙说出大家想说的话呢。

何心隐早料到有此一问：我们不用知道神仙说什么，只要道士知道就行了。

徐阶若有所悟：你的意思是？

“关键就在这个主持扶乩活动的道士，他只要写下严嵩是奸臣，皇上就会认为严嵩是奸臣。”

承担扶乩重任的历来是嘉靖皇帝最信任的道士，几十年里，这个角色换了好几位，先是邵元节，后来是陶仲文，嘉靖三十四年（1555年）换成了蓝道行。

泰州学派是中国历史中第一个真正意义上的思想启蒙学派。创始人王艮长期在小生产者阶层中讲学，从者云集。门人上至师保公卿、下逮士庶樵陶农吏，无所不包。

蓝道行是嘉靖年间有名的道士，也是泰州学派弟子，与何心隐有同门之谊。蓝道士虽然以装神弄鬼为职业，同时他也是个颇有正义感的道人。

如此一来，拉拢蓝道行入伙就成了件简单的事。

不久后的一次扶乩中，嘉靖皇帝提出一个很好的问题：“朕登基四十多年了，为何天下还没有大治呢？”

蓝道行焚烧掉纸条后，当众一阵抽风，表明神仙已经附体。接着他在沙盘上写出了答案：奸臣当道，贤臣不用！

神仙的话比较高深，嘉靖皇帝提出第二个问题：“奸臣何人？贤臣何人？”

神仙回答：“奸臣如严嵩，贤者如徐阶。”

按说回答到这里，神仙已经很够意思了，可是嘉靖皇帝是个打破砂锅问到底的皇帝。他不依不饶接着提出了第三个问题：果然如此的话，上仙为何不惩罚他（果尔，上仙何不殛之）？

蓝道行本事再大，也不敢说能代替神仙惩罚严嵩，好在这个道士非常聪明，他继续写下了一句智慧很高的话：留待皇帝自殛。

神仙不是不管，是留着皇上您自己管呢，以显您天威啊。

神仙的回答让嘉靖皇帝心花怒放，原来上仙早就替我考虑好了啊，我再不出手，是不是太不给神仙面子了？

神仙开口，事情就好办了。徐阶适时又添上一把火，由他门生邹应龙出面全力上疏弹劾严嵩父子，揭露他们种种违法乱纪的行为。邹应龙并发下毒誓："如臣所说不符合事实，请斩下臣的首级来向严嵩、严世蕃谢罪。"

嘉靖皇帝此时已经对严嵩失去耐心，如果对严嵩还会犹豫的话，对严世蕃则没有犹豫的理由，他下旨逮捕严世蕃，发配广东充军。严嵩则被以对严世蕃管教不严的名义，令他告老还乡，每年依旧配给禄米，可以说还顾着严嵩的面子。

严嵩父子被处理，天下拍手叫好，鼓掌的人里却不包括徐阶。他非但没有落井下石，还登门宽慰严嵩，这让严嵩真的认为徐阶是好人，当年的跪哭起到了作用。

可如果认为徐阶到此就结束了，那就大错特错了，只是因为目前的事情，还不足以致命。

严世蕃仅仅被发配，只要他还活着，严党就还有主心骨，这事就还不算完。

果然在严党照顾下，严世蕃根本就没去广东服刑，堂而皇之就回了江西老家。这个高调的坏蛋回了家也不老实，与死党罗龙文整天混在一起；同时还大兴土木，兴建豪华会所，完全没有偷着的意思。

要说这罗龙文也是有案底的，嘉靖四十一年（1562 年）他与严世蕃一起被参劾，流放浔州，不久就逃还徽州老家，又到江西投奔了严世蕃。而且此人与徐海、汪直等大海盗都有点不清不楚的关系。

这个罗龙文，将成为严世蕃的致命好友。

严世蕃在家里盖房子时，手下爪牙与一位叫郭谏臣的官员起了冲突，把郭谏臣打了一顿。郭谏臣不敢声张，只是写信和好友林润抱怨了一番。

林润不是省油的灯，他的身份是御史。

嘉靖四十三年（1564年），严世蕃已逃避发配居家两年，尽人皆知。当时只是没人管，就等一个时机，即是现在。林润上疏："严世蕃与罗龙文两名逃犯勾结，整天说朝廷坏话（日诽谤时政），打造皇室用品，串通倭寇，有图谋不轨的意思（有负险不臣之志）。"

嘉靖皇帝知道后，自然又愤怒了一次，立即抓捕严世蕃、罗龙文。两人被押解进京，严世蕃却依旧潇洒，根本不用坐监狱，反而是很多官员请客，仍然可以与罗龙文在外面大吃大喝。

严世蕃告诉罗龙文，"无恐，狱且解"——不要害怕，我们没事儿的。

严世蕃已经料定，此次进京受审，会给出的案由为：害死杨继盛和沈炼。他已让人在京城散布此消息，营造声势。

严世蕃不愧是鬼才，大家都是这么想的，事儿也确实是他干的。那么，严世蕃为何要自暴罪行，主动承认害死杨继盛、沈炼呢？

给严世蕃定罪的学问

嘉靖皇帝接到弹劾后，命令三法司会审此案。

一听说要会审严世蕃，士大夫们都很高兴。严世蕃罪行累累，早就天怒人怨，人人都想杀他。会审级别这么高，还会让严世蕃逃掉？

朝野都希望这次能把严世蕃斗死，铲除严嵩父子的势力。可三法司的各位官员拿到林润的奏折后，集体傻了眼。

原来林润在奏折里说："道路皆言，两人通倭，变且不测。"也就是说，林润只是"风闻奏事"，听说而已，压根就没有证据。

"风闻"可以不讲证据，定罪一定要有证据。给严世蕃定什么罪呢？给严世蕃定罪的难题，摆在了刑部尚书黄光升面前。

黄光升为官非常刚正，他对严嵩父子专权痛恨已久，一心想要为民除害，彻底打掉严党这个社会毒瘤。

黄光升觉得，没有严世蕃谋反的证据没关系。只要案子在我手里，不愁找不到严世蕃死罪的证据，于是他下令彻查严世蕃的罪行。

严世蕃这么高调的坏蛋，要找他干过的坏事简直太容易了，很快就查出他有贪污、受贿、道德败坏、巨额财产来源不明等罪状。

当然，官员们最痛恨严世蕃的还不是这些，而是他陷害忠良的行为。经粗略统计，遭到严家父子陷害、家破人亡的大臣就有三四十人，包括沈炼、杨继盛等名垂青史的人物。

大家都知道这些大臣是被严嵩、严世蕃父子以莫须有的罪名杀害的。黄光升和三法司官员打算以“陷害忠良”为主要罪名，其他罪行为次要罪名，置严世蕃于死地。

这么做，一来证据很多，二来容易赢得舆论的支持，三来罪名比较重，判他几次死刑都够了。

三法司官员商议已定，便向升任内阁首辅的徐阶汇报。徐阶略翻一下案卷，问道：“你们给严世蕃定的是陷害忠良啊？”

黄光升回答：“陷害忠良，事实都摆在那儿，清清楚楚。”

徐阶就问：“黄大人是想置严世蕃于死地，还是要为他开脱呢？”

黄光升被问得满脸问号：“当然是要他死啊！”

徐阶说：“可是，黄大人如此定罪，分明是在为严世蕃开脱。我怕这个结论递交给皇上后，严世蕃就会轻轻松松骑马离开北京城，诸位大人却要锒铛入狱了。”

在嘉靖年间复杂的政治风云中，徐阶能岿然屹立不倒，实在是得益于他对智慧和狡黠的极致运用。

黄光升等人只知道从法律角度出发，徐阶和嘉靖皇帝、严嵩父子打了数十年的交道，深知法律只是一句空谈。在人治社会，对付严世蕃这个级别的官员，只有抓住那个“人”才是最最重要的。

徐阶为什么对黄光升他们那么说呢，我们看一下三法司给严世蕃定下的罪名。

第一条是把持朝政。

明朝是君主专制走向巅峰的一个朝代，内阁、司礼监这些机构权力再大，也都依附于皇权。

但是，任何君主专制体制，对皇帝个人的要求都很高。要想按照理论设计平稳运行，必须要有一个精力充沛、能力出众、一心一意扑在政务上的皇帝。

嘉靖皇帝聪明有能力，却是个甩手掌柜，整天躲在深宫修道，没心思去推动君主体制高效运转。

这些大家都知道，谁也不敢说。

好了，现在你说严世蕃把持朝政，就等于在说嘉靖皇帝不理朝政、荒废政务，等于在批评皇上没有能力、没有心思好好工作，等于是说明朝现在的政治体制失灵了。

你说，嘉靖皇帝愿意听到别人告诉他大权旁落吗？

第二条是大肆受贿。

严世蕃的钱是怎么来的？当然是贪污受贿来的，不要说官员们，连嘉靖皇帝的儿子都要向他行贿，可见他权力之大。

可严世蕃只是个工部侍郎，他哪来这么大权力呢？黄光升会回答，来自他老子严嵩。那么再推理下去，又是谁给严嵩的权力？

这就又牵涉嘉靖没有当好皇帝，导致大权旁落的问题了。

再说了，向严世蕃行贿的官员，没有上千也有好几百，遍及各个部门。严世蕃受贿要受到追究，行贿的人也要倒霉。万一严世蕃崩溃了，把行贿人都吐了出来，那还不把大明政府机构给一锅端了。

所以，说严世蕃巨额财产来源不明，不仅涉及嘉靖皇帝，还牵扯难以计数的现任官员。这第二条罪名也不适合。

第三条，最重要的一条——陷害忠良。

严世蕃陷害忠良，铁证如山。但是，严世蕃也好，严嵩也好，都没有杀人的权力，生杀予夺大权只掌握在皇帝手里。所有被杀害的忠臣，从被捕入狱到押赴刑场，走的都是合法程序。

沈炼不但当场受到嘉靖皇帝呵斥，还被打了廷杖。沈炼也好、杨继盛也好，都有皇上下令杀头的圣旨。真追究起来，嘉靖皇帝才是真凶，严世蕃只是帮凶。

说严世蕃陷害忠良，不就是说皇上瞎了眼，分不清是非曲直吗？那问题就大了。

这么一看，严世蕃这几条罪名竟然都暴露出嘉靖皇帝是个善恶不分、滥杀忠臣的昏君。三法司的定罪意见撞到了嘉靖皇帝枪口上，严世蕃还死得了吗，黄光升的官帽还戴得住吗？

听徐阶这么一分析，黄光升顿觉自己太愚钝：徐大人明见，那依阁老之见，这个案子该怎么判呢？

徐阶没说话，提笔给严世蕃写了一个新罪名：谋反。

嘉靖皇帝虽然又懒又迷信，但他权力欲很强。嘉靖皇帝不允许任何人威胁皇权，侵犯自己的权威。顺着谋反这个思路下去，不愁严世蕃人头不落地。

黄光升脑子还是转不过来：林润奏严世蕃谋反，只是风闻，没有证据，如何定罪？

徐阶有主意：黄大人，只要有心，证据不怕没有。

他拿出一份早已写好的奏章：诸位大人，你们只需誊写一份上交，世蕃必死。

徐阶这份奏章只有一条主要罪名，证据倒有三条：见南昌仓地有王气，乃大造府第；纠集亡命之徒；勾结倭寇，最后指向一个目的——严世蕃图谋不轨。

徐阶解释，严世蕃在江西老家挑了一块据说是有王气的土地，盖了一座"制拟王者"的府第，这是僭越礼制，有据可查，是过分高调的严世蕃主动送来的把柄。

纠集亡命之徒，指的是严世蕃曾经有个叫牛信的亲随，后来在山海关担任军官，最近弃职北逃了。亡命之徒就是牛信，徐阶指出，牛信逃跑不是孤立事件，是受到了严世蕃的授意，后面还有大动作。

什么大动作呢，那就是勾结倭寇。徐阶接着搬出了严世蕃亲信罗龙文，罗龙文与大海盗汪直有亲戚关系。牛信、罗龙文都是严世蕃里通外国的重要人物，他们一起组织了五百名死党，日夜与严世蕃密谋造反。

这些证据充分显示出徐阶办事细致，城府很深。他很留意搜集信息，同时把这些似是而非的信息与自己的目的联系起来，形成了一条证据链。

听他讲完，官员们在佩服的同时还有个疑惑，你说严世蕃私通倭寇可以，说他准备靠 500 人造反，是不是太看得起他了？

徐阶接着搬出了另一条重磅证据：严世蕃与宗室朱典楧私底下交往密切，且训练私人武装，密谋造反。

朱典楧，明代第七代伊王，朱元璋小儿子伊厉王朱彝一系，封地在洛阳，以当地的伊水得名。

朱彝是朱元璋最不成器的儿子，得了个恶谥“厉”，传到朱典楧这一代比他祖上还要变本加厉，仗着自己的身份，做了很多不法的事情，是个罪恶滔天、恶贯满盈的藩王。

嘉靖皇帝起初并不在意朱典楧的胡作非为，只要藩王不谋反，什么都好说。

但是朱典楧做得越来越过分。除了欺负官员，欺压百姓，他还僭越礼制，修建的新王府“崇台连城，拟帝阙”。

御史们纷纷告状，嘉靖皇帝也觉得朱典楧做得太过，多次发牒催促，责成他改正。朱典楧非但不改，还公然抗旨，口出狂言：“牒子是干什么用的？是用来补棺材的。”

此举可算是完美体现了什么叫作不作死就不会死，朱典楧被革除三分之二的俸禄，正等待朝廷的最后处理。

徐阶把严世蕃和朱典楧这么一个敏感人物联系到一起，嘉靖皇帝那脆弱的小心眼不得不怀疑两人不清不楚，有图谋不轨的可能。而且这两人都是落水狗，痛打他们不会牵涉其他官员，没人会为他们辩解。

这样一条证据链一摆，即使有人心存怀疑，也不敢为严世蕃辩解。这个办法叫：巧立名目，声东击西。

徐阶走的是帝王心理学的路子，严世蕃死不死，嘉靖皇帝都能接受，关键要有个合适的罪名，底线是不能牵扯他，也不宜打击面过大引来反弹。通倭谋逆这个莫须有的罪名，真假不重要，重要的是大家都能接受。

徐阶的特点就是在没有把握之前，一定不会动，静若处子，动如脱兔，一击必须致命。这个策略是抓大放小，大到足以置严世蕃于死地。

让皇上来当垫背的，这招实在是高，这也正是严世蕃考虑的点，可他碰到了对手徐阶。严世蕃开列天下人才的时候，没把徐阶算进去，实在是一大失策啊！

黄光升按照徐阶拟的草稿，报给了嘉靖皇帝。严世蕃在狱中听说后呆若木鸡，半晌说出句：这下死定了。

严世蕃准确预测了自己的结局，嘉靖皇帝很快批准了三法司的报告，大笔一挥，判决严世蕃等人斩首，严嵩没收家产，削官还乡。不可一世二十多年的严嵩父子就这样倒台，再也不可能翻身了。

徐阶智斗严嵩的故事是明代官场的一桩著名事件，徐阶凭此口碑逆转，许多原来骂他的人，转而称赞他忍辱负重，能为人所不能为，将他称为一代名相。

可是严嵩真的是被徐阶打败的吗？

夏言被杀后，严嵩大权独揽，这二十多年来政务混乱、贪污成风、国库空虚、边事废弛、倭寇作乱，这一切怪谁？

怪严嵩吗，可又是谁给严嵩的权力？

第十一章 嘉靖一朝的为官之道

戚继光的另一面

严嵩下台，徐阶上位，戚家军的问题也能得到解答了。

前文说了，戚家军之所以战斗力如此之强，除了“枪炮糊脸，阵法克敌”这八字真言之外，还有四个字：足粮足饷。

足粮足饷容易理解，当时却是件很难做到的事。大明的卫所兵一个月饷银不到 0.4 两，而且经常被欠薪，欠个两三年都算正常的。

戚家军的待遇是个什么标准呢？每个士兵被招募，首先发 3 两安家费，月薪 1.36 两白银——入伍第一个月，就能拿到别人将近一年的俸禄。

关键是，从不拖欠！光这一条就吊打卫所官兵。

这还不是全部，戚家军对作战胜利的赏格更为丰厚。例如，士兵砍了一个真倭脑袋，就赏 30 两银子！

重赏之下才有勇夫，不能做到足粮足饷，就不可能出现这支军队。

足粮足饷是戚家军战斗力爆棚的基本保证。

问题来了，待遇这么高，戚继光拿什么给部下开薪水？

戚将军家是祖传的穷，不会有家私去补贴部下；朝廷那点军饷拿来买枪炮都不够，别说开奖金，那戚继光的钱从哪来？

真相可能会颠覆一些人的三观，戚继光是个能打仗，打胜仗的好将军。他同时也是个能搞钱，会来事的圆滑官僚。

戚家军的粮饷支出，大部分来自戚继光的灰色收入。

这个收入大概有两部分，一部分是以打完倭寇后缴获的钱财来中饱私囊，另一部分来自官场上通用的潜规则。

戚继光年少之时，父亲戚景通时常谆谆教诲，儿子你要脱离低级趣味，为人清正不能搞歪门邪道。随着不断碰壁，戚继光开始思考，如果父亲的教诲是对的，为何我处处碰壁。好男儿不能建功立业，死抱着清廉忠孝又有何用？

山东三年，蓟镇三年，三年又三年，这个问题长久萦绕不散，戚继光还没有搞清楚，自己到底要走一条什么样的道路，直到他遇到了唐顺之。

蒙尘的遗珠

前文说过，唐顺之奉旨巡视东南军务传戚继光《武编》，从中诞生出究极鸳鸯阵法。但您要以为唐顺之只是个文弱书生，那就大错特错了。这个人物的强悍在大明史上可说独树一帜，要说能力，他绝不弱于同时代任何一个人，然而他的遭遇又是很值得戚继光深思的。

戚继光与唐顺之的交往，绝非仅一部《武编》。

嘉靖八年（1529 年），礼部尚书张璁担任会试主考官，一份卷子叫他眼前一亮。仔细审读，张璁越发觉得此人文字“冲雅典则，力追成弘风度”，欣然定为第一。

根据经验判断，张璁觉得能写出这样老成文章者，定是年龄偏大的饱学之士。孰料开卷以后，才发现这是个来自常州府武进县的 23 岁举人唐顺之。

唐顺之一举成名，内阁大学士杨一清非常赏识他，殿试一结束，就派人去向他要试题答案，打算录取他为第一。

唐顺之竟然拒绝了。

杨一清派人来回跑了五次，唐顺之还是不干。他说："宁在直中取，不向曲中求。"气得杨一清吹胡子瞪眼地说："我是出于私心吗？我是为国家求人才而已（我何为私？为国求才耳）。"

可是说归这么说，这事恐怕未必像杨一清自己说得那么简单。殿试试卷只糊名字不誊卷子，杨一清真的有心，看过唐顺之会试考卷，凭笔迹就能辨认出他的原始答卷。

那为啥还要问唐顺之要答卷呢，真正的原因还是可以卖个人情，笼络这个才子。

为什么要跑五次呢？说明求才若渴啊，不管你信不信，反正上司就是这么说的。杨一清一边说着"我一点都没有私心，只是为国求才"，一边将唐顺之放在了二甲第一（第四名）。

内阁做出的排名，除非碰到特殊情况，皇帝一般不会有异议。但唐顺之的试题确实做得不错，嘉靖皇帝忍不住在他的试卷上写下"条论精详殆尽"的批语，开了明朝皇帝在二甲试卷上写批语的先河。

旁人梦寐以求的机遇摆在唐顺之面前，他放弃了，服从分配从一名兵部主事干起。这个职务明显太低，全国第四的成绩，没有猫腻的话，授庶吉士板上钉钉，好在还有机会，张璁托人带话，说你只要跟我，我提拔你去翰林院，有我罩着，还怕六部九卿没你的位子吗？

唐顺之只是笑笑，状元我都放弃了，就是不想蹚这个浑水，您就让我安安静静在兵部当个美男子，行不行？

但是就嘉靖朝那个政局，朝堂没有一天不在斗，唐顺之要想置身事外，踏踏实实干事，那是没有安生日子的。

所谓"一入仕途深似海"，唐顺之正直不阿，廉洁自持，不同于流俗，与同僚们格格不入，相处困难，多遭排斥。在此期间，他最好的朋友是一帮文士，他结识王慎中、王畿、罗洪先等人，与之诗酬唱和，文学造诣倒是越发精进。

然而不愿攀附权势，他的仕途终究还是原地踏步，到嘉靖十二年（1533年），干脆被一脚踢回农村。唐顺之初识官场之艰辛，只有挥一挥衣袖，带走了“嘉靖八才子”的美名。

这一年唐顺之不过26岁，学问已博大精深，在京城他多有接触“阳明心学”，思想已发生巨大变化。

通往圣贤的道路并非只有修齐治平，既然官场不好混，那我就学着当个圣人。

回到老家，他隐居山中闭门谢客，把时间和精力都用于钻研儒家经典，废寝忘食。他还学射学、算学、天文律例、山川地志、兵法战阵以及兵家小技、射箭、剑法、拳术等，所学之庞杂，无所不包。

其间，他也曾被起复担任翰林编修兼右春坊右司谏，很快又因看不惯嘉靖皇帝长期怠政，直言上疏而被罢免，这次直接被削籍，约等于永不叙用的意思。

“龙不吟虎不啸，小小翰林可笑可笑”，讲政治的官员们如是说。

不过因不阿附权贵，江南士林已有了他的传说，他与一帮学者交往密切，“谈笑有鸿儒，往来无白丁”，可谓“为士不识唐荆川，便称大儒也枉然！”

为士不识唐荆川，便称大儒也枉然

唐顺之科举会试第一，殿试第四，位列“嘉靖八才子”，是个典型的文人。可是这个文人的另一面，却叫人大吃一惊。

戚继光镇守浙江时，一次在钱塘江边西兴江楼，他见到一个文官正在舞枪。这文官五十岁左右，病恹恹的，看上去身体不怎么好。可他使出的枪法却叫戚继光也不禁侧目，只见他一把大枪舞得密不透风，关键是枪圈竟只有一尺。

身为“俞龙戚虎”，戚继光对自己的枪法也是相当自信的，但当他看到这文官的枪法，明白自己还差得远。

这文官便是重新出山任兵部职方司郎中，前往江南、浙江视察军情的唐顺之。

戚继光虚心请教：您这枪圈控制得这么好，花了多少工夫？

唐顺之答：工夫十年矣。

戚继光面有难色，唐顺之看出他心思：你若想学，无须十年，我当倾力传授。

唐顺之舞的是杨氏梨花枪，号称“二十年梨花枪，天下无敌手”，这是他潜心归隐二十年的收获之一。

唐顺之自述在练习枪法有成后，“殊有跃马据鞍之气，每以未能尽其技为恨”。也就是恨不得自己能持枪上阵，跃马杀敌。

可惜没有给他这个机会施展武技，令他颇为怅恨。唐顺之将枪法和自己总结的经验全盘传授给戚继光，后来的戚家军皆擅大枪，其实还是得自唐顺之。

戚继光在他的《纪效新书》里记载下了这件事，感叹道“一时有龙溪王公、龙川徐公，皆叹服。一艺之精，其难如此！”

事实上，唐顺之不止教过戚继光枪法、阵法，还教过他拳法，唐顺之《武编》中的拳术部分在中国拳术史上具有重要地位，后来戚继光所著的拳经，亦受其重要影响。

一个文官在武艺和阵法上都能够做顶级武将的老师，让其在著作里大表叹服，这令人目瞪口呆，但确是事实。

这还远远不是全部。

唐顺之还是个数学家，通晓元代所传数学上的“回回术法”，精通于弧矢割圆术，著有《勾股弧矢论略》《勾股六论》等。在李约瑟的巨著《中国科学技术史》第三卷，数学卷中就可以找到唐顺之的名字。

文学方面，唐顺之作为明代唐宋派的主要代表，既是“嘉靖八才子”之一，又和王慎中、归有光并列为“嘉靖三大家”。他不仅以古文创作享誉文坛，同时也是明代历史上最有名的时文大家之一。

所谓文武双全，没人比得了唐顺之，他已修炼到“上马能砍人，下马能作文”，“文章可以窥班马，诗可以追李杜”的程度，学问之博之精，可说是王守仁之后又一个全才。

可惜这样的全才仕途却始终不顺，一度蛰居在家20年，生生从年富力强的中年人熬成了退休官员。

大家都知道老唐是个全能强人，也不是没人推荐他。兵部尚书聂豹把他比作卧龙，来信说“欲问荆川兄隆中之术”，许多人公推“南倭北虏非公不可”。

聂豹、徐阶等一帮“心学”大佬纷纷推荐，推荐奏章前后有五十余份，嘉靖皇帝就是不肯用他，奈何？

关键在于，这些人的分量还不够！

嘉靖三十五年（1556年），唐顺之第三次出山。这次他与胡宗宪一样，通过赵文华的关系得到严嵩的推荐。有了这个背景，嘉靖皇帝才下诏复用他为兵部主事。

赵文华提督江浙军务，他与唐顺之都是嘉靖八年（1529年）进士，深知这位同学有经世济时之才，且熟悉江南海防情况。一到江南，赵文华便屈尊前去拜访，向唐顺之讨教御倭之策。

唐顺之对海防形势了如指掌，一番议论让赵文华五体投地。接下来他提出，唐兄有如此经天纬地之才，实在不该长期隐居。就由我在皇上面前为你美言几句，保你重新出山御倭如何？

对赵文华抛来的橄榄枝，唐顺之压根就不想接，他推辞道：“可人相识，贵在知心。”

唐顺之知道赵文华是严嵩心腹爪牙，久为士流所唾弃，若在赵文华的推荐下复出，自己就会被认为是严嵩同党，必然会招致非议。

赵文华碰了钉子仍不死心，唐顺之索性避而不见。

事儿被严嵩知道了，便派人带话：闻唐荆川欲学吴康斋，视吾辈荐用者为石武清。

吴康斋指明代中期著名文士吴与弼，明英宗复辟后，武清侯石亨势焰熏天，想要征召吴与弼进京为官。吴与弼料知石亨必败，固辞还乡。

严嵩的意思，你唐顺之是不是把我当作石亨那样的人物，才不肯合作?

话说到这里已经是恐吓了，唐顺之在个人声誉和为国为民之间犹豫不决。他找好友罗洪先商量。罗洪先说："你已隶属官籍，你的身子并非你自己所有，怎么能和一般隐士相比？"

一语惊醒梦中人。

仕途遭逢两次打击的唐顺之，为了寻解人生的困惑，转向研学王阳明的致良知之学。

当时"心学"已发展出数个派别，唐顺之整合了王学左右两派的思想，主张去除"闭门厌事""闭关独卧"等修行方式，转向"应接纷纭""观书学技"等外在的"事上磨炼"上。

由此，他完成了对"心学"思想理论困境的突围，使之重返经世之学。"阳明心学"也因唐顺之的理论发展，完成了向实学的丕变。这在实学思想发展史上，有着深刻的理论意义。

唐顺之的"心学"被称为"天机说"，"天机说"一出，唐顺之成为一个正式的"心学"传人，奠定了他在王学七派之一的南中王门学派中的重要地位。

王阳明"心学"的一个重要观点就是事功，也就是治国平天下。唐顺之也说要"事上磨炼"，他在家中墙壁上写下"志士不忘在沟壑"。怎么事到临头，自己反而执迷不悟了?

嘉靖三十七年（1558 年），唐顺之再度出山赴京述职，被任命为兵部郎中，派往江南、浙江视察军情。

三十年前是兵部主事，三十年后还是兵部主事，梦又回到了开始的地方。不同的是，这次唐顺之终于可以大展拳脚，施展平生所学。

从嘉靖三十七年（1558 年）到嘉靖三十九年（1560 年），唐顺之抖擞精神，跃马布阵，亲力亲为，颇为取得一番功绩。嘉靖三十八年（1559 年）的崇明大捷，就是他亲自统率舟师在海上发动进攻的一场大胜。因此功劳，唐顺之擢升为右佥都御史、凤阳巡抚，兼提督军务。

可惜来得太晚了，他已经老了。

嘉靖三十九年（1560年），唐顺之因长期在海船上奔波抗倭，不幸染病，但他仍然支撑着病体泛海。

这年三月，唐顺之再次泛海巡历，没过一会儿突然病发，唐顺之下令让船快行。他对诸将说："我本来想要与大家通力合作，守护社稷苍生，但现在恐怕不行了。希望大家共同勉励。"

四月初一，巡至通州，唐顺之知道自己病危，他把麾下诸将召到帐中，说："我生平只希望有这三种死法，要么死在战场上，要么被敌人俘获，为朝廷尽忠而死，要么病死在海上。没想到今时今日能够保存全身死在这里，我已经死而无憾了。"

下午快三点的时候，他命令军士取好座席，在上面躺了一会儿，便整理好衣服，端坐而逝，终年54岁。

他的遗言是："平生志向即为国而死，今无憾，唯憾学问尚无成就，犹缺少山中十年工夫。"

竟无一语家事交代。

不禁令人想起王阳明临终前的那句遗言："此心光明，亦复何言！"

由于唐顺之是赵文华推荐起用的，赵文华又是严嵩爪牙，所以世人都认为唐顺之为严党一派，于自己德行节操有亏。然而这些空谈节操的清流却忘了，真正为天下，为苍生的，是死在海上的唐顺之，而不是整日里坐在高门大院里玄谈的他们。

唐顺之一生三次进入仕途，前后不过仅仅六年。

未有机会为华夏立下不世之功业，没能闪耀历史的天空。唐顺之40岁时，无论"心学"还是经世致用之学，皆已大成，然而造化弄人，空有济世之才，却无用武之地，等到再度复出，已是重病之躯风烛残年。

壮志未酬身先死，长使英雄泪满襟。

后世又有几人能知唐荆川大名呢，这是蒙尘的遗珠啊！

其实不止唐顺之，嘉靖八年（1529年）那科会试可说是人才荟萃，那一届的状元是罗洪先，进士名单中，除了唐顺之，李开先、杨爵、杨博、曾铣都是很有才华和能力的人物。

除了杨博干出了一些业绩，其他人都被埋没了，最可惜的就是唐顺之。

正所谓“水浅者大鱼不游；树秃者大禽不栖”，前有王守仁，后有唐顺之，这两个超级全能人才，都埋没在嘉靖皇帝手里。戚继光看在眼里，记在心里，唐顺之的遭遇让他认清了现实。

现实比自己想象的还要残酷，要想保住自己，他得先在这个肮脏的世界里生存下来。要想战胜敌人，他得接受命运。

命运让戚继光出生在这个混浊的嘉靖年间，命运安排他要成就一番大事，却给他一个极其苛刻的条件——在此之前，你要忘记自己的初心，愉快投身混浊的官场，与被父亲鄙视的那些人同流合污，你先得让自己成为一个官僚。

否则，本事再强又如何？唐顺之如何，俞大猷又怎么样？

污泥里是不可能长出白莲花的，父亲那条路已被证明行不通，不妨换条路试试。

戚将军带兵以严厉著称，为官从不以清廉出名。每到一处，他第一件事就是去拜山头，拉关系，自然少不了请客送礼，胡吃海喝绝不含糊。吃完把嘴一抹，恭维巴结张口就来。两顿饭下来，大家就以兄弟相称，以后官场的血雨腥风，江湖的风吹草动，兄弟要互通有无，互相关照。

对上级，他更是倾力结交。岑港之战后受到处理的是俞大猷，戚继光却安然无恙，不能不说是胡总督对这位部下的保护。毕竟戚继光更会来事更好相处，那就只好把愣愣的俞大猷推到前台了。

当年戚继光也是热血青年，连遭社会毒打后，他就变得既会做人又会做官了，他跟胡宗宪、谭纶、张居正等上司处得都特别好。因此，戚家军从来没缺过钱，能做到足粮足饷。

胡宗宪之死

依附严嵩这条路能取得成绩，也同样伴随着巨大风险，嘉靖四十一年（1562年）十一月，戚继光的顶头上司胡宗宪被一纸诏书削去官职，逮捕入京。

一直以来，权倾东南的六省总督胡宗宪，因生活作风问题和官场潜规则问题被弹劾过不知多少次，他都能稳若泰山安然不动。

这次却不一样，所有人都认定，这次胡总督是凶多吉少。

嘉靖四十一年（1562年），严嵩刚被罢官，严世蕃还在狱中。严嵩开了清算前任的恶劣先例，嘉靖皇帝不同意杀严嵩，徐阶也没辙，不过这不妨碍他对严党的清算。

徐阶不会给严嵩一丝一毫翻盘的机会，胡宗宪作为严党大员，自然遭到功绩清零，反攻倒算的命运。

在徐阶授意下，南京给事中陆凤仪以贪污军饷、滥征赋税、党庇严嵩等十大罪名上疏弹劾胡宗宪。这些罪名条条都够得上判个死罪，倒是嘉靖皇帝想起了他抗倭的功劳，降旨说："宗宪不是严嵩一党，自任职御史后都是朕升用他，已经八九年了。而且当初因捕获汪直而封赏他，现在如果加罪，今后谁为我做事呢？让他回籍闲住就好了。"

胡宗宪的仕途到此为止，嘉靖四十二年（1563年）春，他带着不甘回到了绩溪县的龙川故里。

"树欲静而风不止"，徐阶不想就此罢手。嘉靖四十四年（1565年）三月，胡宗宪回乡已快两年，灭顶之灾从天而降。

事情起因还是离不开严氏父子，在对罗龙文抄家时，意外发现了胡宗宪被弹劾时写给罗龙文贿求严世蕃作为内援的信件，信中附有自拟圣旨一道。

此事落到徐阶手里，就成了压死胡宗宪的最后一根稻草。假拟圣旨的重罪正中嘉靖皇帝的敏感部位，这次就是老天爷也救不了胡宗宪了。

这年十月，胡宗宪再次被押赴京城。在狱中他递上万言书《辩诬疏》，结果石沉大海，没有回响。他自知这次难免一死，写下两句绝命诗“宝剑埋冤狱，忠魂绕白云”后自杀身亡，时年54岁。

胡宗宪巴结赵文华，结好严嵩，“岁遗金帛子女珍奇淫巧无数”，这都是不争的事实。

但是身处政不清君不明的嘉靖年间，臣子想建功立业很难做到一身干净。胡宗宪想得到朝廷的支持，这些就必须要做，这是嘉靖年间的政治大环境，胡宗宪要不做，他的结局也和前任们差不多。

胡宗宪对严嵩不是没有看法，也知道其为人，他曾说过“谁都可以告发严嵩，唯独我不可以”。

在儒家思想道德体系中，非常讲究“礼”字，有句话叫“父为子隐，子为父隐，直在其中矣”——叶公告诉孔子说：“我的家乡有个正直的人，他的父亲偷了人家的羊，他告发了父亲。”孔子说：“我家乡的正直的人和你讲的正直人不一样：父亲为儿子隐瞒，儿子为父亲隐瞒。正直就在其中了。

胡宗宪是严嵩一手提拔上来的，如果他来反对严嵩，不但要背灭师之罪，更会被认定为小人之为。

对于胡宗宪来说更是如此，他有兼济天下，救济苍生的志向，同时他也非常世故，深谙官场之道。胡宗宪达到自己目标的途径是融入官场，有了基础再实现自己的抱负。

是谁错了呢？

为了抗倭大局，胡宗宪压上了生前身后名，这般历史担当古今有几人？

尘归尘，土归土，回过头来复盘胡宗宪一生，除了依附严嵩的污点，也有荫庇良士的伯乐胸襟、诛尽倭寇的铁肩担当、悬梁诏狱的大道尊严。

戚继光当然知道胡宗宪的委屈，但他保持了沉默。他不能说话，更不能为上级抗辩，因为非但无用，还可能引火烧身。

戚继光和胡宗宪关系密切，严嵩、赵文华帮他说过话，基于这些原因，戚继光很快受到攻击，有人指称他也是严党。接替胡宗宪的赵炳然看戚继光很不顺眼，便将戚家军拆开分散驻防，戚继光再次被高高晾了起来，等待他的是未知而凶险的命运。

戚继光郁闷到了极点，为免祸端，他选择乞病东还，想以主动隐退换来宽大处理。

没过几天批复来了，戚继光安然无恙，继续担任福建总兵，戚家军仍旧归他调遣。

倒不是徐阶原谅了他，而是另一个人帮了他。

嘉靖三十六年（1557 年），张居正休养三年后，怀着匡时济世之志回到了帝国的中心，再次投身政治风云之中去寻觅机会。

三年的苦闷思索，他渐已成熟，在政治的风浪中，他模仿老师徐阶内抱不群，外欲浑迹，相机而动。徐阶深感欣慰，引以为志同道合者，为嘉靖皇帝修《承天大志》（反映嘉靖皇帝老家钟祥的一部作品）时，徐阶担任总裁，举荐张居正为副总裁。嘉靖四十三年（1564 年），《承天大志》完成，张居正攒下一桩重要的政治资历，进右春坊右谕德、裕王府侍读学士。

这也是徐阶送给他的未来，安排他当裕王朱载坖的讲官出于深远之虑，嘉靖皇帝百年之后，裕王继承大统，老师自然就进官大学士，预定内阁一个位置。

虽然仅是个翰林官员兼裕王府侍读官，张居正已开始经常与徐阶参议机要国政，深受朱载坖与徐阶器重，说话分量足够。

张居正可称是戚继光生命中真正的贵人，没有他，戚继光不被免官怕也会被风干，后来的功绩就无从谈起。

第十二章 清官海瑞

天下第一疏

在嘉靖年间，任何一个希望有作为的官员都需要面对戚继光、唐顺之这样的两难处境：是像张经、杨继盛一样，不惜以生命献祭，对抗权臣；还是像胡宗宪、戚继光一样，蹚入浑水，委曲求全，赢得做事的空间？

有没有第三种官员，敢于绕开所有人，直接找皇上算账呢？

几十年来没有人敢，大家都知道说嘉靖皇帝不对就是找死，而且不会起半点作用。但是凡事总有例外，官员千千万，还真出了这么一个头铁的人物。

此人不但敢骂嘉靖皇帝，还骂得惊天动地，更神奇的是嘉靖皇帝居然没杀掉他。

这个人就是海瑞。

海瑞，字汝贤，号刚峰，海南琼山（今海口市）人。成绩一般（举人），官职很小（基层京官），名气很大，初入官场就为世人侧目。

嘉靖三十七年（1558 年），淳安县驿站来了个气派不凡的大人物，此人一进县城就颐指气使，向接待官员大发雷霆。原因是接待的等级不够，粗茶淡饭根本无法入他法眼。大人物越骂越激动，下令手下将驿吏捆绑起来吊打。

驿吏虽小也是朝廷官员，有人将此情况上报给淳安知县海瑞。海大人一拍桌子，二话不说就带人直奔驿站，把这个大人物也吊了起来，吩咐手下一样把他打一顿。

衙役愣住了："海大人，这可是胡总督的公子啊！"

海瑞一瞪眼："胡说！胡总督为官清廉，他一再重申，不管是他本人还是属下，考察巡视各个部门，路过的地方供应不能太铺张。若真是胡总督之子，会不清楚他爹的命令？"

"这个人一定是假的，给我打！"

衙役一听有海大人背黑锅，不打白不打，打完还不够，海瑞又下令将这位假胡公子随身携带的几千两银子充公。

打也打了，抢也抢了，怎么收场呢？海瑞下令："来人哪，拿上我这份书信，给我把这个假冒的胡公子送到总督大人那去！"

信中大意是这个人冒充胡大人公子招摇撞骗，败坏您的名声。我把他交给您，请您老处理。

胡宗宪接到汇报哭笑不得，不准铺张浪费这种场面话他当然说过，儿子也确实是亲生的，海瑞这是得了便宜还卖乖。谁让儿子不长眼睛，撞到这个海瑞手里呢，此事就此不了了之，倒是胡公子又受了一顿教育，从此收敛不少。

嘉靖三十九年（1560 年），严嵩党羽，都御史鄢懋卿出巡两浙、两淮盐政，计划从淳安经过。海瑞久闻鄢懋卿是个大贪官，压根就不想接待他。可是于理于法，不接待又不行，于是海大人开动脑筋，给鄢懋卿写了一封信。

信里说：鄢大人您提倡节俭、廉洁奉公，这些我都知道。可是我又听说，您出巡的接待标准非常奢靡。这就让我非常困惑，难道鄢大人是个心口不一的人？这实在让我无所适从啊。

鄢懋卿看了这信很恼火，一个九品知县竟如此大胆，莫不是背后有人？他派人去摸了摸海瑞的底，这才了解海知县无门无派，却是个连胡宗宪公子都敢吊打的狠角色。为了避免自找不痛快，鄢懋卿干脆不再过境淳安县，甚至连严州府的其他地方都一并绕开。

除了刚直不阿、工作认真以外，海瑞另一个著名的特点是生活简朴。

简朴到什么地步呢？有这样一个故事，据说东南总督胡宗宪一天召集幕僚开会，分析完抗倭形势后，胡总督放下文件，换上一副神秘兮兮的表情，向大家通报了一个八卦消息：听说，淳安县令海瑞昨天为母亲做寿，到市场上割了两斤肉！

会场顿时沸腾，所有人都被惊到了——海瑞竟然买肉了！

要知道海县令生活简朴的形象早已深入人心，就连他吃的菜，都是自己种的。人家想赚他两个菜钱都很不容易，从没听说过海瑞还买过肉。

买两斤肉都能成新闻，可想而知这位知县大人生活有多简朴。

官员生活简朴当然不是坏事，不过海瑞并不是吃素的人，他也不是立志要当苦行僧，实在是只因一个字：穷。

海瑞大小也是个拿国家俸禄的官员，至于为什么穷，稍后再说。

海瑞能成为嘉靖年间名震一时的人物，原因并不是他的工作能力与生活清苦，真正的原因在于一道奏疏。

名震一时的海瑞

嘉靖四十五年（1566 年）十月的一天，一大早，已升任户部云南司主事的海瑞便来到京师一家棺材铺，要求老板为自己准备一副棺材。

开始，老板以为他是为母亲选购寿材，但海瑞明确说明，这副棺材将由他本人使用，不日就要派上用场。

老板错愕，海瑞时年 54 岁，怎么看也不像重病缠身的样子，海大人这是要闹哪出？

海瑞也不解释，你只管准备便是。

选完棺材，海瑞回家与妻子诀别，拔腿就去通政司（专门负责传送奏折的机构）交上了早已准备好的奏本。这份奏本被按流程送到宫内，由司礼监太监摆到了嘉靖皇帝的案头。

它就是海瑞名扬天下的《治安疏》。

嘉靖登基四十五年，已经有二十六年没有大臣对他指手画脚了。最后一个敢于直言犯谏的是太仆寺卿杨最。嘉靖十九年（1540 年），杨最揭露嘉靖皇帝受了方士所骗，被下诏狱直接打死。

二十六年弹指即过，再也没人敢揭嘉靖皇帝的老底。没承想，跳出个正六品主事海瑞。

这份《治安疏》长达三千余字，倒也不全是意见。在文章开头，海瑞反而是大夸了嘉靖皇帝一顿，说他很英明，很睿智，是个难得聪明的君主，比汉文帝（以藩王入继大统）还要强得多。

这倒不是海瑞拍马屁，在嘉靖皇帝执政前十几年，确实有表现可圈可点的地方。任用的杨廷和、杨一清、张璁、夏言这些首辅，不管他们再怎么斗，内政方面做得还是不错的。

但是我们了解了海大人对付胡宗宪和鄢懋卿的故事就能知道，这种格式一般意味着海大人藏着后手。

真诚赞美不过是为更猛烈地开火做好铺垫，接下去海瑞便笔锋一转，火力全开地揭露了嘉靖皇帝的几大过错。

其一，君道不正。

海瑞说，陛下您英明神武，那是以前。自从您一心修道不上朝以来，情况就变了。您不见太子，大家都觉得这是父子情薄啊；您一直在西苑不返回后宫，大家都以为你们这是夫妻生活不和谐；您大兴土木，滥用民力，搞得民间对您怨声载道。

这二十多年来，您把父子、君臣、夫妇，方方面面的关系都搞得很糟糕。国家不治理，天下民不聊生，几乎是一无是处，这都是君道不正的结果啊。

海瑞还来了个分段总结：天下百姓看您不爽很久了！

其二，臣职不明。

君道不正，所有官员都知道这个现实，但没有人告诉陛下。可是规劝行差有偏的君主，不正是臣子的义务吗，为什么没人对您说呢？

两个原因，一是这些人怕死，怕丢前程，所以只能忍着。二是说了也没用，您任用严嵩这种人，让阿谀奉承、党派斗争成了朝堂的风气，这个风气就是您亲手塑造出来的。

所以，这还是嘉靖皇帝的责任。

讲完问题，海瑞还分析了原因，陛下您这么一个英明的君主，本来不该搞成这样的，但就是因为您搞什么玄修，把事情都搞坏了。

嘉靖皇帝修道是为了长生，海瑞说生死有命，你再怎么修也没用；

嘉靖皇帝喜欢服用各种灵丹、仙药，海瑞说这些玩意儿是怪力乱神，服之无益；

嘉靖皇帝前后宠信过不少道人，请他们指点自己修道炼丹。海瑞说皇上曾经信任的那些个道人都是骗子，没看他们病的病死，老的老死，有哪个羽化成仙了？

最后海瑞又给了嘉靖皇帝重重一击：陛下玄修多年矣，一无所得。天下人早就看您不爽了！

百姓们都说：嘉靖者，家净也。家家一穷二白干干净净。

海瑞并不是只指出问题，他还给出了解决问题的方法。只要陛下能停止玄修，勤于朝政，节省开支，广开言路，君臣共治，以民为本。只要您能重新振作起来——一振作而百废俱举百弊铲绝，唐虞三代之治，粲然复兴矣。而陛下何不行之？

从内容本身来说，海瑞的《治安疏》言辞恳切，情真意切，既摆事实又讲道理，不光是揭露问题，还给出了解决方法，确实是一篇非常优秀的政论文章。其中流露出的浩然正气，绝对担得起后人给的评价：千古之大业，不朽之盛事。

但是批龙鳞这种事，历来风险极大，何况摊上嘉靖皇帝这么个小心眼的皇帝，还触及了他不可触碰的底线。

这封奏疏，跟指着嘉靖皇帝鼻子骂他昏君也差不了太多，别说嘉靖是皇帝，就算是一介平民，听了这些估计都要给海瑞一顿胖揍。

嘉靖皇帝览罢暴怒，把《治安疏》狠狠扔到地上，对左右侍从咆哮着说："快把他逮起来，不要让他跑掉。"

海瑞根本就没有打算跑，棺材都备好了，他当然明白，奏疏一上会有什么后果。

海瑞马上就被下狱论罪，有人主张对海瑞处以绞刑，但是首辅徐阶和刑部尚书黄光升不想让海瑞死，他们压下了许多声称要处死海瑞的奏疏，耐心劝说皇上要冷静。

按照嘉靖皇帝的性子，肯定是不会放过海瑞的。可是在狱中关了两个多月，海瑞到底也没死成。

嘉靖皇帝没杀海瑞，不是不敢杀，只是不想杀。嘉靖皇帝不要太精明，他明白直接杀了海瑞，反倒成全了海瑞的好名声，他要想的是一个既能杀人，又不能给海瑞留美名的办法。

真要杀人，夏言杀得，杨继盛杀得，沈炼杀得，还在乎区区一个海瑞。

可惜的是，自己到时候了，该上路了，一切都没来得及。

嘉靖四十五年（1566 年）十二月十四日，病情加重的嘉靖皇帝离开了居住 24 年的西苑，回到大内乾清宫。当日午时，这个皇帝告别了寒风凛冽的冬天，割舍了世间一切恩怨，寿终正寝。

他追求生命的永恒，并把它视为至高无上的目标。他尝试过很多方法，采阴补阳，炼丹服药，穿道家衣物，拒绝朝见大臣，还不肯见儿子。

但他还是死了，享年 60 岁。

根据后人研究，嘉靖皇帝服用的丹药里重金属严重超标，长期服用这样的丹药，其中铅和汞的毒性就会发作，从而导致慢性中毒影响寿命。

从这个角度看，嘉靖皇帝服用丹药改变寿命的目标，倒还是达到了。

重金属中毒的反应还会影响性格，比如喜怒无常，性格暴躁，无缘无故发怒等，这些都与记录中嘉靖皇帝的晚年性格对得上。

因此，说朱厚熜死于重金属慢性中毒是说得通的，否则他应该还能多活几年。

嘉靖皇帝驾崩，裕王朱载垕开始忙活，他要主理丧事，还要准备即位事宜。我们先让他忙一阵，海瑞的故事还没说完。

海瑞为什么得不到重用

其实海瑞的故事，核心还不在于那份千古闻名的《治安疏》，而是海瑞这样的人物，为什么没有进入权力核心，或者说他为什么不被重用。

海瑞当过教谕、知县、主事，最高职位是右佥都御史（正四品）。

这个职位还是在嘉靖皇帝驾崩以后得到的，当时是隆庆皇帝即位初期，正是帝王励精图治大展身手的时间段。就在这样几十年难得的机遇下，海瑞依然没得到重用，反而很快就被外放当个应天巡抚，远远离开权力中枢。

此后海瑞的仕途更难称得意，从隆庆朝到万历朝，不管是高拱当政，还是张居正当国，谁都不肯重用他。海瑞一直也没能回到北京，他最后的职务是南京右都御史。万历十五年（1587 年），海瑞病故于南京任上。

海瑞不是没有能力，他勤于政事，执行力强。在淳安丈量土地，平均徭役，在应天巡抚任上解决水患，改黄浦江河道，清退田地，百姓悦服。

他是个办实事的人才，个人操行品德也出色。但是当地方官是一回事，当京官是另一回事。

地方官，你只要治理好当地就可以了；京官，尤其是进入权力中枢的高级官员，需要有通盘考虑的意识。

海瑞本不是依附于任何党派的，他一生的奋斗只是为了解决老百姓实事问题，并坚守他所奉行的原则。

海瑞的原则是什么呢？就是他自己，他以自身为标准，要求大家都能做到跟他一样的标准。

即使以今天的眼光来看，要做到海瑞这样的官员，也是难以想象的事情。海瑞眼里揉不得沙子，皇上他都敢顶，别说那些同事、下级们，谁要是有把柄被海大人瞧见，不死也得脱层皮。

长此以往，搞得大家都不喜欢海瑞。用今天的话说，海瑞和上下级的关系都非常差。

差到什么地步？海瑞每次调任，原来岗位上的同僚弹冠相庆；新单位的官员，有关系的赶紧找关系改调其他位置。没有关系的人，有的甚至自动离职，也不愿意碰到这尊大神。

海瑞这一套在地方勉强可以推行，到中央是行不通的。

他不像胡宗宪一样以国家大局为重，也不像唐顺之一样甘愿舍弃自己的名节，他更看重的只是眼前，但凡是伤害百姓，违背做官原则的问题，哪怕此事牵扯使整个政局天翻地覆，他也不会罢手。

从心理学上解释，海瑞的性格很极端，是个标准的程朱理学，正统儒家卫道者。

海瑞是个严于律己，同时也严于律人的道德模范，他是儒家士大夫官僚的道德楷模。但是，像这样一个充满着理想化色彩的人物，注定无法处理实际行政上错综复杂的利益关系。

很不幸，封建社会就是如此，那不是一个适合海瑞发挥的时代。

以至于后来，海瑞的官越升越高，但这些官职都有一个特点——高官闲职，没有什么发挥余地。海瑞这样的人，已经被朝廷高高挂起了。他就像一块匾额，只能让人抬头仰视，却无法接地气。

有人说，海瑞去世时，南京的百姓因此罢市。海瑞的灵柩用船运回家乡时，穿着白衣戴着白帽的人站满了两岸，祭奠哭拜的人百里不绝。

老百姓的悲伤显而易见，他们的情感固然是真切的，但他们自己也未必清楚，他们对于海瑞的情感，可能是出于一种迷信——清官迷信。

第十三章 朱载垕：低调的贤君

灰色的徐阶

嘉靖皇帝驾崩，最忙的人除了太子朱载垕，还有一个徐阶。

嘉靖四十一年（1562 年），跨越了无数人的尸体，徐阶终于站到了那个一人之下，万人之上的位置。

徐阶打倒了严嵩，用的是不怎么光明正大的手段。要除掉一个奸臣，你有时候要比奸臣更奸，但一旦你用奸臣的方式打倒了奸臣，那只是打倒了人，而不是打倒了奸。

在目睹了诸多前任的结局之后，徐阶很清楚自己是怎么当上内阁首辅的，更清楚他接下来该怎么做。

在嘉靖朝担任首辅的四年多时间里，徐阶的许多做法与严嵩并无二致。严嵩整死夏言，徐阶搞死严世蕃、胡宗宪；张璁、夏言勇于任事，敢于抗旨不遵，徐阶不敢；嘉靖皇帝喜好服用丹药，徐阶就炼药以进；嘉靖皇帝对

"青词"的需求日益见长，徐阶就推荐"青词"好手户部尚书严讷、礼部尚书李春芳入阁。

严嵩之后，徐阶能久居要职，根本原因与严嵩一模一样，就是对嘉靖皇帝的绝对服从。

两人在其他方面也有很多相似之处。比如在对财富的追求上，徐阶要比严嵩有过之无不及。严嵩贪的以金银珠宝、古玩字画等浮财居多，徐阶就很有投资意识，他最喜欢贪的是土地。到最后，徐家在松江占有土地数量达到二十四万亩（一说四十万亩），这里是大明王朝最富庶，人口最密集的地方，这份家业十个严嵩也抵不上。

有很多例子说明，徐阶对财富有着疯狂的追逐行为，真要追究起来，贪污这个罪名就足以让徐阁老粉身碎骨。

在朝局方面，整个形势也没什么太大好转。徐阶这个首辅当得碌碌无为，大臣们对他很失望，批评他"玄文入直，伛偻献谀"。大刺头海瑞更讽刺他是"容悦顺从"，只能算作一位"甘草阁老"。意思是说徐阶为人处世非常圆滑，不办难办的事，谁也不得罪。

他们说得都没错，只要嘉靖皇帝能多活个十年，徐阶这个首辅一直当下去，怎么看，怎么像另一个版本的严嵩。

可嘉靖皇帝毕竟还是死了，没来得及多消费徐阶。

嘉靖皇帝一死，徐阶第一件事便是召来门生张居正一起写遗诏和登极诏。

遗诏名为遗诏，实际和皇帝关系不大，基本由内阁主笔。等草稿打完，皇帝差不多也挂了，所以皇帝是没什么机会看到自己的遗诏的。

如果一位内阁首辅的任期恰好在两位皇帝之间，那么拟写遗诏绝对是他政治生涯中最重大的使命，这份诏书是对前任皇帝一生的总结，和新任皇帝的施政纲领。

比如杨廷和代写的正德遗诏，长达一万数千字，对朱厚照一生进行了彻底的批判，在历史上相当著名。

徐阶代写的遗诏怎么样呢？

字数很少，还不到500字。

内涵相当丰富，让大家怀疑是不是出自徐阶手笔。

这份短小精悍的诏书，以朱厚熜的口吻，简短回顾了他执政45年的是非功过，承认自己犯了沉迷修道、大兴土木、杀戮谏臣三大过失，原因是他老人家“过求长生”。

朱厚熜说（徐阶说），这些行为有损圣德，无益于中兴大业，影响了一代士气、政风，危害匪浅。

某种程度上，这份遗诏可以看作另一个版本的《治安疏》，比较客观地评价了嘉靖皇帝执政的功过，可谓盖棺论定。

在讲究“为尊者讳”的古代，要写出这样一份遗诏，不但要有清醒的头脑，更要有非凡的胆识和勇气。

徐阶硬是做了，把嘉靖皇帝的裤子一扒到底，丝毫不留情面。

讲完过失，诏书还进行了拨乱反正，将“大礼议”中因反对嘉靖皇帝而获罪的大臣全部恢复名誉，为直言进谏获罪的言官平反。存者招用，死者优恤，并提出下一步要做的事：处罚道士，停止斋醮，提拔贤才，裁减冗员。

听到这份遗诏，朝堂上下哭成了一片，有人直接就哭晕在了大殿上。

大臣们的痛哭，绝非是哀痛于嘉靖皇帝之死，而是对嘉靖时代结束的一次总控诉。

几十年过去了，被杀大臣墓地前的树苗已长成参天大树；被贬的许多已终老流放地；就连当年正当壮年的那些官员，也已鬓发须白，垂垂老矣。

数十年来正气抑制，政风日下，一两代人就这样毁了，当年那个有作为的群体已不复存在。

朝局如此，他们几乎已放弃了希望，没想过还会有这么一天，更没想到这天来得如此之快。

遗诏名为遗诏，大家都清楚这是谁的意思。徐阶口碑一夜逆转，他的做法得到朝中上下拥护，人们把他比作杨廷和再世。

徐阶这个人很复杂，复杂到他不亮出最后那一下，所有人都不知道他在打什么牌。

徐阶的长处亦在于此，他的聪明就在于能认清形势，该忍时一定要忍，不迂腐，不拘泥，正所谓："君子藏器于身，待时而动。"

徐阶懂得变通，明白官场的潜规则。他有政治家的精明，也有政客的狡黠。不管徐阶私德如何，为人怎样，仅就斗倒严嵩和拨乱反正这两件事，就已够得上"名相"一称。

纠错归纠错，嘉靖皇帝的面子还得照顾，遗诏最后强调，已故皇帝朱厚熜对痴迷道教的错误已有所反省，所以他还是个好皇帝。嘉靖皇帝的谥号，被定为"钦天履道英毅神圣宣文广武洪仁大孝肃皇帝"，庙号世宗。隆庆元年（1567 年）三月，葬入北京昌平永陵。

"隆庆开海"

朱载坖终于坐上了龙椅。

这个皇帝在历史上存在感不高，许多人知道嘉靖皇帝，知道万历皇帝，却未必清楚夹在两个皇帝中间的那位是谁。而且由于他名字里有个很生僻的字，不少人就算看见了，也不知道怎么读。

就是这位朱载坖（音 jī）了，后世史书误记为朱载垕（音 hòu），前裕王殿下，现大明皇帝。关于他的这段统治，我们可以先给他下个定义：时间很短，贡献很大。

朱载坖即位后，派户部尚书马森清点国库。交上来的报告叫他大吃一惊，太仓存银 130 万两，而此时大明王朝的开支是每年 553 万两，还不算宫内吃穿用度。

朱载坖快哭了：咱家可是皇帝，怎么能缺钱缺成这样！

嘉靖末年，东南海盗被戚继光、俞大猷给砍没了；西北蒙古人被马芳打怕了，折腾嘉靖皇帝几十年的两大边患被强压了下去。

但是被抢了这么多年，打了这么多年，嘉靖皇帝又是个可着劲儿花钱不考虑赚钱的主儿，你说钱打哪儿来？

朱载坖看看刚接手的大明，实在是笑不出来。

嘉靖嘉靖，家家净也。几十年折腾下来，老百姓家里一穷二白，皇帝家也没了余粮。南倭北虏只是被压制下去，并没得到真正解决。

国家开支倒挂，皇帝家也没了余粮，在嘉靖皇帝45年的“英明”统治下，大明已经出现大厦将倾的迹象。

抱怨归抱怨，问题还得解决。只是所有人都没想到，朱载坖能用短短六年时间，做到历任皇帝十几年、几十年都做不到的事。

怎么解决的？两招。

先说倭寇问题。

嘉靖年间倭乱的爆发，有个不为人注意的时代背景，即16世纪的世界大变局。

15世纪末到16世纪初，欧洲人开辟了横渡大西洋到达美洲，绕道非洲南段到达印度的新航线，以及成功进行了第一次环球航行，新航路的开辟一直延续到17世纪。

这段时间，世界各地尤其是欧洲，发起了广泛的跨洋活动，带来地理学上的重大突破。这些远洋活动促进了地球上各大洲之间的沟通，形成众多新的贸易路线。

随之而来的，是殖民主义和自由贸易主义开始抬头，也是东西方之间的文化、贸易交流大量增加，这段历史被称为大航海时代或地理大发现，是人类文明进程中最重要的历史之一。

具体到东南亚，与中国最先发生直接联系的是葡萄牙人。

别看葡萄牙现在不怎么样，大航海时代他们可是很厉害的。在这场重大历史运动中，欧洲人发现了新大陆，其中又是葡萄牙人与西班牙人的贡献最多，因而最终地理大发现演变成为葡萄牙和西班牙瓜分世界的殖民战争。

正德五年（1510年），银川发生了安化王朱寘𬭚叛乱。也是在这一年，葡萄牙人占据了马六甲继而来到东南亚，此后西班牙人也跟进。这些欧洲人通过贸易使中国商品的市场需求从东南亚迅速扩大到欧洲，直接刺激了中国走私贸易势力的壮大。

正德十二年（1517年），葡萄牙外交特使皮莱资首次进京，受到正德皇帝的接见。双方就皮莱资很关心、朱厚照并不关心的通商、贸易等事宜进行了驴唇不对马嘴的会谈，并没有达成共识。

自由贸易的需求是与大明王朝的传统相悖的，中国几千年来都满足于自给自足的小农经济模式，没有对外贸易的需求和动力。

嘉靖皇帝即位，葡萄牙人又燃起希望，但嘉靖皇帝正忙着大战杨廷和，哪有空搭理这些外国人，他发布了禁止佛郎机人入境的诏令，无奈葡萄牙人不肯离去。正德十六年（1521 年），嘉靖皇帝下令武力驱逐，葡萄牙人的船队在屯门被大明水师围殴（屯门海战）。

此战明军艰难取胜，卢镗、汪鋐依照缴获的武器仿制成了佛郎机火炮，随后嘉靖皇帝颁布了著名的海禁诏书。

众所周知，海禁政策违背历史潮流。尤其是在西方已开始领先东方，东西方文明交流加剧的这个历史时间段。固守小农经济时代的古老政策没有意义，只有交流才能缩小差距，才能让中国跟上世界发展的步伐。

抛开发展不谈，海禁直接就断了沿海居民的生路。从宋到元，海民一向是靠海吃海。政策虽然能从官府角度禁海，却禁止不了民间的走私贸易，反而助长了沿海盗匪与倭寇勾结，嘉靖年间倭乱大盛，直接来源于海禁。

葡萄牙人和西班牙人各自通过新航路，先后于 16 世纪初来到东南亚，使中国商品的市场需求从东南亚迅速扩大到欧洲，直接刺激了中国走私贸易势力的壮大。

因此“嘉靖倭乱”的发生，也是明朝海禁政策导致的全球化与中国市场需求之间相互矛盾和冲突的结果。

嘉靖皇帝驾崩后，谭纶、涂泽民等有见识的大臣就一再奏请开海。朱载垕和他的班子通过“嘉靖倭乱”了解到“市通则寇转而为商，市禁则商转而为寇”的关系，顺应了有识之士要求适当开海的呼声，批准开海“准贩东、西二洋”。

自朱元璋时代起实行的海禁政策正式废除，从而形成“隆庆开海”的局面。

开海的地点选在福建月港（今福建龙海市东南海澄镇），这里在成化—弘治年间已成为合法或非法贸易的最大港口。

朝廷规定，凡是由月港出国贸易的商人，均采取每年申请制。他们首先要在自己所在里邻勘报保结，然后由所在道府审批并发给“船引”。船引是海商合法出海的凭据，要填写船上人员姓名、年貌、户籍、住址、所带器械、货物、前往国家、回国日期等。

海商回国时，则要根据所持船引和督饷馆所存号簿进行核查，然后缴纳“引税”。最初船引每年发放五十张，后来增加到一百张以上。到万历年间，中国商人所到的东洋通商地区，其范围包括今天的菲律宾群岛、马鲁古群岛和加里曼丹岛上的港口；所到的西洋通商地区，其范围包括今天的中南半岛、马来半岛、苏门答腊岛、爪哇岛上的港口。

中国商品不仅可以依靠月港合法地运往东南亚各港口，还可以通过西方人建立的海上新航线，从东南亚港口转运到欧洲和拉丁美洲港口。

必须承认，隆庆年间开放月港，使晚明时期的中国市场与世界市场顺利衔接并相互促进，具有非常积极的意义。

给朝廷带来了哪些好处呢?

最直接的是能收税。

开海后，除收取“引税”外，督饷馆还征收三种商税：水饷、陆饷、加增饷。

“水饷”根据商船尺寸长短征收，类似于今天的吨位税；“陆饷”根据进口的具体货物征收，由到船上接买货物的铺商缴纳；“加增饷”是针对回航商船没有携带货物而带回白银所征收的特别税。

据记载，督饷馆所征税收白银，开始每年在三万两左右，后来接近五万两，漳州督饷馆因此被时人称为“天子之南库”。

然而“隆庆开海”带来的意义远不止这几万两银子，从货币角度上看，它可以说是给大明打了一针强心剂。

中国历来不是产银大国，元朝的国际背景，又使得在蒙古统治期间，大量白银作为国际贸易支付工具，经由中亚和中东商人之手流向海外。据现代学者估计，整个蒙古统治时期，白银外流的数量可能达到2亿—3亿两，导致明初的白银存量仅有一亿两左右，远低于唐宋元三代的累计产量。

洪武时代，朱元璋建立起了纸币制度（大明宝钞），当然他的经济知识是很堪忧的，大明宝钞的币值不过稳定了 20 多年，就成了扔在大街上都没人捡的垃圾。而数量有限的金银和铜钱根本无法满足民间流通的需要，老百姓已自发开始以物易物。

显然，这种原始的交易方式会对经济发展起到相当大的抑制作用，白银存量和产量都无法满足需求，就形成了银荒。

没有一个稳定的货币政策和国家财政运作形势，对经济发展相当不利，银荒成为明代中期财政危机的因素之一。

货币白银化已成为明朝的迫切需求，为这一需求带来些许改善的，首先是日本人。

日本境内在战国时期发现多处银矿，相当于白捡一大笔钱。当时的日本是比较落后的，非常需要海外的各种商品，他们便开始大量用白银采购国外商品，其中主要是中国商品。

这个时间是在 1530—1540 年开始，当时大明禁止与日本直接贸易，贸易形式大都是通过走私和以葡萄牙人为中间商，大量日本白银流入中国。

日本毕竟是个岛国，资源有限，阔绰了一段时间后，银矿产量减少，加上德川幕府也实行闭关锁国的政策，来自日本的白银明显下降。

但是流入中国的白银非但没有变少，反而是暴增。

原因就在于大航海时代开始后，欧洲殖民者在美洲陆续发现了几处巨大的银矿。其中最大的三个：波托西、萨卡特卡斯、瓜纳华托银矿，先后在 1545（嘉靖二十四年）—1558 年（嘉靖三十七年）开始开采，这些银矿的产量能占到当时全世界产量的 60% 以上。

这个时间点恰好赶上“隆庆开海”，中国正面临白银需求与自身白银供给的不平衡。

随着全球航运贸易能力的大幅提升，各国商人为弥补贸易逆差，将美洲、日本等地出产的白银运到中国，换取丝绸、茶叶、陶瓷等中国商品，最终形成了海外白银持续流入中国的局面。

有人测算，晚明从月港流入中国的白银，16世纪70年代年均约28.5万两，80年代年均约88.9万两，到1600年以后年均达到100万两的规模，从而为明代货币白银化提供了重要条件。

从这一时期起，民间海商获得了梦寐以求的合法地位，明朝随即成为全世界最为强大的吸金机器，巨量的白银流入大明，成为明朝货币白银化的直接原因之一。

倭寇说到底是一种抢劫行为，如果正常开展贸易，以商业化手段解决贸易不对称而带来的暴利，必然能够让抢掠行为失去意义，就像大禹治水，疏通有时候比堵更有效。

隆庆皇帝顺应民意，批准开海“准贩东、西二洋”，从朱元璋时代就实行的海禁政策，到了朱载坖这里以官方确认的形式被放开，这是个巨大的进步。

“隆庆开海”也由此写入史册，成为中国乃至世界贸易史上的一大重要事件。

开海后带来的好处显而易见，中国的市场可以和世界市场衔接了，各种商品源源不断出口，带来的收益是流入中国的白银不断增加。

当然除了民间经济的活跃，政府还能收税，明朝能收取“引税”“水饷”“陆饷”“加增饷”等几种税收。有正经生意可做，一样能赚钱，谁还愿意冒着杀头的危险去当海盗呢，商人也愿意缴税做正规生意，这是个良性的循环。

至于其他好处，那就更多了，比如红夷大炮、几何学、天文历法、地理学等。明人已翻译了《几何原本》《同文算指》《测量法义》《圜容较义》等西方数学史上的著作，极大地影响了中国原有的数学学习和研究的习惯，是中国数学史上一件大事。

这些东西比单纯的财政影响更大，很多先进的装备和较之中国更为完整的知识传入，能带动中国社会和科学发展，为中国起到感知世界的作用。

可惜这份开放终究未能持续下去，到了明末随着时局的混乱，海禁再次开始收紧，直到清朝彻底闭关锁国。

咸宁海子大捷

“隆庆开海”以后，第二招是封贡。

封贡说穿了就是做生意。从明初起，蒙古扰边两百多年，或大或小，不曾消停。但要说其中没有和平也是不对的，从永乐时期开始，明朝就和大大小小的蒙古部落展开了马市交易，延续多年。

成化年间，蒙古部落进入河套，自此双方的朝贡贸易中断30余年。到嘉靖十一年（1532年），达延汗的孙子博迪汗要求结束敌对状态重新通贡。但是在弘治年间，达延汗也是用这个借口骗得了朝廷信任，又把势力扩展回了河套地区。

对于博迪汗的这个说法，朝廷并不认可，说你们狡诈多变，我们不信。

回到蒙古这边，也有自己的苦衷。他们的游牧经济其实是很苦的一种经济形式，远没有农耕富足。极度靠天吃饭不说，还非常缺乏各种农产品和手工业品，这些中原寻常的商品，在草原需求很旺盛。

这些东西大明都有，你想要，可以给。怎么给，有讲究。

讲到这个还要提到广袤的长城和边墙，大家一般以为这些边墙只起军事作用。其实不然，不管是长城还是边墙，都有另外一个极其重要的作用：贸易战。

在讲王越、余子俊的时候提到过，战争时期，长城无法抵挡大军强拆。那么在非战争时期呢？

长城起到的作用更大。

我们古代有过两次大规模修缮长城，第一次是秦朝，第二次是明朝。我们今天看到的长城，也被称为明长城，大都是明朝时期重新修筑的。

大明立国后，经过岁月和战火摧残，古长城早已残破，皇帝们一项重要工作就是修缮长城。根据边防形势发展，后来又加进了边墙，形成九边防御体系。

防御不止防军队，还防商人。

边境商人们眼里是没有国界的，哪里有利润，他们就出现在哪里。中原寻常的茶、酒、糖、布匹、陶瓷，到了草原都是紧俏商品；草原的盐、皮草、药材，在蒙古人眼里没啥稀罕，到了中原就身价百倍。

丰厚的价差吸引商人来到边界自发交易，在数千公里的边界线上，逐渐形成一张无形的贸易网络。

等政府大规模修缮长城后，这种方式就行不通了。长城无法抵挡大军强拆，要挡住人单力孤的商人们那是绰绰有余——既拆不动，也翻不过。

长城的目的达到了，两边商人无法自由进出贸易，只能在政府规定的马市上进行交易。

边墙的作用，与长城类似。在长达数千公里的范围内，明朝按自己的设想，用这种方式构建起明蒙经济生态，把所有的贸易网络收缩到几个马市，来垄断贸易通道。

用今天的话说，这叫贸易封锁和经济制裁。

即利用游牧经济有着先天性的缺陷，通过经济手段，迫使游牧民族通过朝贡的方式，对中原王朝表示名义上的政治臣服，换取官方“赏赐”和经济利益，来保证北方边境的安全。

效果如何呢？可以说相当有效。

来举也先的例子，当初“土木堡之变”后，明朝决定扶持脱脱不花，向他开放朝贡和马市，把也先排除在外。不可一世的也先顿时慌了，只得认㞞称臣，换来相同的待遇。

从永乐到弘治，明朝与蒙古关系时好时坏，朝贡断断续续，马市基本还在维持。双方就在这种边打架边做生意的奇怪局面中相处了上百年。

成化晚期达延汗崛起，弘治初期蒙古再次占据河套，双方关系开始恶化。弘治十二年（1499 年）起，明朝与蒙古诸部之间的朝贡互市基本断绝，进入了一段以相互攻战为主流的历史时期。

嘉靖年间，俺答汗频繁扰边，目的还是要求封贡。但是他都跑到北京城下来搞抢劫了，朝廷怎么可能同意？

这种不计后果的军事行动，反而加剧了双方争端，使得原本已极为恶劣的明蒙关系雪上加霜。

“庚戌之变”后，嘉靖皇帝怒气冲天，下达了“复言开马市者论死”的严厉旨意，从此直到他驾崩，再也没人敢提“封贡”这两个字。

一个想要，一个不给，嘉靖年间的北方始终是多事之秋，两个邻居保持着“仇人相见、分外眼红”的优良传统。

嘉靖皇帝驾崩了，朱载垕即位了，俺答还是没有消停。隆庆元年（1567 年）正月到四月，俺答连续对蓟镇、宣府、大同、固原诸重镇发动了七次侵扰，明军严防死守，迫使蒙古无功而返。

俺答与朱厚熜是同龄人，都是生于正德二年（1507 年），隆庆元年（1567 年），他也已经 60 岁了，终究不复当年之勇。

受挫以后，俺答想到了用计。他叫来长子辛爱，吩咐他带五万骑兵佯攻蔚州，自己带精锐乘虚闪击宣府抢一把就走，不愁明军不中计。

计策很好，可惜在隆庆元年（1567 年），宣府总兵依旧是马芳。

辛爱依计行事，俺答带兵奔袭而来，看到的是宣府重镇已经严阵以待，马芳更命砍伐周边树木在城墙周边环列成栅栏，组成一道遏制蒙古骑兵突击的防线。

俺答长叹一声，只得率军北撤。马芳不依不饶地率军尾随追杀二百里，砍了不少腿脚慢的蒙古人的脑袋。

俺答生气了，这家伙欺我太甚！全军回师，我要与马芳分个高下！

马芳正在吃饭，听到俺答来袭，马芳把碗一摔，对众将大呼，不要吃了，跟我从敌人口中夺食去（且随我夺虏食）！

两军在内蒙古鞍子山大战一场，结局没有丝毫意外，俺答再次被击溃，讨了老大一个没趣。

战后，马芳命人烹制美食，与此战中阵亡将士的尸骨一起下葬。时任宣大总督的陈其学闻之感叹道：“爱兵如此，方有虎师也。”

宣府遇挫后，俺答改变方向转向大同，陈其学判断失误，命大同总兵赵岢将重兵屯守在紫荆关，虽一度击退敌军，却反被俺答避实击虚，绕开紫荆关攻入怀仁、山阴等地区。

陈其学盛怒之下，命宣府总兵马芳与大同总兵赵苛换防。俺答却贼得很，马芳到了宣府，他就绕回宣府攻击威远；等马芳率军驰援，俺答又跑回了大同。

以往只要蒙古人玩这手，明军是很被动的。可惜他们的对手是马芳，最善于玩骑兵的马芳，车马炮中的马——马芳。

隆庆四年（1570 年）六月，马芳探知俺答将主力屯于咸宁海子（今内蒙古商都）。

经年累月的骚扰，马芳实在是跑累了。这次，他打算好好给俺答一个教训（非大创之不可）。

马芳召集部下发表演讲：我不管你们怕不怕，现在，他们又来了！我们没得选！一旦后退，你们的亲人就会沦为奴隶！只有重创敌人，才能换来安宁！

这次出战，有很多人会死去，不要哀悼，至死方休！

部下声震如雷：日月江山永在！大明江山永在！

马芳严令三军，全军弃掉辎重物资，每人仅带三日口粮，以示死战之心。四月初七，全军开拔，一路上“人噤声，马衔枚”，悄无声息高速急行军，两天后抵达咸宁海子外围时，俺答仍毫无察觉。

四月初九凌晨，马芳发动总攻，先以火器攻击，马芳派家丁（精锐部队）从两翼奇袭，他率主力正面突击，另有一支精骑在俺答逃路上截杀。俺答再次中计，马芳军“四面合围，驰突奔杀”。蒙古军“仓皇弃营，踩踏砍杀殒命者甚重”。

经一夜血战，俺答不支而逃，明军紧紧追赶，从咸宁海子一路向西追杀数十里。此战蒙古伤亡甚重，仅被擒的部落首领就有十数人，缴获战马辎重无数，史称“大创之”。

新任宣大总督王崇古刚刚到任，马芳就给他送上一份大礼。阅罢战报，王总督当场大喜道：“大同可暂无事也。”

俺答封贡

隆庆皇帝得报也很高兴，同时一个问题始终困扰着他。

马芳也是五十几岁的人了，他还能扛几年？蒙古部落众多，朕所倚仗的唯有马芳一人。再过几年，马芳老了怎么办？

和他老子比，这个皇帝没那么聪明，也不够高调，但要说外交水平，朱载垕领先嘉靖皇帝十个身位都不止。

嘉靖皇帝的外交理念极端保守，南倭北虏，很大程度要归咎于他顽固的偏见。朱载垕一即位就着手开放海禁，彻底解决了困扰大明数十年的倭寇问题。他也一直在思考：和蒙古人这样打下去，真的是唯一的出路吗？

几个月后，一个契机出现了。

这年八月的一天，天光还没放亮，睡梦中的宣大总督王崇古就被部下叫醒了，王大人揉着睡眼呵斥道："何事不能等天明再禀！"

手下眉开眼笑："大人，大同巡抚方逢时派人来报，把汉那吉来降。"

一听这话，王崇古睡意顿消："消息可靠吗？"

"千真万确！"

把汉那吉，亦称大成台吉、把都台吉，孛儿只斤氏，土默特部领主。

他的另一个重要身份，是俺答最疼爱的孙儿。

把汉那吉之父铁背台吉（俺答的第三个儿子）早死，从小把汉那吉就由俺答的妻子克哈团所照顾。爷孙感情相当融洽，把汉那吉成年后，俺答又为他忙里忙外地张罗了亲事，视为接班人培养。

婚后不久，把汉那吉又看上了一位叫作那颜出 · 中根的瓦剌贵族之女，便派人带着聘礼说下了这门亲事，就等着择个良辰吉日娶美人过门。

按辈分说这个女子是他姑母，也是俺答的外孙女。不过蒙古对辈分这些向来不在意，这也不是什么大事。坏就坏在俺答也看上了这个外孙女，他也没打什么招呼，直接就叫人把这个中根抱回了家。

把汉那吉愤怒了，咱们部落不讲究什么三纲五常，可老头抢孙子的老婆，这也太不地道了。

把汉那吉很不满，但他没有办法夺回心爱的女子，什么辛辣的感觉都齐集在这个青年的心上。思来想去，他终于想到个恶心爷爷的办法。于是在一天深夜，他带着老婆孩子十来个人逃离蒙古包，赶到大同叩关请降。

这个火爆的消息迅速传遍朝野上下，大家在激动之余，都意识到了同一个问题——以把汉那吉的身份，俺答必定不会轻易罢休。

如何处理把汉那吉，成了当务之急。

把汉那吉不像是什么礼物，反而是个烫手山芋，按照嘉靖朝的政治惯性，这种身份敏感的人物要么赶走，要么扣下当人质。

山西道御史叶梦熊首先上疏建议，赶走把汉那吉（不蘧纳、不授官）。

隆庆皇帝瞅瞅他的奏疏，只说了一句话：把这个人降二级，调到其他地方去。

御史饶仁侃、武尚贤为叶梦熊打抱不平，说胡人居心叵测，这恐怕是个圈套啊。

果然，京城还没得出处理意见，俺答就带着他的十万人马杀到了大同。

王崇古一边命令马芳严阵以待，一边撒出夜不收，严密侦察俺答动向。得到报告是俺答这次好像不是来抢东西的，一连好几天只是在大同附近转悠。

方逢时和王崇古同为嘉靖二十年（1541 年）进士，都以事务练达、才略出众闻名。在这次事件中，这两位边关大员敏锐地感觉到了其中蕴含的和平契机。

王崇古接收把汉那吉时也颇为犹豫，收下这个人会不会惹毛俺答来大打出手，把汉那吉投降的真正原因又是否如他所说？

等俺答撤走，两人确定了，把汉那吉真心投降，俺答投鼠忌器，这里面有文章可做。

把汉那吉从烫手山芋变成了奇货可居，按这个思路，王崇古、方逢时向朝廷提出上中下三策。

上策，优待把汉那吉，给予高官厚禄，并与俺答交换赵全等白莲教头目；中策，如俺答恃顽强索，不可理喻，则严兵固守，随机据战，且示以必杀，制其死命；如果俺答弃把汉那吉不顾，就厚以恩义结之，待俺答死后，则遣还把汉那吉，收其余众，自为一部，此为下策。

此言一出，朝议哗然。英国公张溶、户部尚书张守直高呼不可，说“虏情叵测”，这是蒙古人的“求贡诡言”。以定国公徐文璧、吏部侍郎张四维为首的大臣，则支持王崇古的主张，建议趁这个机会缓和与蒙古的关系。

若是按照以往的逻辑，明朝内部对于与蒙古作战的意志是异常坚决的，但不久前实施的开海战略对朝廷处理对外关系是个很好的借鉴。既然西方人行，日本人行，蒙古人为什么不行？

于是在俺答汗提出要人时，明朝官方率先提出了自己的条件，即用把汉那吉交换俺答汗麾下的“汉人智囊”赵全。

赵全是北方白莲教的大头目之一，嘉靖三十三年（1554 年）率教民叛逃至河套丰州地区，投靠俺答汗，以工具人的身份得以重用。

在明人眼中赵全是个可恨的“明奸”，对俺答他却是个无足轻重的人物。如果真的用赵全等几个汉人智囊的脑袋就能换回孙子，这绝对是笔合算的买卖，俺答当即拍板同意。

十一月十九日，俺答遣送赵全等到边关，二十一日，朝廷送还把汉那吉。在此期间，本着优待俘虏的优良传统，把汉那吉受到了相当好的招待，临走时他非常感动，表示终生不会背叛大明（感泣，誓不敢二中国）。

至于赵全等人，朝廷为他们举行了隆重的受俘礼。走完程序，赵全当天就被施以磔刑，首级送往九边示众。

这只是第一步。

通过交换人质这件事，俺答算是认识了这个新皇帝，原来隆庆皇帝是讲道理的，不像他老子那么难说话。隆庆皇帝也通过交换人质教育了反对谈判的大臣，你们看，只要好好说话，俺答也是可以沟通的。

人质事件为朝廷开拓了一个新思路，大家打打杀杀好几十年了，能不能坐下来好好谈谈，解决这个历史遗留问题？

俺答当然是愿意的，几十年打下来，他越打越弱，明军越打越强。再打，他的下场可以预见。

俺答很清楚，劫掠的方式终究不是长久之计，要满足蒙古对中原商品的需要，要保证自身对诸部的控制，获取封贡资格、开展互市贸易才是唯一的长远之计，是必然选择。

俺答老了，打不动了，最好是能在自己手里就把这个问题解决掉。正因如此，当明朝厚待把汉那吉，并将其送还时，俺答能够及时对明朝的诚意加以回应，马上派出使节到明朝阵营致谢。

俺答所想的，王崇古早就想到了，他再上《确议封贡事宜疏》，提出同意俺答封贡。不出意料，再次引起轩然大波。

明朝的士大夫是相当讲求气节的，视气节重于性命，而且脑子还非常认死理，像王崇古、方逢时这样具有国际视野的大臣实在不多。一听说要和蒙古人做生意，一下子什么“通敌卖国”“资敌自重”各种帽子一顿扣，把王崇古骂了个灰头土脸。

当时的阁臣是高拱、李春芳、张居正，反对意见汹涌澎湃，阁老们也不敢接这些帽子。眼看着事情要拖黄了，内阁首辅高拱想了一个办法，他并不直接拍板决定，而是以皇上的名义让满朝文武进行投票（票决）。在这过程中高拱做了手脚，使得投票的结果始终保持平局。如此僵持不下，事情于是又交回到隆庆皇帝那里。

朱载坖冷眼旁观着大臣们的争吵，这个皇帝保持着沉默，不是没有主意，只是想瞧瞧这帮反对派僵化的脑袋能不能转过弯来。

高拱把他推到前台，朱载坖也就不客气了，他批评道：蒙古人在那等着，时间一长，事情可能会有变化。你们口口声声说这也不行，那也不行，难道还想和俺答打一仗吗？

隆庆皇帝很少对大臣如此严厉，皇上一开口，众人明白事情妥了，反对派则偃旗息鼓。对王崇古提出的意见，朱载坖批复“都依拟行”，封贡终于得以实现。

明朝封俺答汗为“顺义王”，开放十一处边境贸易口岸，漠南蒙古大部分地区实现了同明朝的和平。明朝每年节省的军费不下百万，边疆贸易亦由此兴盛。

“隆庆和议”带来的明朝西北向压力的减轻，直接影响着王朝的延续。因为不久后，万历朝接连发生“三大征”，随后又是后金崛起，战事不断，如果在辽东、西北或是朝鲜同时拉响警报，明朝有可能顾此失彼，动摇根本。

朱载垕的一生，以“隆庆开海”、俺答封贡为最重要之大事。相较而言，朱载垕的性格确实是自明武宗以后明朝历代皇帝中最为谦和的，只有明静、宽仁的朱载垕，才让大臣们有足够的空间来施展抱负。

一方面，隆庆一朝，只有六年。但其间人才辈出，在徐阶、张居正、高拱等阁臣的主持下，隆庆一朝颇称大治。《明史》也称赞朱载垕“端拱寡营，躬行俭约”，每年光在饮食方面就能节省数万两银子。

另一方面，朱载垕是个“宽恕有余而刚明不足”的皇帝，在他统治期间，内阁成员的权力斗争加剧。其中，徐阶与高拱的斗争更是早在隆庆元年（1567 年）就已经开始。

第十四章 高拱登上权力巅峰

高拱的复仇

高拱，河南新郑人，嘉靖二十年（1541年）进士，选庶吉士，授翰林编修。在这个职位上高拱干了十一个年头，40岁那年，高拱迎来人生一次重大转机，嘉靖皇帝的儿子裕王朱载坖开府受经，高拱被选为裕王府讲师。

当时裕王的情况很微妙，皇太子朱载壡已于两年前薨逝，按伦序来说该是朱载坖来当太子。不过，嘉靖皇帝喜欢的是另一个儿子景王朱载圳，迟迟不肯册封太子，惹得朝廷上下猜测种种，议论纷纷。

皇上的心意让裕王府的官员们十分心慌，选对靠山可立下从龙之功，选错则竹篮打水一场空。裕王府中人心浮动，很多官员都想趁机投靠景王。

如此微妙的处境下，高拱很好地扮演了裕王老师的角色。他不仅对朱载坖不离不弃，还时刻在裕王身边给他鼓励，说你只要坚持下去，总有登上皇位的一天。

这样的日子坚持了九年，裕王府的人换了几茬，高拱始终陪伴着朱载坖。不仅给他讲课，还为他分析时事和朝议，教授他为君之道。

高拱说的都是对的，嘉靖四十年（1561年），皇帝让景王就藩，裕王留在京城不动。虽然还没册封太子，但已用行动表明了谁将会是继承人。

这下高拱的地位水涨船高，朝中两位大佬严嵩和徐阶不会看不明白。严嵩出手把高拱提拔为太常寺卿兼国子监祭酒，高拱却不领严嵩的情。一次，他以韩愈“大鸡昂然来，小鸡悚而待”诗句，当面调侃严嵩在接见臣僚时的傲态。

要按以往，严嵩铁定暴怒发难，这次老头听了只是尴尬一笑，说了句肃卿（高拱字肃卿）你好幽默，就此轻轻带过。

倒不是严嵩宽容，嘉靖四十年（1561年）的严阁老已自身难保，实在没有精力再为自己树上这么一个政敌。

第二年，严嵩被罢，徐阶上位。徐阶的手腕一点也不比严嵩差，经由他举荐，高拱短时间内连跳数级当上了礼部尚书。到最后，徐阶干脆好人做到底，以自己不能离开嘉靖皇帝须臾，阁中人手不够为由，直接把高拱抬进了内阁。

徐阶的意思很明显，严嵩不过提拔你一次，我提你三次，你总该跟我混了吧。

事情并没如他所想，高拱入阁后，对徐阶没有表示出感恩的意思，反而在各种场合与徐阶对着干。高拱是出了名的大嗓门加暴脾气，一言不合便会公然争执，丝毫不给首辅大人面子，搞得徐阶好几次下不来台。

徐阶性子再好，也忍不了这个。徐、高矛盾迅速激化，趁着高拱羽翼未丰，徐阶在隆庆元年（1567年）先下手为强，发动言官胡应嘉、欧阳一敬等发起弹劾，一脚把高拱踢回了老家。

然而高拱毕竟与朱载坖有深厚的师生之谊，徐阶可以在隆庆皇帝盘子不稳时，以自己两朝宰辅的地位和影响力压制住高拱，甚至把他赶出朝堂。等朱载坖坐热了龙椅，徐阶便不再不可或缺。徐阶又喜欢指摘隆庆皇帝的私生活，这点惹得朱载坖很不高兴，他对徐阶的态度渐渐冷淡下来。

有看出苗头的言官趁机上疏，猛揭他当年讨好严嵩的往事，对他赶走高拱，朝中亦有人鸣不平。徐阶为自辩按惯例上疏致仕，没想到隆庆皇帝直接就批了。

估计那一刻徐阶心里是崩溃的，我只是做个样子表表姿态，你个小娃子真就批了？

没办法了，谁叫辞职书是自己上的。隆庆二年（1568 年），徐阶卷铺盖走人，是年十二月，被晾了一年多的高拱接旨复出。他不顾腊月严寒，日夜兼程，直奔京城，以大学士兼掌吏部重新登台。

高拱的性格特点是性如烈火，有仇必报。得到高拱复出的消息，京城官场顿时炸了锅，当年骂过高拱的言官们吓得纷纷请求外调。当初骂高拱骂得最凶的欧阳一敬，更是坚决提出要辞职回家，谁拉也不管用。

这位欧阳一敬在明朝官场人称“骂神”，号称怼天怼地怼空气，倒在他弹劾下的王公大员不计其数。他清楚高拱这次回来必定不会放过他，干脆先来个主动闪人。

一套流程还没走完，欧阳兄就轻车简从逃离了京城，不过他在回家的路上竟然不明不白地死了，死因据说是怕高拱还不放过他，忧惧交加而死（半道以忧死）。

高拱回来了，带着胜利者的微笑。胡应嘉逃了，欧阳一敬死了，前任首辅还在家待得好好的，高拱是不会放过他的。

他早就打听好徐阶干了点什么，为此高拱选择的武器，是那个令官员闻风色变的名字。

海瑞海大人，高拱出任首辅，将海瑞提拔为右佥都御史，巡抚应天十府。

为什么是这个职务？应天府辖区很大，其中包括松江府。

松江府华亭县，前首辅徐阶老家。

海瑞上任了，无须高拱动员，他便开始大张旗鼓整顿各级官吏侵占田地的事。查到松江府，手下官员有点为难，说海大人此处有点敏感，您是不是通融一下？

要海瑞对贪污官员网开一面，除非太阳从西边出来。海瑞一拍桌子，是谁？

官员：是徐阁老。

海瑞上《治安疏》被下狱后，有赖徐阶和黄光升援手，否则他坟头草已经老高了。说徐阶对海瑞有救命之恩，那也是不夸张的。但是在海大人眼里没有恩人这一说，谁与他为官理念不符，就是他的仇人。

给我查，一查到底！

不查不要紧，一查查出了徐家这个松江最大的地主。虽说这几十万亩民田，大多是徐阶两个儿子借父亲在朝中为官搞来的，但你要说与徐阶完全没关系？谁都不能相信。

何况现在是海青天在管这事，那就没有高抬贵手这一说。海瑞责令徐家清退田地，还把徐阶两个儿子给抓了充军。

高拱等待的就是这一刻，放出海瑞并不是对他的器重，只是要他扛着炸药包把徐阶拉下水。

徐家的事被捅到中央，高拱便发动言官对徐阶贪污一事大做文章。一时间弹劾徐阶的奏疏堆积如山，大有像严嵩对付夏言，徐阶对付严嵩那样，不弄死你本人，也得弄死你儿子的架势。

好在徐阁老退休之前，毕竟还是在朝中留下了一枚棋子，一枚非常重要的棋子。

张居正，徐阶最器重的学生，朱载垕的老师之一。

徐阶对张居正有多器重呢？嘉靖皇帝驾崩后，徐阶草拟遗诏，将所有大臣都排除在外，独召张居正一人与他一起密议定稿。

有徐阶的重用和裕王府老师的身份，在时局剧变之际，张居正的实际政治地位和作用再次急剧上升，隆庆元年（1567年）以翰林院侍讲学士越级超升为礼部尚书，挂武英殿大学士入阁。

强强联手

高拱、徐阶、张居正三人的关系很奇妙。按理说，张居正是徐阶器重和提拔的，应当完全支持老师才对。实际上徐阶当政后，张居正与他的政治理念并不完全相符。

我们知道，徐阶的政绩主要是确保了皇权的平稳交接，并对嘉靖朝的弊政进行拨乱反正的工作。效果不错，可就这时的大明而言，光拨乱反正是不够的。

张居正觉得，老师太胆小，政策偏于保守，大明的问题不是光靠修修补补就能解决的。

恰好高拱也是这样的想法，在执政大方向上，高拱才是张居正的同路人，而不是徐阶。

在徐阶和高拱斗得不死不休的时候，张居正保持了沉默，既没帮着老师，也没偏向高拱。反而是后来高拱复出，还是张居正为了对抗意见不合的文渊阁大学士赵贞吉而进行斡旋的结果。

但是张居正毕竟不是海瑞，在老师受到清算，家族就要难以保全时，他不能不出手相助。

为求自救，徐阶一面通过张居正给高拱施压，警告他不要做得太过分；一面给高拱写了封言辞恳切的道歉信，请他看在往日同事的面子上高抬贵手。

高拱虽然有仇必报，却也是个爱才的人，他与张居正又同为裕王府讲官，关系一直不错。高拱毕竟与严嵩不同，还是有着政治家的胸襟，事情到了这个份儿上，高拱总算松口，答应不再追究徐阶的责任。

对付徐阶的目的达到了，高拱便不再需要海瑞。海瑞被一脚踢回南京户部，改任粮储，此时距他巡抚应天不过半年。此后海瑞历经起伏，再也没有得到重用，万历十五年（1587 年）十月，海瑞病故于南京任上，享年 73 岁，朝廷追赠为太子太保，谥号“忠介”。

徐阶的结局还算不错，虽然高拱的清算给他晚节蒙上了一层灰尘，总算有惊无险，两个儿子不久也被赦免。徐阶以后在家乡著书立说，安度晚年，万历十一年（1583年）以81岁高龄过世，赠太师，谥“文贞”。

高拱成天得罪人，却能受到皇帝的重用，成为内阁首辅，凭借的不只是从龙之功，还有他出众的能力。

排挤掉赵贞吉，高拱、张居正开始联手实现他们的政治抱负。隆庆四年（1570年），高拱出任内阁首辅，从隆庆四年（1570年）到隆庆六年（1572年），内阁中的其他人陆续辞职，最后就剩他俩把持。

这期间他们一起处理政务，“隆庆开海”和俺答封贡都是在此期间实现的。当群臣激烈反对俺答封贡时，是高拱、张居正坚定地支持了王崇古，让这个大事得以实现。

可以说，高拱、张居正当国期间政绩斐然，历史证明了他们比徐阶干得更好。

朱载垕的作用

讲到这里似乎有些矛盾，高、张能力这么强，那朱载垕又扮演了一个什么角色，起了什么作用?

确切地说，没起什么作用。

没起什么作用，就是朱载垕最大的作用。

如果简单把明朝16个皇帝做个分类，大致能分为以下几类。

第一类是雄才大略型，也可称天才型，代表人物：朱元璋、朱棣。

第二类是庸才型，特点是励精图治却用力过猛，加之才干欠奉，反而把自己作没了，代表人物是建文帝朱允炆和还没出场的崇祯皇帝朱由检。

第三类是偷懒型，代表人物朱瞻基，把权力一抓，怎么舒服怎么来，躺平怠政，儿孙买单。

第四类是摆烂型，代表人物嘉靖皇帝朱厚熜（执政后期二十五年）、万历皇帝朱翊钧（执政后期三十五年），天启皇帝朱由校（一心做木匠），深居简出，坐视群臣斗争，一心忙自己的。

第五类是争议型。代表人物朱祁镇、朱厚照爷孙俩。史官说朱祁镇虽有过错，总的来说还可以，可后人说朱祁镇就是个奇葩糊涂蛋；史官说朱厚照干得一塌糊涂，后人说朱厚照贪玩归贪玩，还是有可圈可点的地方。

第六类是正常型，对比朱祁镇和朱厚照，洪熙皇帝朱高炽，景泰帝朱祁钰，成化皇帝朱见深，弘治皇帝朱祐樘都能算是比较正常的皇帝。

此外还有一位，执政一个月的泰昌皇帝朱常洛，出场时间过短，不予评分。

剩下就是这位朱载垕了，他比较特别，可以把他归为默默无闻型。

在他任内，抢风头的是高拱、张居正、谭纶、戚继光等名臣，这些人实在是太厉害了，正儿八经的皇帝朱载垕反而没啥存在感。

朱载垕很清楚，自己的两个老师很厉害，什么都能干。他亲手来干，肯定强不过老师，那就干脆放权好了。

隆庆皇帝完美诠释了什么叫作用人不疑，疑人不用。

对于徐阶、高拱、张居正等人，早在还是裕王时朱载垕就非常了解也非常信任。等他登基后，对他们放手使用，并给予坚定支持。高拱等人是台上的主角，隆庆皇帝则是幕后的大佬，舞台下的观众把目光聚集在主角身上，却忽略了幕后的人物，这正是隆庆皇帝用人的成功之处。

话说回来，当高拱、张居正遇到强大阻力的时候，隆庆皇帝也会出手。比如俺答封贡这件事，朝野一边倒地反对，内阁决议遇到强大阻力，隆庆皇帝适时决断，平息了争议。

时人刘仲达等都说："赖先皇明圣，垂鉴不疑，忠良结局。"

我们看到的是一个几乎没有什么作为的隆庆皇帝，没有抗击倭寇的战绩，没有北征蒙古的气魄，但是我们并不能因此忽视隆庆皇帝的作用，真正的能人是把危机扼杀在摇篮里面！没有大事，恰恰说明他做了很多事，防止发生大事！

这个皇帝很低调，很务实。他让百姓得以休养生息，让明朝有了一个能够自我内部优化的良好外部环境。这样的时代注定不是很热血，不亢奋，所以他的存在感向来很低。

隆庆皇帝什么也不干，反而极大地解决了明朝中期以来的外患问题，隆庆一朝短短几年的政绩，比他父亲（45 年）和儿子（48 年）都好，说他帮大明延续了几十年的寿命，丝毫也不为过。

可惜，他太短命，隆庆六年（1572 年）五月二十六日，朱载坖驾崩，时年 36 岁，庙号穆宗，谥号“契天隆道渊懿宽仁显文光武纯德弘孝庄皇帝”，葬于十三陵之昭陵。

死因据说是之前被嘉靖皇帝压抑得太久，当上皇帝过于放纵。人说酒色如刀真是一点不错，在这方面朱载坖叫人失望了。

同床异梦

隆庆皇帝驾崩，十岁的太子朱翊钧即位，次年改元万历。这个年号是明朝所有年号中使用最长的一个，长达 48 年。

朱载坖走了，最悲痛的是他的老师高拱，高大人的悲痛是真心实意的。朱载坖驾崩当夜，他不顾 60 多岁的年纪，一把鼻涕一把眼泪在大家面前哭得稀里哗啦，边哭还边嚷嚷：十岁的太子，怎能治天下啊！

闻听此言，众人纷纷侧目，心思各异。旁边的次辅张居正，也不由得心中一动。

高拱和张居正都是典型的实用主义者。无论在思维上，还是为政举措上，两人都有着惊人的一致。

但这并不等于他们就是朋友。

高拱确实是一流的治国高手，他提拔人才不拘一格，不问出身也不看学历，只看能力。

比如隆庆三年（1569 年），他就顶住压力，办了件一般人不敢办的事——升任殷正茂为右佥都御史，巡抚广西，平定广西的韦银豹、黄朝猛叛乱。

殷正茂，嘉靖二十六年（1547 年）进士，时任江西按察使，是个优缺点同样突出的官员。优点是军事能力突出，缺点是贪财。

不少大臣反对，说派殷正茂去，岂不是把蛀虫丢进了米仓。他能贪多少军饷，谁还有个谱。

高拱一瞪眼："这事不要再说了，谁再反对，那他自己去好了！"

殷正茂确实有两把刷子，上任不过三月即平定叛乱，做到了别人数年都没能做到的事，当然军饷他也没少贪。

户部官员舍不得，说这次剿灭韦银豹动用了一百万两银子，天知道多少落入了殷正茂的口袋。

高拱却不以为意地说："我们每次派遣大军前去，前后加在一起也有数百万两银子。我熟知殷正茂的能力，即使他贪污了一半军饷，只要能解决问题，那么钱花得也不冤枉。假如派一个廉洁可是本领却不及他的人去，尽管不容易贪污，可是事儿他却办不成。这样一来户部还得继续花钱，这笔账，我算得比你清楚。"

高拱有能力，有魄力，也能干出政绩。然而高拱的另一面是性格自负，睚眦必报，无论是骂过他的言官，还是曾与他为敌的同僚，他都要想办法报复回来。

许多史料中都说他脾气暴躁，不能容人，又不能按捺自己的脾气。有人胆敢触犯他的权威，立马遭到处理。对待同事，高拱态度也很差，经常是抬眼就瞪，张口就骂（每张目怒视，恶声继之），左右没人敢接近他。

比如他任首辅时期的另一成就，是力排众议起用司法工作出身的潘季驯，主持隆庆四年（1570 年）的黄河治理工作。

潘季驯是个务实的官员，到任后，他发现原本高拱亲自制定的治河方略有问题，便推翻了高拱的方案，以自己的办法治理黄河成功。这件事让高拱怀恨在心，潘季驯工作一结束，立马遭到高系人马的弹劾，被罢官。

潘季驯比较老实，遭到报复也没说什么。碰到脾气火暴的官员，就不吃高拱这一套。比如高拱过去在裕王府的同僚内阁学士殷士儋。

当时高拱和他心腹张四维遭到弹劾，怀疑是殷士儋在背后搞鬼，便授意心腹都给事中韩楫发动报复，一定要把殷士儋赶走。

眼看内阁同事一个个栽在高拱手里，殷士儋本来已经心灰意冷，心里接受了即将走人的事实。可是韩楫干得实在有点过分，殷士儋从小到大各种黑料都被他翻了个遍，包括夫妻之间的私生活也不放过。

殷士儋就气不过了，气韩楫，更气高拱。政见不合很常见，大家你弹我我弹你，也没什么大不了。这都是工作上的问题，你揭我私生活，是不是太不地道了？

高新郑，我走可以，得先让你好好认识认识我殷士儋。

在一次会议上，瞅准了高拱和韩楫都在，殷士儋开炮了。

“韩楫，听说你对我有意见，是不是？有意见很好，不过可不要被小人利用啊。”

韩楫一愣，没想到殷士儋会在大庭广众之下开火，正不知如何作答。

高拱一听话里有话，小人是谁？这家伙不就是指桑骂槐在骂我吗？高阁老的暴脾气上来了：“朝堂之上互相攻讦，成何体统！”

不说话还好，一听高拱帮腔，殷士儋当时就毛了：陈大人是你赶走的，赵大人是你赶走的，李大人还是你赶走的。现在为了张四维又要赶我走，难不成内阁是你家开的？

殷士儋越说越激动，撸起袖子挥着拳头直奔高拱而去。反正老子要走了，今天就彻底让你认识一下我殷士儋！高拱，我不打到你记住老子，咱们不算完！

高拱万万没想到，殷士儋这个级别的官员竟会在大庭广众之下动手，一瞅殷士儋晃着碗大的拳头奔自己来了，60 岁的高阁老心下一慌，虎躯一震，健步如飞，绕殿而走。

张居正手疾眼快一把拉住殷士儋：殷大人，有事好商量，您先消消气，这是何苦呢？

殷士儋正在火头上，谁说话也不顶用，他一把甩开张居正：张太岳，我劝你少管闲事，离远点！

所幸旁人也反应了过来，七手八脚上去拉住殷士儋，这才让高拱免遭一顿毒打。

当高拱只是个国子监祭酒时，可以以愤青的身份给首辅提意见，别人会称赞他敢作敢当，不趋炎附势。但是当他成为当权者时，诸位臣工却无法忍受这样一位自负、专横的上司，很多大臣都对高拱很有意见。

除了性格，高拱还极其注重抓权。成为首辅后不到两年时间，高拱先后赶走陈以勤、赵贞吉、李春芳、殷士儋几位阁臣。闹到最后，内阁就剩下他和张居正。

我想看到这种情况，张居正一定是会触目惊心的。一不小心让高拱不满，自己铁定是下一个打击对象。在两人合作的最后一年，高拱已尽操内阁权柄，言行举止达到了跋扈的程度，张居正不得不效仿当年的徐阶，能趴着绝不站着，避免引来高拱的铁拳。

就算这样小心翼翼，高拱仍旧不依不饶。有人向他打小报告，说在徐阶之事中，张居正收了三万两银子。高拱也不调查，开玩笑般就对张居正提起了这事。

高拱的语气半真半假，张居正却被吓出一身冷汗，指天誓日赌咒发誓否认。看着张居正大惊失色的表情，高拱这才不再追问，勉强承认误会。

这件事在张居正心中投下了巨大的阴影，张居正感到，他和高拱之间的关系变得十分危险，也宣告他和高拱的政治友谊到此破裂。

但就算这样，张居正也撼动不了高拱。高拱和朱载垕的关系那真是没得说，隆庆皇帝驾崩前，特地把高拱叫到床前叮嘱：国家大事，还需要您多多操劳啊！算是坐实了高拱顾命大臣的身份。

皇上大渐，高拱擦干眼泪，十岁的朱翊钧只是个小屁孩，懂得什么！国家大事还不是要老夫继续打理。

高拱相信，一切仍在自己掌握之中。只是他搞错了一件事，这件事他到死也没想明白。

高拱为什么被罢免

隆庆六年（1572 年）六月十六日，高阁老照例领班参加早朝。百官站定，龙椅上并不见小皇帝的身影，却见一个太监捧出一道圣旨，口称：张老先生接旨。

此言一出，高拱立马觉得气氛不对。

我才是内阁首辅，有什么旨意，也该是高老先生接旨才对啊。“张老先生接旨”，这是闹哪一出？

太监继续宣读：今有大学士高拱专权擅政，把朝廷威福都强夺自专，不许皇帝主管。不知他要何为？我母子三人惊惧不宁。高拱便著回籍闲住，不许停留。你们大臣受国家厚恩，当思竭忠报主，如何只阿附权臣，蔑视主上，姑且不究。今后俱要洗心涤虑，用心办事。如再有这等的，处以典刑。

太监读一句，高拱就冒一身冷汗。待圣旨读完，高拱已是大汗淋漓，面如死灰，浑身瘫软，伏地不起。

第二天一早，高阁老家当也来不及收拾，便轻车简从，坐着一辆骡车就离开了京城。

高拱输了，输得彻彻底底，却不是明明白白。

权倾天下的高阁老为何一夜之间遭到罢黜，成了历史上一桩公案。

其实高拱若是足够敏感，在隆庆皇帝驾崩当天，他就应当能感到一丝山雨欲来风满楼的征兆。

朱载坖于五月二十六日卯时（5—7 点）驾崩，两个时辰后，宫中传出一份诏书：斥司礼监孟冲，以（冯）保代之。

冯保，字永亭，衡水市赵家圈乡冯家村人。嘉靖年间入宫，明代著名太监、音乐家、书法家、艺术鉴赏家。《清明上河图》上有一枚“钦差总督东厂官校办事兼掌御用司礼监太监”印章，即是冯公公所署。

冯保长于书法、为人风雅，颇受嘉靖皇帝赏识，逐渐爬升到司礼监秉笔太监的位置上。隆庆元年（1567 年），冯保提督东厂兼管御马监，地位仅次于一号太监——司礼监掌印太监。

没想到在司礼监掌印太监出缺时，上去的却不是冯保，而是御用监的陈洪。

冯保就很郁闷，心说本部门主官出现空缺，无论如何也该是他这个二把手上位。怎么会把陈洪这么个皇家仓库保管员，给任命到至关重要的司礼监？

派人一打听，原来是内阁大学士高拱搞的鬼，陈洪是高拱的人。

高拱得罪不起，冯保只能忍。一段时间后陈洪去职，冯保心里又燃起了希望，心想这次该轮到自己了吧。

等到诏书下来，上去的是孟冲。

孟冲，厨师出身，掌管尚膳监，由大学士高拱荐为司礼监掌印太监。

尚膳监太监出任司礼监掌印太监，这既不合理也不合规。冯保火大了，好你个高拱，上次把个管仓库的调到我上头，这次又调来个厨子压在我头上。敢情不光内阁是你家的，连司礼监也要姓高了。

高拱惹毛了冯保，他还浑然不觉，毕竟高阁老的一贯作风就是如此，怎么对待大臣，就怎么对待太监。为了顺利开展工作，高拱需要有个听话的人执掌司礼监，在高拱看来冯保太过滑头，陈洪、孟冲没有冯保聪明，但是听话。

内阁那帮人见他都得躲着走，何况个区区太监。

问题是形势是在不断变化中的，隆庆皇帝在的时候，对他言听计从，高拱这么做没问题，这些都不是事儿；隆庆皇帝一走，事情就变得复杂起来。

原因还是太子年幼。

冯保很有文化，也很懂心理学，两次被欺负他都忍了，依旧乐呵呵地干活，不曾对高阁老口出一句怨言，但他经常跑的地方多了一个——李贵妃那里。

李贵妃，名彩凤，15 岁进入裕王府，为朱载垕生第三子朱翊钧，进而升为侧妃，隆庆皇帝登基后被封贵妃。

朱载垕的陈皇后生长子朱翊釴，五岁夭折；次子朱翊铃未满一岁夭折；三子朱翊钧于隆庆二年（1568年）册为太子。朱载垕一驾崩，帝位铁定归朱翊钧。

冯保有太子伴读的身份，就有接近李贵妃的便利，他往李贵妃宫里越跑越勤，不断暗示，皇上的身体一天不如一天，就是司礼监孟冲给他进献的美女害的。

长此以往，李贵妃对孟冲的愤怒与日俱增，对冯保的信任与日俱增。隆庆皇帝皇帝大渐，朱翊钧还小，掌握皇权的人事实上成了他的母后李太后。李贵妃荣升皇太后，不到四个时辰，宫内就传出了罢免陈洪，晋升冯保的旨意。

对于自己举荐的孟冲被罢，高拱也提出了异议，说朝中大小事向来要与内阁商议，为何更换掌印太监这么大的事，事先自己一点也不知道？

冯保只是一句："皇上刚刚驾崩，你就要抗旨不遵吗？"轻飘飘就把高拱挡了回去。

高拱没有话说，心下暗自不服。心说你不过是仗着太子伴读的身份恃宠而骄，让你升任掌印太监，岂不是后患无穷。

没过两天，一份内阁奏章就送到了大内，上面赫然写着：奏请皇上收回司礼监"批红"盖章职权。

翌日高拱就收到批复，只有六个大字：知道了，遵祖制。

遵祖制，就是驳回的意思。前往内阁传旨的太监一本正经告诉高拱，这是皇上的意思。高阁老自然不信这种鬼话，皇上不过是个十岁小娃娃，懂个什么，还不是冯保捣的鬼！

高拱再次吃瘪，以他的性格当然不会善罢甘休。你小子用阴招，我高拱为人光明磊落，看我怎么"堂堂之阵，正正之旗"收拾你！

高阁老的手段自然不是盖的，他几句动员，六道十三科的弹劾奏章如雪片般飞向大内，弹劾冯保无礼擅权，应当让他滚去南京。

以高拱的斗争经验，这么多奏章不把冯保压死也得把他吓死，迫于大臣们的集体压力，冯保卷铺盖滚蛋是板上钉钉的事。

一般情况下，高拱发起的这波攻击确实很厉害，够冯保喝上一壶的。

这次情况不一般，高拱当权数年，似乎全然忘了他的权力来自哪里。

高拱之所以能一言九鼎，执掌内阁。真正的原因不是他能力多强，有多厉害，而是全在于皇权的支持。

隆庆皇帝驾崩，太子幼小，皇权从朱载垕身上转移到了后宫。

高拱延续着前朝的惯性进行政治思维，却没有意识到，攻守之势已易。执掌后宫的这个女人，最早叫李彩凤，后来叫李贵妃，现在她是李太后。

高拱是个外臣，李太后久居深宫，跟他没什么交情。驾崩之夜的那道诏书，实际上已说明了皇权站在哪边——没有后宫的支持，这事能干成？

冯保听到高拱发动攻击，只是冷笑一声。他立刻动身去找太后，声泪俱下地控诉高拱如何迫害他。临了，冯保复述了高拱的那句话，只是原话（十岁的太子，怎么治天下啊）到了他嘴里，就成了“十岁的孩子，怎么能做皇帝啊！”

一个治天下，一个做皇帝。改动两个字，意思截然不同。太后一听又惊又怒，这高拱分明是倚老卖老，欺负我们孤儿寡母，朝中无人啊！

冯保趁机添上一把火，诬蔑高拱结交外藩，想要效仿霍光行废立之事。

这就扎心了，高拱的政治生涯就此走到终点。

凭良心讲，高拱那句话未必说得不对，隆庆皇帝执政不过短短六年，各方面情况虽有好转，还远远没到乐观的地步。

朱翊钧这个冲龄天子和后宫那帮女人，谁有能力中兴大明？必须得是我这样的社稷之臣啊！

只是高拱没想到，有能力中兴大明的，未必只有他高新郑，次辅张江陵早已摩拳擦掌。

那么，张居正在这件事里扮演了什么角色呢？

有两种说法，一是说张居正早就与冯保串联，就是他在高拱背后插了一刀，把那句“十岁的太子，怎么治天下啊”泄露给了冯保。高拱虽然跋扈，张居正这种勾结宦官夺位的办法，也是为士大夫所不认同的。所以有人说，这件事是张居正一生不能抹除的污点。

这个说法流传很广，然而翻遍史料，却找不到什么直接的证据。

二是，仅凭一句捕风捉影的话就断定张居正与冯保同谋，这顶帽子给张居正扣得太大了。冯保身为东厂提督太监有自己的耳目，高拱在宫里说的话，不用谁去告密，他完全可以探知。同谋说没有明确证据支持，只是阴谋论的捕风捉影。

这两种说法见仁见智，一般人倾向于第一种，史学家倾向于第二种。至于谁对谁错，恐怕永远也不会有标准答案。

其实我们不用过分纠结于这个问题，再回顾高拱的所作所为，不难发现，高阁老的落幕不是偶然。他的性格过于自负，可是李太后完全不像隆庆皇帝那么信任他。罢黜孟冲，表面看似冯保的手段，骨子里还是权力的争夺。

从嘉靖年间开始，内阁首辅已拥有专决权。只要这个首辅足够强力，就能把内阁变成他的一言堂。严嵩、高拱都是这样的代表人物，严嵩专权祸害天下，幸运的是高拱性格不好，终究还是个公忠体国的首辅，不会像严嵩那样胡来。

但是再从太后的角度想一想呢？

高拱把持内阁，已经达到一言九鼎、群臣辟易的地步。这还不算，他还把手伸到了司礼监掌印太监，这个唯一有能力制约首辅的职位。

监、阁共理朝政，这可是宣宗皇帝时代定下来的规矩。到您高新郑手里，想要收回司礼监“批红”权，想把权力合二为一？

先帝大渐，当今正是主少国疑，你高新郑还想独揽大权，是想当董卓呢，还是想当曹操？

再退一步说，就算高拱谁也不想当。但是二元相权一旦被打破，那岂不是说，真正的丞相又回来了？

再看那份诏书，里面有这么一句“我母子三人惊惧不定”。你搞得人家皇帝母子都睡不着觉了！不办你，办谁！

高拱对抗的哪是什么冯保，分明就是皇权！

皇权往高度集中的趋势发展，高拱却想反其道而行之。不管他动机如何，于情于理，李太后也不能让高拱待下去。

因此，高拱的落幕绝不是偶然。不管有没有冯保，张居正有没有背后插刀，高拱也绝难继续独领风骚下去。

高拱败就败在太看得起自己了，在这场权力的游戏中没有最终的胜利者，棋盘上所有人都是输家，除了棋盘唯一的主人——大明皇帝。

唯有皇帝才能通吃，其他人斗得再狠，也只是一枚棋子——一言可用之，一言亦可废之。

皇帝还小，那就是皇帝的母亲通吃，高拱想要通吃？门都没有！

可叹的是高拱到死也没真正想明白。

高拱去职后，冯保又造王大臣事件，欲置高拱于死地。幸赖吏部尚书杨博、御史葛守礼等力救，张居正“贻书相慰安，乃止”。

万历五年（1577 年），张居正回故乡湖北江陵葬父，路过高拱的故里，专程探望高拱，两人相见掩面而泣，感慨不已。

回过头来，高拱患病，却又卧床写下《病榻遗言》四卷，描述张居正勾结冯保阴夺首辅之位的经过，将张居正描述为阴险刻毒的人物，大骂此人“又做师婆又做鬼，吹笛捏眼打鼓弄琵琶”。

不管如何，高拱下台，最大受益者是张居正。其实对于别人的流言蜚语，张居正不是不知道，只是从未辩解。他也不屑于辩解，别人如何看待他，张居正根本不在乎。他的想法与高拱相同，如何将这下坡路上的大明王朝拉上一把，让这辆破车焕发新的生机。

第十五章 张居正的『西怀东制』

万历新政

隆庆六年，公元1572年，47岁的张居正登上了首辅之位。二十多年的官场沉浮，他早已看清了许多。这一次，他终于登上了顶峰。

严嵩、徐阶、高拱，那些身影都已远去，一直掩藏锋芒的张居正，将从此开创属于他的十年。

张居正很清楚他要什么，还记得嘉靖二十八年（1549年）他写的那篇《论时政疏》吗？其中明确指出朝政有宗室骄恣、庶官瘝旷、吏治因循、边备未修、财用大匮五大弊病。

那一年，张居正25岁，只是个初入官场的翰林编修。

时光荏苒，白驹过隙，昔日的意气风发已过去22年，张居正已从一个热血青年成长为成熟的政治家，他的初心并未改变。

22年过去了，首辅从严嵩、徐阶、高拱换成他张居正，这些问题依然没有解决。

还能解决吗？张居正相信一定能。

在《论时政疏》的最后他写道——五者之弊非一日矣，然臣以为此特臃肿痿痹之病耳，非大患也，如使一身之中，血气升降而流通，则此数者可以一治而愈。

局部臃肿，不是大毛病，血气通畅就能痊愈。

怎么治？五种毛病里，两种都指向吏治，必须先从吏治开刀。

张居正解决这个问题的办法是《考成法》——考，就是考核；成，就是成效，所谓的《考成法》，就是专门考核官员办事成效的方法。

说到“考成”，其实并不稀奇，明太祖设立六科给事中制度，其中一个重要使命就是考核官员。早在洪武年间，就已设立京察制度，官员们按时都要接受考核。

这样就带来一个问题，六科给事中品级很低，权力很大。

谁来监督给事中呢？只有皇帝。六科给事中是独立机构，直接对皇帝负责。

也就是说，最终考核官员的是皇上本人。

整顿吏治这事，呼声从未间断。杨廷和、张璁、夏言、徐阶历任首辅都曾干过，也取得了很好的成绩，但就是无法根治。

为什么？

张居正想来想去，眼睛盯上了六科给事中。

《考成法》规定，今后凡六部官员所上奏之事，皆由六科进行考核后交给内阁，内阁每年按照考核的结果来判断官员的去留。

简简单单一招，撬动了吏治的根本。以往的考核早已流于形式，六科给事中早就成了朝中大佬的工具。

要 10 岁的万历皇帝去考核官员是不可能的，那就我来吧！

张居正的《考成法》将最终裁决权收归内阁，大大削弱了六科的权力，这一举措改变了明朝承袭两百年的官员体制。

万历元年（1573 年）十一月，《考成法》正式施行。开始大家很不习惯，心说张阁老不过是新官上任做做样子而已。然而张居正的决心让他们始料未及，执行到万历九年（1581年），因考核不通过而被裁撤的官员数字达到一千三百多名，接近当时大明官员总数的三分之一。

以内阁稽查六科是张居正的创举，自明太祖朱元璋以来，这是第一次有人这么冷血地向整个官僚队伍开刀。

官员们叫苦不迭，效果也是出奇的好。比如张居正对大同总督王崇古发出的一道政令，要求他修理边墙，明确到了每一段边墙的完成时间：两年内，广灵、威远段边墙要修缮完毕并交付使用；三年内，浑源右卫工程要完工；五年内，大同沿边墙垣工程全部结束。

张居正同时叮嘱王崇古，到期无法完工，按《考成法》查办。王总督不敢怠慢，提前保质保量完成工程，得到张阁老的赞许。

要在以往，这种工程拖个十年都有可能。没有《考成法》，能成？

整顿吏治大见成效，张居正第二步要做的是整饬边备。

隆庆年间两大功劳，“隆庆开海”和俺答封贡达成后，东南倭寇已不再是问题。也应该肯定俺答，确立封贡事宜后表现得很守信用。他严格约束部下，做生意不得以次充好，以多充少。手下台吉有搞偷窃、抢劫的，轻则罚款、取消交易资格，情节严重的，抓起来送给明朝审判。

不过俺答到底只是土默特部小汗，不是蒙古大汗。他能约束自己部下，管不到其他部落。比如正统大汗土蛮的察哈尔部，以及从不安分的朵颜部落。

马芳还在的时候，这些蒙古人不敢轻易来招惹，但是马芳已经不在了。

万历元年（1573年），马芳被革去职务，勒令回家闲住。原因是担心不能通过张居正的考核，贿赂了武库司郎中林绍、怀隆及兵备参议吴哲、阅视侍郎吴百朋。

吴百朋告发此事，奏请朝廷提审马芳，正值张居正力图革故鼎新，马芳算是撞到了枪口上。

更深层次的原因是，张居正本来就把马芳看作高拱的人，有心将他驱逐，所以也可以说，马芳是朝中政治斗争的受害者。

张居正口口声声要整顿边备，罢黜如此有能力的将领，岂不是自毁长城？

这个问题张居正已有答案，早在隆庆年间，他就开始布局。

戚继光的下半场

从戚继光初到浙江算起到彻底荡平倭寇，他用了整整十二年。

十二年弹指一挥间，戚继光从郁郁不得志的肉干奋斗成了大明王朝的胜利代言人。

戚继光成了放眼天下的当世名将。此时的戚继光正当壮年，精力和思维都处于人生巅峰。

对他来说，命运的下半场才刚刚开始。

隆庆元年（1567 年），封贡未成，国策依旧是外御蒙古。马芳调防宣府，蓟镇还缺少个可靠的将领镇守。工科给事中吴时来上疏，建议调东南名将前往蓟镇把守国门，训练士兵，戚继光光荣进入了组织考察名单。

之所以叫考察名单，因为吴时来提出的人选有两个：俞大猷和戚继光。

这两人同样出色，单论抗倭战绩俞大猷不输戚继光多少，戚家军转战福建、广东，都是俞大猷率军并肩作战，军功章上有他的一半。

俞大猷也很想争取这个任命，奈何这位仁兄一辈子运气莫名其妙的差，他给兵部左侍郎、右佥都御史，总督蓟、辽、保定军务的谭纶写信自荐。谭纶亦是一代名臣，深知俞大猷可用，可是戚继光背后站的是张居正。

隆庆元年（1567 年），徐阶执掌内阁，得意门生张居正地位火速攀升。

这就妥了，俞大猷落选毫无悬念。

俞大猷到底是个心胸开阔的人，老同事、好朋友戚继光被选中，他同样欣慰，提笔就给戚继光写了一封信：大丈夫在世，要与一代豪杰竞风流，在东南就可以了；要与千古英雄论高下，应到北方！

戚继光接到任命，却是喜忧参半。

喜的是有机会为国抵御外侮，再立新功；忧的是这一去，恐怕无兵可用。

戚继光在蓟镇巡边三年，目睹燕、赵士卒的骄慢与排外，这批人可不好训练。尤其是他这么一个上面任命的南方将军，在地方毫无根基可言，如何才能让部下乖乖听令？

思虑再三，戚继光慎重给谭纶写了一封信，信中只要求一件事：让我调3000名浙江兵北上。

之前没重点提到谭纶，有必要补充一下。

谭纶，字子理，号二华，江西宜黄县人，杰出的军事家、抗倭名将，官至兵部尚书、太子少保。

谭纶也是活跃于嘉靖晚期—隆庆—万历前期一名非常重要的人物，出道比戚继光要早十几年。嘉靖二十三年（1544年）中进士，二十七年（1548年）授南京礼部主事，不久补南京兵部武库清吏司郎中。

嘉靖二十九年（1550年），有一股倭寇逼近南京城下，城内官员惊慌失措，将士怯懦不前。小郎中谭纶站了出来，说只要给我500人，就能击退倭寇。

众人不信，南京兵部尚书张经力排众议，谭纶请命募得500敢死队，果然一战成功。

光是赶走倭寇还不算啥，这一仗，文官出身的谭纶操刀冲锋，出手生猛，亲自砍下了几个倭寇脑袋。

大家看得眼珠子差点没掉出来，谭郎中一招一式比武将还武将，这哪是文人，分明是个煞星，从此谭纶喜好砍人的名声不胫而走。

这次小胜让谭纶声名大噪，随即被提拔为台州知府。任上他训练民兵，保卫地方，很是出了一番风头。

几年后，张经被冤杀，胡宗宪取而代之。虽说张经之死有胡宗宪的功劳，他却没有为难张经的嫡系谭纶，台州知府职位不动，你继续在我手下抗倭就行。

同年，山东戚继光调往浙江任参将，分守宁绍台地区，成为谭纶的直接下属。同一时期，俞大猷也在浙江抗倭，所以谭纶是俞大猷和戚继光共同的老上级。

浙江是倭寇抢劫的重点，这段时间他们化整为零骚扰浙江全境。偏偏俞大猷屡遭打击，戚继光练兵未成，谭纶孤掌难鸣，三大抗倭名将虽齐集浙江，却还无法形成决战态势。

岑港之战后，抗倭陷入一个短时期低谷。戚继光精锐尽丧，俞大猷革职下狱，谭纶调任浙江布政使（从二品），仍兼巡视海道治兵的差使，职位不降反升，这还是出于胡宗宪的保荐。

嘉靖四十年（1561年）起，戚继光重新出山与谭纶合作，迅速荡平浙江倭患。次年进入俞大猷的福建防区，俞戚联手从福建杀到广东，大规模倭患宣告平息。

在此期间，谭纶也从浙江被调到福建出任总督福建兼巡抚（此时胡宗宪已致仕），全权负责平倭事宜。

原因无他，能让“俞龙戚虎”都服帖的，只有谭纶。

倭患相继平息后，谭纶先后巡抚浙江、四川，总督两广。到嘉靖朝最后几年，谭纶已然成为朝廷镇守南境的柱石。隆庆皇帝即位后，谭纶被调往北境，总督蓟州、辽东、昌平、保定军务，全面负责京师外围安全。

谭纶心里其实也苦，来到北地人生地不熟，很容易被蓟辽军官团和当地各方势力架空，戚继光算是和他想到一块去了。

戚继光来了，谭纶就有底了，他趁势上奏：自从战争兴起，边防大臣受舆论的牵制，不能有所作为。恳请责令臣谭纶与戚继光，专门负责，不要让巡按、巡关的御史参与到这中间。

这是很大的事，巡按、巡抚历来有参与军务的职权，谭纶的意思，是要改变旧有的军事体制。

巡抚刘应节果然有不同的意见，巡按御史刘随、巡关御史孙代又弹劾谭纶专横。一场不小的风暴眼看就要刮向谭纶。

站出来的还是张居正。

谭纶是嘉靖二十三年（1544年）进士，张居正是嘉靖二十六年（1547年）

进士，科举顺序上看不出直接联系。奥妙在于张居正于嘉靖二十三年（1544年）也参加了会试，但是遗憾落榜。

张居正和谭纶是嘉靖二十三年（1544年）那届的同学。这层关系在古代官场仅次于师生，高于同乡。

若在平日，谭纶、戚继光的要求绝难被批准。朝廷对军队一贯的政策是“兵无常兵，将无常将”，不管是将领还是士兵，都需要经常换防，以免成长为不听朝廷号令的地方军阀。谭纶、戚继光已经是十几年的老搭档，再给他们调几千士兵去，万一他们心怀不轨怎么办？蓟镇到京师可只有几百里！

无疑，朝中大佬的支持起到了决定性作用。朱载坖采纳了张居正的意见，按谭纶所请，将练兵作战的事情全权委托给谭纶、戚继光，并且告诫刘应节等人不要阻挠（用张居正言，悉以兵事委纶，而谕应节等无挠）。

接下来就是戚继光的事了。

北境磐石

隆庆三年（1569年）二月，3000名浙兵奉调北上抵达蓟州，停在城外待命，迎来的是城头的嘘声和嘲笑声。

原来北方官兵亦是早闻戚家军大名，传说这批人比真倭还狠还凶，个个都能以一当百。

等看到浙江士兵本尊，当地士兵不禁哈哈大笑。只见这批南方人个个面容精瘦，身材矮小，一副营养不良的样子。有好事者甚至嘲讽说，还没见到鞑子，恐怕这群南方人就得倒毙在北方的寒风暴雪之中。

戚继光闻听此言，气得脸色铁青，正想着如何震慑这帮骄横的辽东大汉，忽见天上乌云翻滚，大雨将至。二月份东北的冻雨可不是开玩笑的，北军将士纷纷进屋生火取暖，戚继光看在眼里，有了主意。

只听他一声断喝：“军令未下，各位自行凌乱，安敢笑南人羸弱？何谓军令如山，诸位可看我三千浙兵！”

言罢，转身而去。

这场大雨从清晨一直下到日落，未得戚继光号令，3000名浙兵矗立雨中，如铁打一般纹丝不动（自朝而暮，植立不动）。

眼见戚家军军纪如此，四处躲雨的北军无不大骇，不仅惊讶于戚家军的不动如山。单就在冻雨中站立一天而不倒的这份单兵素质，就让这群大汉自叹不如。

好处显而易见，南兵从此得到了应有的尊重，戚继光将3000名戚家军士兵掺杂在北兵中，教练他们操习之法，开始了他的大练兵。

其实与散装的倭寇相比，北方这批凶悍的蒙古劫匪段位要高很多。人家可是世世代代抢了几百年的狠角色，确实不是那么好打发的。

蒙古人善于集中兵力，来如闪电去似流星，与倭寇各自为战的打法截然不同，对这样的敌人，又是在大平原上作战，鸳鸯阵就失去了作用。

马芳有绝活“以骑制骑”，俞大猷原创出大同镇兵车操法，戚继光有啥绝活呢？

骑兵不是他所长，戚继光对俞大猷的车营战法称赞不已，说此阵有三大好处——一则可以束部伍，二则可以为营壁，三则可以代甲胄，实为御虏之长策。

不过戚继光同时表示，车阵虽好，有一点不足，火力太弱。

戚继光是极其重视火力投射的将领，抗倭时，鸳鸯阵以充足的火力打得倭寇哭爹喊娘。武功再高，也怕菜刀的理念早已深深扎根于戚将军脑海。

以中国象棋来打比方，马芳是“马”，俞大猷是“车”，戚继光就是那门“炮”。

站在名将的肩膀上，戚继光综合了马芳的骑兵战术，以俞大猷的车营战术为基础，开发出了独具特色的蓟镇车营。

蓟镇车营，最大的特点就是革命性地引入了先进火器，主要是两种：佛郎机和鸟铳。

佛郎机自葡萄牙人战船上缴获而来，经仿制成功，早被戚继光投入实战。这种小型火炮轻便、高效，还能连发，当时在蓟州还是个稀罕物。

戚继光是个追求极致火力的指挥官，称他为炮兵司令也不为过。蓟州这点炮实在是入不了他法眼，按戚家军的标准，10来个士兵就要拥有一门火炮，因此他第一步就是采购佛郎机。

可是在操作上，戚继光却遇到了问题。

铜质佛郎机的造价是15—20两银子，按戚继光设想，要想让火力达到凶猛的程度怎么也得一两万架，成本就得三四十万两银子。

戚继光上报，谭纶犯了难，说元敬你这是难为我。朝廷的情况你不是不知道，户部有多抠门儿你不是不清楚，一下大几十万两，岂不是要了他们的命？

“这个钱，我拿不出来，朝廷也拿不出来。”

戚继光不甘心，没有足够的火炮，自己这个炮兵司令还怎么当！沉吟片刻，他说我还有一个办法，能极大控制成本。只要您敢批，我就敢用。

“什么办法？”

“造木头炮。”

戚继光并不是说笑，铜质佛郎机价格昂贵还容易炸膛，性价比不高。抗倭时戚家军就研发出了木质佛郎机，性能与铜质不相上下，只是寿命较短（大致在十铳上下）。但是安全性要提高不少，即使发生炸膛也就是个皮外伤，不会伤及性命。

谭纶问价格多少？戚继光回答说一架只需三钱三分。

谭纶一算，一两银子能造三架木质佛郎机，一两架铜质佛郎机的经费能武装一个营。至于寿命问题，打蒙古主要是防御作战，后勤压力不大……

只要能打死敌人，就是好炮！我批了！

谭纶上报朝廷，一次性就申请制造33000架木质佛郎机，总共才花了一万多两银子。

其二是鸟铳。

马芳给骑兵配备了三眼铳，远近两便。戚继光并不是骑兵将领，三眼铳对步兵意义不大。这点上戚继光依旧延续了抗倭作战的经验，给士兵配备鸟铳。

鸟铳是比较接近现代步枪的一种火绳枪，打得既准又远，是当时最先进的火枪之一。戚家军鸟铳装备率极高，一哨（48 人）就装备十杆鸟铳。来到北方，戚继光发现蓟镇步兵还用着落后的单眼铳、三眼铳，且数量稀少。他便奏请朝廷，多次要求大规模生产鸟铳，给北军步兵升级换代装备。

这一通操作下来，戚继光的蓟镇战车部队火力如下：

一营共 2603 人，配战车 128 辆，佛郎机 256 架，鸟铳 512 支，大将军炮 8 门，另有火箭 120 支。

对付还在冷兵器时代的蒙古军队，这配置简直残暴。

枪炮到位，戚继光开始操练军队。他从浙江调来的 3000 人，个个擅长操枪弄炮，都是现成的教官。同时他把战时连坐也引入了蓟州，但也提倡信赏必罚，一视同仁。

总之，当初怎么练戚家军，现在就怎么练北军。经过戚继光的整顿与升级，蓟镇官兵面貌有了很大改善。当初不服戚继光的刘应节目睹军容焕发，由衷称赞：总理戚某，文武兼资，才识相合。治兵则转弱为强，训练真动乎鬼神。

需要说明，戚继光的战术并不是只有战车，蓟镇还设有骑营，步营，辎重营，临阵战术是以车营为中军，步骑张两翼，是一套完整的车步骑联合作战方法。

所以可以说，戚继光是车马炮战术的集大成者。

行了，车马炮齐活了，该牵出去遛遛了。万历元年（1573 年）蒙古人很配合地出现了。

这次来的是兀良哈部落酋长董忽力，明人称为董狐狸。

严格来说，兀良哈部落这时已经不存在了，传统的兀良哈万户在达延汗死后蠢蠢欲动，已经被博迪汗和俺答瓜分。

他们只剩下两部分残部，分别往南边和西边逃窜。逃到西边那支后来征服和同化了当地的图瓦人，改说图瓦语，后世称他们为唐努乌梁海。

逃到南边那支，在名义上接受察哈尔汗廷领导，他们在哈剌兀素（今辽宁大凌河上游建昌附近）放牧，首领就是董狐狸和他侄儿长昂，明朝仍按照惯例称他们为朵颜卫酋长。

这伙人时常趁着明军松懈的机会，今天抢辽东，明天抢蓟州，瞅准了就来一把，明军一般都拿他们没办法，只能自认倒霉。

这次有点不一样，听说马芳不在了，董狐狸联合察哈尔部数位台吉，兵力达到了三万。他们在喜峰口（今河北省唐山市喜峰口）夸兵索赏，扬言若不给赏赐，就杀到京师再来一次“庚戌之变”。

戚继光听说，大喜。正愁找不到，自己送上门来了！下令：提兵出战！

关门开处，涌出来万把蓟镇兵马。

董狐狸不以为然，我有三万多人，就算他们有骑兵、步兵、战车，那又怎么样？

董狐狸并不清楚，戚继光为他准备了多么强大的火力。

此战的过程实在不值得多花笔墨描述，我们把它想象为一边倒的屠杀就对了。毕竟从作战理念到武器装备，这是存在代差的两支部队，董狐狸不遭到碾压，那才是说不过去。

战后统计，明军伤亡几百人，蒙古人三万骑全灭，董狐狸仅以身免。

戚继光在北境复制出了抗倭的伤亡比，可怜的董狐狸，就此成了戚继光练兵的第一个牺牲品。

董狐狸被打怕，长昂还不信邪。两年后，长昂动员兀良哈的全部家当——五万人攻打董家口。

戚继光本不想大开杀戒，可是没办法，人都来了，不招呼一下过意不去。

蓟镇兵马从榆木、董家两个方向出关，来了一手南北夹击，把兀良哈那点家底给夹成了肉饼。长昂本人中箭坠马，险些遭擒，叔叔长秃被俘。

弟弟被抓，手下死的死，跑的跑，董狐狸傻眼了。马芳走了，来了个更厉害的戚继光，抢劫生意实在是干不下去了。他与长昂商议过后，发觉只剩下投降一条路。

也罢，投降总比死了好。董狐狸与长昂带头，身穿素服，带着部下宗族300人来到喜峰口关下请罪求降。本着和平共处的精神，戚继光决定接受其投降，董狐狸于是将劫掠的百姓放回，发誓不再反叛。

戚继光完美接力马芳，经过他的苦心经营，长城内外坚如磐石，边塞一片太平景象。戚继光因此加封太子太保，后又进封少保，后世的戚少保称谓即是由此而来。

戚继光在蓟州总兵任上一干就是十六年。这十六年，是他人生最为得意的十六年，正所谓“善战者无赫赫之功”，不是因为砍了多少蒙古人，而是实现了长时间的和平。

这十六年，也是他的靠山张居正渐掌大权的十六年。张居正给戚继光的支持是全方位的，不光委任戚继光的好友谭纶、梁梦龙等人先后和他搭班子，还把不听戚继光号令的将领，与他作对的官员全部调走，使得戚继光得以心无旁骛，安心军务。

这十六年的相安无事，既是戚继光熟谙为官之道，八面玲珑；也是张居正知人善任，用人不疑，使得戚继光人尽其才，不让他卷入官场的争斗。

辽东总兵

军事家、思想家、哲学家王守仁曾说过这样一句话：

“大明虽大，最为紧要之地只有四处，若此四地失守，大明必亡。”

王守仁所讲的四个地方，是指宣府、大同、蓟州、辽东，它们是明代边界最让人头疼，也最难防守的重要据点。

这些前人眼光可谓独到，俺答封贡以后，大同、宣府已很少出现大规模战斗。明蒙冲突的前线转移到了蓟州、辽东。

戚继光移镇蓟州，蓟镇也安稳了，辽东呢？

在张居正为相期间，辽东同样稳如泰山。因为在辽东，他重用的是另外一个将领——李成梁。

前面讲武艺的时候，说当时天下前三是唐顺之、俞大猷、戚继光，那是李成梁还没出道。

嘉靖五年（1526年）七月十四日卯时，辽东铁岭卫，一个叫作李成梁的婴儿出生了。

李家祖上属陇西李氏，在唐朝末年为避乱世躲到朝鲜国。到了明代，李成梁高祖又从朝鲜回到辽东，洪武初期，他的五世祖李英以军功授铁岭卫指挥佥事（正四品）官职，遂籍铁岭。

出生于武将世家，李成梁与生俱来就具有骁勇剽悍的性格，在祖父、父亲的熏陶下，骑射弓马样样俱精，被称赞为“英毅骁健，有大将才”。

假以时日，李成梁承袭父职，走上俞大猷、戚继光那条道路，未来可期。

然而命运跟他开了个大玩笑，李成梁还在年幼时，父亲李泾因事获罪，导致家道中落。一直混到40岁，李成梁还是个诸生。

祖传的职务还在，不是不能袭职，是袭职要去京师办手续。京师各路大神哪路都要花钱打点。

戚继光老父戚景通，还能咬牙变卖家产，给儿子凑足进京的费用，李家连这点条件都没有。李成梁空有家世，只能在铁岭这个并不大的城市努力而卑微地活着。

转机迟至嘉靖四十五年（1566年）才出现，那一年李成梁等来了生命中第一个贵人——辽东巡按御史李辅。

李辅在巡按辽东的过程中对文武生员进行考拔，发觉这个落魄中年男子不简单，进一步调查发现，李成梁是武将世家出身，有一身本领，还真是个人才。

考虑到国家正在用人，李大人毅然自掏腰包资助李成梁进京。这种伯乐式慷慨解囊的义举，使因家贫不能袭职的李成梁，跃上了辽东动乱的军政舞台，开始了一生戎马倥偬之旅。

李成梁前半生已蹉跎，必须在后半生加紧进度。嘉靖四十五年（1566年），李成梁入京袭职，起初为险山参将。第二年（隆庆元年，1567年）他就崭露头角，援救永平立功，升为副总兵协守辽阳。

李副总兵的顶头上司是辽东总兵王治道，三年后，王治道就死于一场斗气式的出征。

隆庆四年（1570 年）九月，蒙古领主辛爱黄台吉率兵入寇锦州，正停留在锦州的钦差大臣李秋向总兵王治道告急。

王治道驻守在山海关，他二话不说，带兵昼夜兼程，赶到了锦州。

李秋看王治道率兵远道而来，深受感动，按程序为他摆下一桌酒宴接风。王治道也不客气，吩咐手下，咱们先吃饱了，再找鞑子血拼不迟。

谁知王治道手下有个叫郎得功的参将，此人求战心切，看到王总兵有喝两盅的意思，郎得功认为是上司㞞了，他指着王治道的鼻子大骂，说：你拥兵不战，见敌不攻，我不跟你干了！

说完，朗参将带着部下就直冲敌营而去。

王治道被部下骂得下不来台，酒席也顾不上吃了，提枪上马，紧追郎得功而去。结果在一个叫作齐家山的地方，两人中伏，双双阵亡。

辽东军区总司令，就这样不明不白地死了，好似一场玩笑。

副总兵李成梁猝不及防地被顶到了一线，当时他 44 岁。

李成梁用了不到四年，完成了别人四十年都不一定能完成的升迁。这其中不能不提到另一位贵人，就是张居正。

张居正尝言：“世必有非常之人，然后有非常之事。有非常之事，然后有非常之功。”

在他眼里，李成梁有成为非常之人的潜力。王治道殉职后，正是张居正代表朝廷下达了新的任命：升协守辽阳副总兵署都指挥佥事李成梁为署都督佥事、充任总兵官，镇守辽东。

充者，代也，这时只是代理总兵官，李成梁却又一次得到张居正的眷顾。隆庆五年（1571 年）二月，山西按察副使张学颜被派至李成梁身边，任辽东巡抚，在随后的总兵生涯中，李成梁与张学颜配合默契，两人在辽东镇千里长城沿线联手合作，为夯实辽东边防基石，付出了艰辛努力，打造了有明一代最值得称道的辽东边防黄金年代。

回顾李成梁由承父军职的险山参将到辽阳副总兵，再到代理镇守辽东总兵官，李成梁仅用了短短不到五年的时间。时势造英雄，这种近于突飞猛进式的擢升，关键因素之一，当然是朝廷首辅张居正对李成梁的深度信任、辽东巡抚张学颜的倾力扶携，可以说，二张是李成梁遇到的另外两个贵人。

王治道用生命为李成梁铺了路，某种程度上看，他也算是李成梁的贵人。不过李成梁接过的这个摊子，其实是个烂摊子。

俺答是封贡了，其他部落一点都不安分，从西到东，至少有四五个部落，十来个首领虎视眈眈，时刻准备着要来打砸抢。

十年之间，三位辽东总兵——殷尚质、杨照、王治道全部战死，辽东地区成了总兵黑洞，正式从军才四年的李成梁，如果在任上能活过3.33年，就已经追平了三位前任的平均任上寿命。

李成梁不光在辽东总兵任上前后活了30年，还生生地打服了大大小小的部落，使辽东再次出现安定的局面。

怎么做到的？

李成梁与戚继光、俞大猷是不同类型的将领，可以把他看作加强版的马芳，艺高人胆大，运气还一直不错。李成梁40岁加入军队后，几乎天天打仗，年年打仗。每战他都是亲自带头提刀砍人，还能做到每战每胜。更离谱的是，他活到了90岁，没有一身惊人的武艺是不可能的。

在作战思想上，李成梁也和戚继光截然不同。戚继光打的是防守反击，李成梁信奉御敌于塞外，制敌于巢穴。

在他治下有一支极为精锐的骑兵，就是大名鼎鼎的“辽东铁骑”。

入选这支军队的条件极为简单，不问出身，不问贫富，不问民族。

要求只有一条，必须骑射皆精。

李成梁不招半成品，他只要来之能战的现成战力。

但是光靠这些，要想让部下效死力还是不够的。戚继光的方法是加强思想政治工作，并给部下丰厚的待遇和奖赏。李成梁则以个人的威望和感召力，再加相当实际的物质奖励。

没错，相当实际，实际到一塌糊涂。

要明白这个问题，需要提到一个新名词：家丁。

所谓家丁，就是自明朝中期开始，军官们从军中挑选骁勇的士兵作为亲兵。不光跟着自己打仗，平时还留在身边听用，时间长了，这些军丁就转化为将官的家丁，只听主将私人调遣。

谭纶总督蓟辽时期，辽东大小将领就都已有家丁，多的百余人，少的也不下三四十人。李成梁镇守辽东后，进一步挑选精锐士兵充作家丁，以家丁为骨干，撑起辽东铁骑的脊梁。

家丁为李成梁征战殒命，李成梁也厚待家丁，他们的装备是全军最精良的，粮饷也是其他队伍的双倍乃至数倍，只需专注作战，生活有人负责。

至于其他待遇，那就更不好意思了。戚继光，你的部下除了饷银和赏金，就没有其他收入，辽东铁骑完全不同，军饷只是最基本的收入，只要肯干，李总兵能给他们的除了金银，还有荣华富贵。

这些家丁的善战者，后来不止有军职，还有自己的仆人、土地乃至城池。

> 成梁诸战功率藉健儿。其后健儿李平胡、李宁、李兴、秦得倚、孙守廉辈皆富贵，拥专城。

正是因为建立了一支由家丁为骨架的辽东铁骑，一改辽东旧军队的面貌，战斗力极强。马芳的战绩已经足够生猛，不过在李成梁面前多少还要略逊一筹。

李成梁纵横北方边塞四十余年，前后镇守辽东近三十年，屡破强豪，强力压制了东北各部。他打服蒙古酋长，斩杀女真首领，李将军马首是瞻处，敌虏动辄闻风丧胆。

活跃在东北的，别管什么部落，在李成梁的强力压制之下，有一个算一个，全都老实了。

到后来清人修明史，对李成梁打压女真各部颇有贬低之词，但也不得不承认，“然边帅（李成梁）武功之盛，两百年来所未有”。

李成梁家族依靠这支队伍，军锋所指，所向克捷。辽东盘子很稳，只有他招惹别人，别人绝不敢来惹他。

不可否认，家丁在作战方面起到了积极作用。但反过来说，它也成了一种隐患。

戚家军名为家军，只是个外号，实质还是接受朝廷调遣的国家军队。家丁就不同了，他们绝大部分没有登记在兵部的花名册上，完全是直属于主将的私人武装。

是不是有点眼熟？再发展下去，一顶帽子在等着李成梁——军阀。

此话先按下不表，身为“南戚北李”，戚继光的历史地位无可争议，李成梁却是毁誉参半。这主要与他镇守辽东时，遇到的一个女真小伙有关，这个人叫努尔哈赤。

总之，万历初年，张居正为相，制定了“西怀东制”的国防政策。蓟州总兵戚继光很好地贯彻了张居正的思想，守得密不透风。辽东总兵李成梁以攻代守，打得蒙古人胆寒。“南戚北李”两大当世名将，在蓟辽筑起了一道坚固的屏障，彻底断了蒙古人抢劫的念想。

万历初期，边事是颇有成效的。

第十六章 『一条鞭法』

吾焉能使国富兵强

做完这些，张居正依然有些迷茫。

在他当上首辅不久后，朋友吴旺湖发表议论：我辈原以为张公当行帝王之道，今观察所言所行，不过是富国强兵而已，太令人失望了（今观其议论，不过富国强兵而已，殊使人失望）！

张居正一听，不禁哑然失笑："旺湖过誉了，我哪能使国富兵强！"

明代中叶后，王阳明"心学"兴起，程朱理学正统地位发生一定动摇，两派争讼激烈，有以程朱非王学者，也有以王学攻程朱者，口舌之争纷纷扬扬。

其中虽不乏经世致用之士，但也由此出现了一大批以说大话、讲空话为时髦，鄙薄民生日用的迂夫子，明代人称之为"腐儒"。

吴旺湖就是个腐儒，他是相当古板的传统士大夫，张居正为相后，倡言治国理政不外谋求富国和强兵两件大事。但在儒家的道德体系中，仁政才是帝王之道，在他们看来只要高谈仁义道德，传布圣贤说教，让老百姓心悦诚服，就能安邦定国。

富国强兵是不值一提的事，这些人嘲讽张居正所行的改革不是王道，是霸道。

富国强兵不过是聚财敛财的借口，见利忘义之举，吴旺湖因而对张居正的改革不屑一顾。

张居正的回话也不是自谦，他的意思是如果我真的能做到富国强兵，那才是大好事。

接着，他引用孔子、周公和虞舜的语录反唇相讥：孔子论政，开口便说足食足兵；虞舜教诲勿违农时，周公关心军队，“何尝不欲国之富且强哉？”

国富兵强有什么错？

程颐、朱熹不过是宋人，你抬出这两位老夫子，我就请出虞舜、孔子、周公这几位圣人。祖师爷对祖师爷，看谁厉害？叫反对派无言以对。

从张居正这番反击可以看出，他非但对程朱理学嗤之以鼻，对“阳明心学”一样毫不关注。

万历年间，明人空谈之风已经盛行。比起实际的东西，当时的人更看重的是虚无缥缈的思想，认为只要思想高尚了，做什么都不会错。以“心学”为例，王阳明讲知行合一，这帮士大夫却只谈心之力，只有知而没有行。

“心学”再好，终究是要干出来的。王阳明学以致用，以知行合一立下功勋。他们的“心学”研究局限于讲学，整天聚集在书院大搞辩论会、座谈会，凑在一起大放空炮，却不干实事。

张居正对于“王霸之辨”有着不同于世儒的理解。在他的思想体系里，空谈仁义是没有用的，整天讲学更是吃饱了撑的，只有多干实事，足食足兵才是王霸之道。

你们这帮人，都是学术不明，高谈阔论却脱离实际，其实是剽窃孔子的仁义思想（后世学术不明，高谈无实，剽窃仁义）。我要国富民强，你们就说我“霸术”？

这帮空谈的士大夫，不管是理学还是“心学”，都不在我眼中。也罢，就让你们知道什么才是霸术，什么才是国富兵强。

万历六年（1578 年），张居正下令查封了第一批书院，当时共有六十四家书院关门；万历七年（1579 年），张居正下令在全国范围内禁毁书院，严禁士人集会讲学。

我不需要你们任何人来指指点点，不光是朝廷上，地方上也不允许。

后世许多人认为张居正其实是法家思想，也有人说他是典型的实用主义者，要想跟他谈虚的，没得谈！

然而现实并不像纸上谈兵那样轻松，要富国强兵谈何容易！

张居正认为自己还远远没有做到，对方的论调恰恰是抬高了自己。他所以能这样旗帜鲜明、理直气壮地进行反驳，是因为对改革有坚定的信念和系统的理论。

因为接下来，他要祭出的才是大招——经济改革。

“一条鞭法”的内容

张居正的经济改革非常著名，著名到登上了历史课本，我们学习明代历史时总会看到“一条鞭法”这个名词，那便是张阁老的杰作了。

不过课本里把“一条鞭法”完全归功于张居正，其实是不怎么公平的——“一条鞭法”最早的发明者和推行者都不是张江陵。

早在成化年间，就有一些地方政府自行实施推广了“一条鞭法”。嘉靖十年（1531 年），大学士桂萼也提出了“一条鞭法”，由张璁主导在许多地方试行。徐阶任内，南直隶也实行了“一条鞭法”。

“一条鞭法”由历朝许多人加以完善和试行，这是一个长期的过程与实践。

那为什么要把“一条鞭法”归功于张居正呢？

因为他推行得最彻底，最有成效。

我们首先需要理解，“一条鞭法”到底是什么。它的内容很多，如果去翻历史书或论文，洋洋洒洒几万字能把人看晕。为了便于理解，简单归纳一下它的精髓。

两千多年来，历代王朝的税制多有变化，但万变不离其宗，农民们最沉重的赋役主要有三种：土地税（田赋）、人头税（口赋，丁税）、徭役。此外，再加上其他各种五花八门，时多时少的附加税。

明代继承了这些税制，税收以实物的方式征收，包括本色（米、麦、粟等），折色（绢、布、丝、钞等）。交税时，政府只管收税不管运输，这就非常坑爹了，征收这些大米你得挑到县太爷的衙门口吧，挑不来怎么办呢？里甲派人征收，派人要额外的费用——加派。

县太爷还得往州里送，州里还得往府里送，府里送省里……这一层层送上去，要运费，要人力吧——加派。

这些加派实际上就是变种的徭役，明代的实物税本身不高，最可怕的就是徭役。

徭役范围极广，小至修缮市政工程、水利设施，大至修建皇宫道观、长城边墙，乃至战时非战时的运输，都会征发大量百姓用工，称为“民夫”。

这种征发是无偿的，干得好没奖金，干死了没抚恤，反正你们都是国家财产，给朝廷干点活是应该的。

明代徭役大致可分为三种，一为里甲役，即一里的事务；二为均徭，即官府经常性的差役；三为杂泛，为临时派遣的一切差役。

这三种徭役具有不排他性，不是说你今年挑一种就完事了，很可能是三者兼得。男子要从16岁（成丁）干起，干到60岁才能退休（免役）。原则是配户当差，以户供丁，父死子继，役皆永充。

只要你家还有男人，就得服徭役。你说地里忙不开，不去行不行？给钱就行——加派。

这个差役才是古代最可怕的东西，劳动人民被强迫从事无偿劳动，对生产力造成了巨大伤害。许多百姓想方设法逃籍，就是为了逃避繁重的徭役。

张居正的“一条鞭法”，精髓有两条：

一是把徭役和杂七杂八的各类税收，摊到土地税和人头税里合并征收。官府只管查人头和土地，谁家人头多、土地多就多交税，反之则少交税。

二、除苏、松、杭、嘉、湖地区供应京师宫廷的漕粮以外，其余地区的赋役，一概折算白银，解运方式上由民运民解改为官运官解。

以往各项科目征收时间不一，还有繁重的劳役，大家全年都要应付，农民要交一大堆乱七八糟的产品，还要负责物流和损耗。

现在都不用了，改为统一征收期限，统一征收管理。以后不收东西了，也不要你干活，统一改为收钱。国家把钱收上来，需要什么东西自己去采购；有什么劳役，雇人去干。

总的来说，“一条鞭法”是合并各类征收或解运方式。合并的特点是：合并编派、合并征收、用银缴纳、改变解运制度。

需要说明，张居正的“一条鞭法”，立场是中央政府，出发点是富国强兵，为了将收税、征劳役化繁为简，并不是为了减轻百姓负担。

不过在客观上，确实大大简化了行政流程，减少了中间流通环节，上下官吏能插手的环节相对大为减少。同时，“一条鞭法”改革了劳役，使长期以来因徭役制对农民所形成的人身奴役关系有所削弱，农民获得较多的人身自由，起到了减轻百姓负担的作用。

因此可以说，“一条鞭法”算得上利国利民的好政策。

用现代的税制来理解，“一条鞭法”可以理解为部分取消人头税，分摊到田赋里，是征收财产税的一种改革。到了清代雍正时期，干脆把丁税也摊入田税内征收，即所谓摊丁入亩是也。

课本上说——“一条鞭法”上承唐代的“两税法”，下启清代的“摊丁入亩”，是中国历史上具有深远历史影响的一次社会变革——确实是没错的。

另外一个问题，既然从成化到嘉靖年间，都有官员意识到有必要改革税制，为何迟至张居正才全面铺开呢？

不是他们不想，两方面原因。

一是没钱。

这个没钱，意思是没有可流通的货币，没有可以支撑的货币体系。

大明自开国以来就缺少足够的流通货币，大明宝钞早已破产。在流通领域不要说白银，铜钱都根本不够。老百姓都玩起以物易物了，你拿什么去收货币税？

还是“隆庆开海”为明朝带来了海外巨量白银输入，白银货币体系得以确定，这是张居正的“一条鞭法”得以推行的一个时代背景。

在“一条鞭法”之前，中国老百姓缴纳的主要是实物税，“一条鞭法”实行后，就变成了货币税。这里面也离不开“隆庆开海”，海外巨量白银的输入，让白银货币化，否则一切都是空谈。

二是征收财产税，首先要明确可以用来征收的财产有多少。若以土地为计量标准，就需要在全国范围内清丈土地。

这个问题让人非常头疼，杨廷和、张璁、夏言、高拱都干过，都干得不彻底，因为阻力太大。手握最多田地的是那些王爷、高官、土豪、地主，他们手里集中了大量土地，还有各种办法漏报瞒报，隐匿财产，导致国家税收锐减。

比方说徐阶吧，他家在松江府占了几十万亩土地，大家都知道，谁也不敢说。一方面，不是徐阶一人如此，侵占田地的官儿多了去了。举报徐阶，不就等于举报自己？另一方面，首辅的身份摆在那，就问你怎么查，谁敢查？

另外，由于大批流民的存在，里甲制、户籍制早已形同虚设。太祖高皇帝朱元璋制定的“赋役黄册”已成一纸空文，想靠鱼鳞皇册来统计人口数量，不靠谱。

张居正想要改变这个局面，他真正需要干的事，是清丈全国土地，找出隐匿的土地和人口，确定税基。

万历六年（1578 年），张居正主导的清丈田亩工作率先在福建进行，他委任的是老乡兼好友，福建巡抚耿定向。耿定向不负所托，于万历八年（1580 年）基本完成福建清丈工作，卓有成效。

手握《考成法》，掌握着清丈土地的数量，张居正不怕地方官不作为。在首辅大人的严厉督办下，清丈工作得以在全国艰难推行。

必然中的必然，张居正的强力改革会遭遇阻力。

这是要扒大家的皮啊，各地官员、权贵、豪强纷纷坐不住了，弹劾的声音如狂浪般袭来。

这些张居正见得多了，起初他并不在意，直到一封来自辽东的弹劾奏章，让张居正心生失望。

奏章出自辽东巡抚刘台之手，刘台，张居正的学生，他在奏疏中攻击老师坏祖宗之法，威福自己，目无朝廷，手举考成大棒，欲胁制科臣，拱手听令。

大明两百多年历史，学生公然弹劾老师，这是破天荒头一遭。

就算老师有不是，学生也不能背叛老师，就连严嵩那般做派，胡宗宪都不肯当人面说他坏话，这位刘台一边口口声声老师对他恩情深重（臣受居正恩亦厚矣），一边大义凛然地要求将老师查办。

张居正又怎能接受如此现实，他先是愤怒，怒完就哭了，哭着去找万历皇帝请辞。您想，一个五十多岁的人哭着跑出办公地点，那得是多委屈啊？

万历皇帝时年 14 岁，着实被梨花带雨的张居正吓了一跳，急忙去问母亲李太后。李太后态度很坚决，说张先生绝对不能走。母子俩对张居正百般挽留，他们清楚，此时变法已到最关键的时候，张先生一撂挑子，这事没人敢接，也没人敢做。

那刘台怎么办？不好意思，只能严办了。

万历皇帝下旨，刘台杖责一百，发配充军，还是张居正顾念师生之情为刘台求情，最终刘台被贬为庶民，永不录用。

皇上用强力行动挽回了张居正的颜面，刘台被罚，变法总算得以顺利推行下去。

即便如此，将“一条鞭法”推向全国也还是一个长期而艰巨的过程，这个过程是与清丈田地同步进行的。

万历四年（1576 年），张居正开始在自己家乡湖广试行“一条鞭法”，然后一个省一个省地逐步扩大范围。在推广过程中，他也允许当地官员根据自己辖区情况，制定各自的实施细则。

直到万历九年（1581 年），清丈田地基本结束，“一条鞭法”才差不多在全国铺开。

清丈田地已经引起轩然大波，“一条鞭法”更是触动了无数人的奶酪，上至王公贵族，下至官僚地主，核心利益受到触动，引来反弹是理所当然的事。

仅万历九年（1581 年），就有松江知府阎邦宁、汝州知府郭四维、安庆知府叶梦熊、徽州府掌印官李好问等高级官员，不是清丈田粮迟缓，便是对“一条鞭法”的推广抱有抵触情绪。

张居正听说，只是吩咐按《考成法》来办，该停俸停俸，该记过记过（戴罪管事），谁说话也不管用。再不行，撸掉他们也在所不惜。

惩办官员还容易理解一点，毕竟张江陵以首辅之尊，没有官员能挡其锋芒。对于另一类人，张居正也是毫不留情，一些勋贵或宗室试图阻挠，一样遭到惩办，不是被革禄米就是被革去封号，废为庶人。

张居正的权力

话说回来，张居正干的这些事，为何历任首辅都做不到？这就不得不提到张居正的权力。

关于张居正的权力，他自己有句话说得很明白。首辅行使的是辅政事宜，张阁老却毫不掩饰地说：“我不是辅政，而是摄政（我非相，乃摄也）！”

张居正的权力来自哪里呢？

众所周知，明清是古代集权制度的顶峰，皇权一家独大。朱翊钧年幼，在他还不能亲政的情况下，他母亲李太后就代替万历皇帝，成了权力最大的那个人。

这一点，在高拱与冯保的斗争中就表现得相当明显。纵有内阁首辅兼顾命大臣的身份，李太后叫他滚蛋，也只需要一句话而已。

张居正上台，情形也没有丝毫改变。不过碍于祖制，李太后是没有办法对外廷直接发号施令的，她必须借助一个人，或者一个机构来对外传达自己的意思。

这个机构不是内阁，是司礼监；这个人也不是张居正，是冯保。

冯保并非善类，扳倒高拱后，他还试图利用“王大臣案”，炮制出高拱指使王大臣谋刺皇帝的谣言，欲置高拱于死地。

许多大臣都对他诬陷高拱的险恶行径嗤之以鼻，但是冯保也是个有政治抱负的太监，同时他也深受李太后信任。

李太后交给冯保的任务主要有两个：支持张居正，督导太子。

前一个任务，冯保完成得很漂亮；后一个任务，搞砸了。

在万历时期的头十年，冯保和张居正密切合作。他掌管的司礼监和东厂，成为张居正的强力支持者，他们一个主内，一个主外，共同推动万历新政。

冯保不是个省油的灯，为了达到目的，采取任何手段都不在乎。

万历五年（1577 年）发生的童立本事件就是个很好的例子。

这年五月的一天，冯保正在东厂品茶，一个执事匆匆跑过来汇报：礼部主事童立本悬梁自尽了，原因据说是穷死的。

这倒不是开玩笑，张居正接手首辅以来，发现中央财政依旧十分紧张。为扭转赤字，他决定暂时以库房中的实物冲抵官员俸禄，以这个临时性的办法过渡一阵。

发到童立本手上的是胡椒和苏木。

这两样东西今天不值钱，当时却是舶来品，属于稀有药材，价值不菲。问题是胡椒和苏木不能当饭吃，得换了钱才能买米。童立本便扛着袋子满大街转悠，想把东西卖了，换点钱去买米。

谁知童主事在京师各大药铺转了一圈，得到的答复惊人的一致，说童大人，这些东西用量本就不多，这些日子已经收满了，麻烦您到别的铺子再去问问。

童立本这才知道，领到胡椒、苏木的不是他们几个，而是一大批官员。大家从朝廷扛回来同样的东西抛售，市场已经饱和。

卖不出去，就换不来米；换不来米，全家就得挨饿。童立本是个老实人，得知好不容易领到的俸禄竟然养活不了妻儿老小，七尺男儿的自尊受到极大打击。情急之下，索性趁家人不注意，他悬梁自尽了！

万历五年（1577年），正是张居正新政如火如荼之时。《考成法》，清丈田地，“一条鞭法”轮番出场，各级官员被KPI、清田退赃折腾得去了半条老命，对新政不满的大有人在。童立本之死是个意外事件，落到对新政不满的官员眼里，就是个很好的机会。

张居正不是口口声声新政要富国强兵吗？堂堂六品官员都被你逼死了，普通百姓还活得下去吗，你这是富的哪门子国？

吏部侍郎王希烈一向反对新政，他趁机炒作，大肆宣扬张居正苛政害人性命，又召集门生故吏来到童立本家哭丧，引来大批不明真相的群众围观。

丧礼上，王希烈带头控诉，一条一条批判张居正新政之过。王侍郎很有演说天分，骂得指天誓日，唾沫横飞，把个丧事办成了批斗大会。人们的情绪被煽动得异常激烈，哭喊声、咒骂声聚集到一起，恨不得挽起袖子就要去张府算账。

就在众人情绪将被点燃之际，却不知哪里蹿出一团火苗。当天纸扎的祭品摆得到处都是，火借风势，瞬间屋内屋外一片火海。惊慌之下，密集扎堆的人群发生踩踏事故，大火殃及周围民舍，数名官员和百姓在事故中丧生。

火哪来的？事后有人直指，从集会开始到火苗蹿起，不时有可疑人物间杂其中。有熟悉的人指认，这些人都是东厂特务。更为直接的证据是，火灾现场伤亡人员中也出现了东厂人员。

所有线索都指向这不是意外失火，而是人为纵火，幕后策划者正是司礼监掌印太监兼东厂督主冯保。至于死两个小特务，冯公公是不会放在心上的。

官员们都确信，这是冯保缺了大德放的火，却无人敢于出面指正。

东厂凌驾于三司之上，冯保更是皇上的大伴，李太后身边红人，谁敢指控冯保？

冯公公为何指使人纵火，大家当然心知肚明。一场可能针对张居正刮起的政治风暴，就这样被真正的大火给消弭于无形。

冯保手握东厂，时刻注意着朝廷官员的一举一动，一有风吹草动，立马汇报到冯督主那里。谁要是敢阴张居正，先得过了冯保这一关。

第十七章 谋国还是谋身

张居正"夺情"

改革的阻力要比预料之中更大，王希烈被一把火烧了个胆战心惊，不代表所有人都尿了。

童立本事件没过几个月，一个更大的考验来了——这年九月，张居正父亲张文明在老家去世。

消息传到京城，满朝都轰动了。张府每天都挤满了吊唁的人，大家一把鼻涕一把眼泪哭完丧，眼睛都在滴溜溜乱转，心思都是一样：张阁老会走吗？他什么时候走？

毕竟张文明与他们素未谋面，只是个名字和代号而已。大家哭得如此伤心，无非因为他是张阁老的老爹。以张居正的地位，这个程序是必走的。

哭完拜完，大家真正关心的，是张居正的"丁忧"问题。

孝道历来是儒家思想非常重要的一部分，古代评价一个人的人品，首先要看的就是他对父母的态度。拥有官吏身份的人更要遵守传统的道德礼仪制度，如若父母去世，无论此人担任何官何职，必须辞官回到祖籍守制二十七个月，这叫“丁忧”。

不孝顺父母，在哪朝哪代都是很大的罪责。不管你官当得多大，只要是父母去世，你就得抛下所有权力回乡“丁忧”，这是祖制。

祖制是不能违背的，至于你丁完回来那个位置还在不在，没人能保证。

张文明死得很不是时候，反对力量刚被强压下去，张阁老便摊上这事。支持者愁眉苦脸，反对者喜笑颜开。他们都明白一个道理，没有张居正本人镇住场子，新政还能不能搞下去，那就很难说了。

张居正很清楚大家在想什么，父亲去世让他很难过，他也恨不得立即回乡尽一番孝道。可是改革才渐入佳境，难道就此放手，让数年心血付诸东流？

张居正不甘心，人死不能复生，活着的人还要负重前行。三年后再回来，从头收拾旧山河？谈何容易！

祖制不可违，还能有什么办法？

办法只有一个——“夺情”。

“夺情”，意思是该位大臣本该回去“丁忧”，但是他有大事在身，朝廷实在离不开他。此种情况下经皇帝批准，可不必去职，以素服办公，不参加吉礼。鉴于这是把工作需要建立在别人失去至亲的痛苦之上，剥夺了人家尽孝的机会，是违反人之常情的一种做法，故谓“夺情”。

本朝“夺情”不是没有先例，永乐朝大学士杨荣，天顺朝大学士李贤都曾被强行挽留下来工作。此外也有一些尚书、侍郎等利用各种手段，营求“夺情”，化悲痛为贪欲，大搞交易来安慰他们痛苦无助的心灵。

十月，痛苦万分的张居正上疏，孝道不得不守，我要回家守制，国家大事就先放一放吧。

万历皇帝很快批复，朝廷此刻离不开先生，凡事都有个权变，张先生你就辛苦点，戴孝上朝吧。

张居正再次请辞，父亲去世五内俱焚，痛不欲生，根本没有办公的心思，坚决要求回家守孝。

万历皇帝再次打回，国家大事，朕还要仰仗先生，张先生你一定不能走。

张居正毫不气馁，接二连三表示一定要走，你强留也没用。

眼看张居正演得实在逼真，太过投入，小万历最后撂出一句话：多年来，朕都是听先生的，这次请先生听朕一回，国事离不开先生哪！

皇上话都说到这份儿上了，再演下去就不合适了。张居正不好再推辞，只得擦干眼泪，化悲愤为力量，准备更加忘我地投入朝政中，以回报皇上的信任。

“夺情”表演获得圆满成功，另一群人不干了。

廷杖事件

万历五年（1577 年）十月，翰林编修吴中行、翰林检讨赵用贤、刑部员外郎艾穆、刑部主事沈思孝先后上疏，弹劾张居正不守孝道，坚决反对“夺情”。他们还举武宗朝大学士杨廷和的例子，说一代名辅杨新都，接到父亲讣告即回家守制，皇上再三挽留仍不改其意。你张居正凭什么“夺情”？未能尽孝，何来忠君？

这几个人官职不大（最高六品），闹出的事却不小。

首先，这四个人都不是言官，弹劾本不在他们职责范围。不是言官还硬要揽上分外的活，尤其弹劾的还是当朝首辅，动机本就让人生疑。

其次，吴中行、赵用贤身份更不简单——他们都是张居正的学生。而且吴、赵两人都是隆庆五年（1571 年）进士，和之前的刘台同学有同年之谊。

一个刘台已经搞得张居正焦头烂额，这次一下来俩。有刘台的前车之鉴，在这个敏感时期，这四个人还如此一致地跳出来要张阁老滚蛋。他们图什么？

张居正父亲去世这种事，一辈子也就一次，反对派正弹冠相庆，等来的却是张居正“夺情”的消息。

张居正近似于无敌，我们没办法，但天底下总有能克制你的东西。

反对声你可以无视，孝道你不得不守，这是祖制，这是伦理，是渗入儒家脊髓的东西。父亲死了不守制，张居正，你还是人吗？

要说通过盘里盘外的手段跟张居正过不去，他们没有那么大的力量。张文明去世是个天赐良机，站在道德礼仪的立场去批判张居正，于理于法都讲得通！

张居正算是彻底愤怒了，你们说我“夺情”是违背人伦，学生弹劾老师，难道就不违背纲常吗？

别人可以反对我，学生不能反对我！

必须严惩！张居正上奏，万历皇帝自然照准，批示将他们押到午门当众执行廷杖，以示杀一儆百。

旨意下来，原先沉寂的朝堂沸腾了。在“夺情”事件中保持沉默的大臣纷纷跳了出来，他们搞起签名请愿，还到大街上张贴大字报，营造声势要求皇上收回成命。

其中两个官员，翰林学士王锡爵和礼部侍郎申时行表现得尤其激动，他们跑到了张居正府上，试图当面求情。

张居正自然知道他们来意，下令不见，申时行知难而退，王锡爵却趁人不注意溜了进去，见到了正在守孝的张居正。

王锡爵开口便说：“请阁老奏明皇上，这四人过不至此，当从宽发落。”

张居正正色回答：“王大人，我若求情，天下人说我挟天子治天下，我若不求，便是不仁不义之辈。如今家父去世，我只想一心守孝，至于那些同僚，全凭皇上做主，恕我无能为力。”

要说这位王锡爵，以后也是著名的万历首辅。十五年后，大明与日本的一场大规模战争，就是在他的坚决主战之下战而胜之，彻底地斩断了日寇侵略中国的妄想。

不过在这当口，深受儒家思想浸淫的传统士大夫王锡爵，不满于张居正“夺情”。眼见张阁老开口便说不行，王锡爵不由得气往上冲，他疾言厉色说道：“张大人，您舍孝尽忠，举国皆知，此时却要为一己私欲，罔顾人伦，弃师生情谊不顾，就算您功在千秋，也难逃悠悠众口。”

不提师生还好，一提这个茬，张居正亦是怒从胸中起。他二话不说，抄起一把刀就塞到王锡爵手中：“王大人，如果今日一切皆因我张居正而起，若我一死，能够堵住这天下悠悠众口，那我甘愿一死。”

张居正的反应大出王锡爵意料，要对首辅大人动刀子，王侍郎是万万不敢。无奈之下，他只得起身告辞。

不管众人如何斡旋，四个人到底没能逃过一劫。不过当锦衣卫来到四人府上拿人时，他们表现得很是平静，反而是一副正气凛然的样子，仿佛此去不是受刑，而是殉道一般。四个反对派被押到午门，按倒在地褪去裤子，板子不停起落，狠狠打在屁股上，一时鲜血飞溅，观者掩面。

这次廷杖事件中，受牵连的还有一位刚中进士，观政刑部的邹元标。邹元标人微言轻，三次上疏反对“夺情”，都被张居正压下。眼看意见到不了皇上那里，邹元标给气得不轻，吴中行等人受刑当天，他揣着奏疏就去了现场。等行刑结束，邹元标把奏疏拿出来直接交给了中官，哄骗他说：“这是我请假的奏疏。”

万历皇帝拿到奏疏打开一看，上面如此写道：

臣看到张居正的上疏说：“世上先有非同寻常的人，然后才能做非同寻常的事。”这是把奔丧看作事而不屑于去做的人。谁不知道人只有恪守仁、义、礼、智、信五种道德伦理才能成其为人。现在这个人，父母活着时不去照顾，父母死了不去奔丧，还自我吹嘘为非同寻常的人，世道人心不认为他丧失天良，就认为他是猪狗禽兽，这能叫作非同寻常的人吗？

把张居正骂为禽兽不如，这骂得太狠了。万历皇帝十分恼怒，也将邹元标打了 80 棍子，贬职流放都匀卫。

眼见群情汹涌，万历皇帝不得不下旨：再及张居正“夺情”者，诛无赦！非议才告暂时消止。

清流还是循吏

张居正用下策逼退王锡爵，他并没享受到胜利的快感，反而是惊得目瞪口呆。

本以为大局尽在掌握，哪知平静的表面下早已暗流涌动。改革的阻力是如此之大，这股庞大的反对力量随时准备对他反攻倒算，卷土重来。

摆在张居正面前的问题很实际：谋国，还是谋身？

要谋国，必然坚定地把改革推行下去，触动无数人的利益。他会得罪更多的人，承受更多骂名，遭受更多攻击。张居正到底是个士大夫，他不在乎名声吗？

要谋身，简单多了。喊喊口号，拉拉关系，讲讲人情，张居正是从严嵩时代一步步过来的人，官场如何尔虞我诈，政治斗争如何杀人不见血，不要见得太多！

可是改革是为了什么？是为了我张居正吗？

难道，我登上人臣之极、帝师之位，到头来还得屈服于这些官场纠缠？

随着改革进入深水区，各路人马纷纷现形。这些人里有我的朋友，我的学生，还有我的师长。他们以前对我或是很友善，或是毕恭毕敬，有些还帮了我不少忙。但当改革触及他们的实际利益，这些人全都成了敌人。

那又怎么样？为了我的理想，为了大明的未来，把他们全得罪了又何妨？

只不过，进入这个大染缸以后，他们都变了。剩下为数极少坚持理想的人，大家会骂他傻，骂他不知变通。可是再看看自己，镜子中那些人老志消的官僚，个个都活成了自己曾经讨厌的样子。

所谓学得文武艺，货与帝王家。到头来还是得做个满口仁义道德、无裨社稷民生的庸官？

抱歉，别人可以，我张居正不可以！

张居正是个务实主义者，他也是个理想主义者，正如他写给自己的从政格言："得失毁誉关头若打不破，天下事无一可为者。"

哪怕所有人都不理解，我也会一个人面对整个世界！

改革注定要有人付出代价，于我而言，即使身后骂名滚滚，我也在所不惜！功我罪我，其唯春秋！

张居正认清了现实。

跟这帮人发脾气、讲道理都是没用的，这些清流眼中，道德第一位，干事第二位。哪怕坐班时家里着火了，他们也要先上请假奏章，等到内阁批复，皇上打钩，才能回家救火。

经此变故，张居正进一步确定了自己的用人准则：重用循吏，慎用清流。

所谓清流，大体上能理解为爱惜清名、刚直不阿的诤臣。清流不能说是贬义词，他们通常都比较正直，痛恨歪风邪气，但同时书生气重，不知变通，容易认死理，走极端。

循吏则不同，他们不受道德约束，把事功放在第一位，能顺从环境，也能干事。他们主张在复杂的环境下找到解决问题的路子，又往往为了达到目的而采取一些非法手段。包括同流合污、行为不检，进而又贪污受贿，违法犯罪。

对于这样有争议的循吏，是允许其以功抵过，还是按律法办事？

清流者，海瑞、刘台、邹元标是也；循吏者，殷正茂、戚继光、胡宗宪是也。

谁对大明更有用呢？

隆庆三年（1569 年）海瑞巡抚应天，被高拱当了一回枪使，不到半年就被踢回南京管粮食去了。张居正当国后，多次有官员推荐复用海瑞，张阁老便命御史前去考查，回报说海瑞还是一副老样子，恐怕太过严峻刚直。

张居正叹口气，最终也没有任用海瑞。

戚继光就不一样了。上面有官员下来，他不仅好吃好喝地供着，走时还不忘封个红包，再给带上一大票当地土特产。对恩人张居正，戚继光自然懂得投桃报李，逢年过节，进京汇报，都不忘单独捎上一份大礼。

待张居正当上首辅，戚继光的尊敬又上了一个台阶，每次给张居正写信，戚继光都非常谦卑地自称为“门下”，落款是“小的戚某”。

戚继光就是张居正认可的循吏。

有了首辅支持，戚将军只需要专心于军备而不必参与政治，因为凡是应当安排的事，张居正已安排妥帖。

海瑞名声高，品行好，可他还是个炸药包；戚继光有争议又如何，才能卓越便是能臣。

张居正自己便是循吏，非常明白书生误国的道理。他需要的是能做事之人，即使这个官员自己天天吃肉，可他治下百姓也能天天吃肉；而不是整天看似清廉自律，天天吃白菜豆腐，百姓也吃白菜豆腐的官员。

为了堵住清流之口，张居正推行起新政来变得更加强硬与严苛。唯有厉行改革，才能堵住这天下的悠悠之口，唯有手握强权，才能让百官臣服，才能毫无阻力地实行他的兴国大业。

纵有千般议论，我必百折不挠。

效果是相当明显的，三年不到，大明可用来征收赋税的土地，由过去的400多万顷增加了180多万顷，将近一半，税收效率更是一枝独秀，超过了朱元璋时期。

只是张居正没有想到，他的改革任务完成得相当出色。太后交给他的第二个任务，他和冯保一样做得相当失败。

这个任务就是教导皇上。

第十八章 万历皇帝清算张居正

君臣之殇

曾经，张居正与万历皇帝虽是师生之命，君臣之位，但更是情同父子。从张居正成为万历皇帝的老师那一刻起，他殚精竭虑，誓要将万历皇帝培养成中兴之君。

张居正这个老师是非常严格的，在学习上，他从不允许学生有任何侥幸心理。有一次，小皇帝读《论语》，读到一句“色勃如也”，将“勃”字读作了“背”字。读书读错个字，本来也不是什么太大不了的事，但在张居正眼中，这是不能容忍的错误。他当即断喝一声：当作“勃”字！

万历皇帝悚然而惊，在场人也无不失色，皇上已经十几岁了，张先生您这一嗓子，是不是有点失人臣之礼？

万历皇帝对张居正逐渐产生畏惧心理（帝甚惮居正）。李太后又利用这种心理，万历皇帝做错事，她就每每抬出张居正来吓唬他：这事要让张先生知道了，要你好看！

久而久之，张居正在万历皇帝心里成了“狼来了”的代名词。

李太后的本意是以张居正为严师督促万历皇帝，然而这不是一般的学生，万乘之尊所害怕的，感到压制的东西，迟早都会推翻他。但这时的万历皇帝，还没有这种明确的意识，即使是李太后，也不知道她种下的祸根。

万历六年（1578年），16岁的朱翊钧大婚，曾经的幼年天子已然成年，渐渐露出了对独立行使皇权的渴望。这个曾经无比依赖张居正的小小少年，竭尽全力想要成为大明王朝真正的统治者。

成婚之后，万历皇帝不再受母亲李太后的管束，花钱渐渐开始大手大脚起来，内廷库银一年五六十万两，都不够他与皇后挥霍。

为了能继续享受皇帝应有的生活，万历皇帝下令，向户部拨取20万两白银用于内廷的开销。但是，当旨意刚刚下达到户部时，就被张居正给拦下了。

张居正入宫面见皇上，心急之下，直接质问起来：内廷的库银都用到哪里去了？

张居正的严厉质问，让万历皇帝心生不快，却也不好发作。

张居正一再坚持，户部的银子只能用在国事上，后宫的用度只能从内库支取。万历皇帝见张居正不愿松口，便提议，如果户部的银子不能支取，那便自己铸造铜钱使用。

这个建议再次遭到张居正的严词拒绝：钱，那是能瞎造的吗？

这件事后，万历皇帝越想越生气，越想越窝囊。碍于张居正的身份和威严，他不敢发作，内心却禁不住会想：我贵为堂堂一国天子，居然连铸造一枚铜钱的权力都没有，何其可悲？张先生居然连天子的命令都敢驳回，这天下哪有臣子做天子主的道理。

自此，万历皇帝在表面上，表现得对张居正依旧尊重，事事都会询问他；但在行动上，渐渐显露出乖张难测的一面。

万历八年（1580年），朱翊钧出宫游宴，喝得酩酊大醉，他命两个内侍唱曲助兴，小太监推说不会。万历皇帝生气了，拔剑就砍，左右侍从连忙拉住。万历皇帝还不肯罢休，下令鞭笞二人几乎至死，最后又坚持割下他们的头发，以示“割发代首”。

这件事被冯保捅到李太后那里，太后想不到儿子会做出如此荒唐的举动，便想要重重责罚。她将万历皇帝召来，当着张居正的面，命他长跪地上，数说他的过失，并威胁说再这样做，就要废掉他的皇帝之位。

万历皇帝吓得泣不成声，一口一个“我错了”，请求太后原谅。太后气恼未消，叫人取来一本《汉书》扔到他面前，命令道：“你翻到《霍光传》，大声读一遍，读给你的张先生听听。”

霍光，历史名人，汉武帝托孤重臣，大汉江山多亏了有霍光这样的人镇守，才能保得一时平安。

李太后的意思，是叫万历皇帝以史为鉴，叮嘱儿子要多听张居正的教导，今后切勿再出现此等荒唐行径。

但霍光做过另一件有名的事是废立皇帝，废刘贺立刘询，被许多人称为权臣。

万历皇帝当然知道霍光的典故，他读着读着就读出了不一样的味道，刘贺被废，不就是因为霍光？如此来看，张先生倒像是自己身边的权臣。

李太后这么做也无非是想吓唬一下不懂事的万历皇帝，哪会真的废了他，万历皇帝的感受却不是太后所期望的，他产生了一种受压抑的敌意，一种威胁。

读完《霍光传》，李太后说这还不算完，你既然认错，就要有个知错的样子，再写一份罪己诏吧。

所谓罪己诏，相当于皇帝的检讨书，它通常是在三种情况下出现：一是君主犯错后自责，二是天灾造成灾难，三是政权危难之时。每到这些时候，皇帝就会自省或检讨自己的过失、过错，写成诏书，向全天下公布。

万历皇帝心想，我不过就是处罚了两个宦官，怎么闹到要写“罪己诏”的程度了？扭扭捏捏不肯写，太后看出他心思，冷笑一声：“你不写，叫张先生代你写。”

张居正冷眼旁观了整个过程，自然明白他的角色是什么。轮到他上场了，张居正吩咐研墨铺纸，挥毫泼墨，片刻即成，写完冯保盖章，整个过程如行云流水，看得万历皇帝目瞪口呆。

张居正这样的大知识分子，公文水平肯定是极高的。史书上只记载，万历皇帝看到这份诏书的反应“词过挹损，帝年已十八，览之内惭，然迫于太后，不得不下”。

“词过挹损”——太不给皇上面子了，万历皇帝根本不想公布这份诏书，迫于太后的威严不得不下发。太后毕竟是母亲，万历皇帝不能恨母亲，自然就把账记到了张居正头上。

作为皇帝的母亲，李太后是一个颇具政治眼光的聪明女人。她明白，若想要匡扶社稷，中兴大明，只能依赖于眼前的张居正。她希望张居正能帮助他们母子俩护住大明江山，她更希望自己的儿子能在张居正的庇护下，稳坐皇位，因此，李太后一直都全力支持着张居正。

不得不说，母亲的眼光比儿子看得更加长远，如果万历皇帝能听从母亲的告诫，平心对待张居正的劝说，大明王朝或许真的可以再延续百年。

然而，李太后虽然聪明一世，却始终忽略了孩子的心理变化，她对张居正的肯定与对万历皇帝的打压，激化了万历皇帝与张居正的矛盾。

张居正生前曾经说：事长君易，事幼主难。他的话竟不幸言中。

急流勇退

在生命的最后两年，张居正一直在认真思考，思考一个很严肃的问题。

在作品中，张居正如此说道：“高位不可以久窃，大权不可以久居，然不敢遽尔乞身者，以时未可尔。”

他不是恋权之人，只是老成谋国；他亦深知功高震主、盈满为惧的道理。张居正出生于嘉靖年间，看着本朝政治斗争长大，对权力争夺的激烈与残酷，比谁都来得熟稔。

八年首辅当下来，已是高处不胜寒，仇敌遍天下。皇上 18 岁，已然大婚，是不是该交回权力？我是不是到了该急流勇退的时候？

万历八年（1580年）二月，在没有遭到弹劾，万历皇帝也没有对他表示不满的情况下，张居正递上了辞呈。他说："我已经56岁了，须发变白，血气早衰，怕是干不动了。就容老臣归政乞休，皇上您也到了可以亲政的时候，定能大展拳脚，中兴我大明。"

拿到张居正的辞呈，万历皇帝颇为心动。不过过去的经验告诉他，这有可能是张先生和母后联手挖的一个坑，专门让他跳的。这个被吓大的孩子不敢造次，乖乖地批复：不许。

张居正叹口气，以身体健康原因连着上了第二道、第三道辞呈，表示老臣是真心诚意归政给陛下，您就批了吧。

到这份儿上，万历皇帝不再怀疑张居正的动机。万历皇帝早有亲政之心，张居正诚心归政，那是再好不过了。他正准备朱笔亲批，母亲李太后站了出来。

"张先生不能走，等他辅佐你到30岁，那时再作商量。"

照太后的意思，张居正还要干12年，干到68岁退休，身体也没问题。

太后发话便是圣旨，李太后的决定彻底击溃了万历皇帝最后的一丝尊严，也彻底断送了张居正明哲保身的机会。

张居正只能继续干下去，为了这个偌大的帝国，燃烧掉最后一丝生命之火。

先倒下的是冯保

万历九年（1581年）五月起，张居正病了，病势日益严重，直到卧床不起。其间张居正多次乞求退休，万历皇帝就是不准。

无奈，张居正只得带病工作，边看奏章边吐血，边吐血边批复奏章。如此缠绵病榻一年多以后，张居正以这种他不希望看到的方式走完了一生。

万历十年六月（1582年）二十日，大明太师兼太子太师、吏部尚书、中极殿大学士张居正病逝，终年57岁。

王朝柱石轰然倒塌，举国悲痛。万历皇帝为他的张先生辍朝三日，赠上柱国，谥“文忠”。谕旨特批子孙扶棺千里回籍，风光大葬，极尽哀荣。

看上去万历皇帝正在兑现他的承诺，只是当时，所有人都没有想到，一场针对张居正家族的清算正在逼近。

张居正去世前九天，万历皇帝加封他太师衔。这是文臣中至高无上的官衔，在明朝二百年的历史中，从未有人在生前得到这项荣誉。

张居正病将不起时，万历皇帝频频派人问候，“闻先生糜饮不进，朕心忧虑。国家大事，当一一为朕言之”。

张居正强撑病体写下密奏，举荐礼部尚书潘晟官复原职，入阁办事。潘晟正致仕在家，闻讯随即启程赴京。一路上，他都在盘算着如何按照先太师的遗愿来处理眼前和今后的事。

孰料事与愿违，潘晟还在路上变故已经发生——张居正去世后第五天，万历皇帝突然下了一道谕旨：张四维担任首辅，潘晟赴京仍任原职，不必入阁。

张四维，万历三年（1575 年）由张居正推荐入阁。入阁之初，张四维极力支持张居正的一切政令主张和改革措施。张居正执政中期，以严刑峻法治理朝事，但亦结怨甚多。眼见张居正遭人怨恨，张四维便转变了立场，以宽大从事，安定人心，转而成为新政的反对者。

不用张居正力荐的潘晟，提拔新政反对派张四维，皇上态度的微妙变化很快被言官嗅到。雷士帧等七名御史上疏，说：潘晟经常被先帝斥责，实难当此重任，希望皇上罢遣此人。

万历皇帝假意驳回，说：这是先太师特荐的人选，朕没让潘晟入阁已经很愧疚了，怎么还能罢黜他呢？

说皇上是尊重张先生吧，他不让潘晟入阁；说皇上不尊重张先生吧，他又拒绝罢免潘晟，这到底是什么意思？

万历皇帝给大家出了道哑谜，一帮言官们干别的不行，揣摩圣意功夫一流。他们把潘晟的简历翻了一遍又一遍，很快有人找出了答案。

第二天，给事中张鼎思、王继光等再上弹劾疏，这次他们给潘晟扣上的是另一顶帽子，说潘晟曾是冯保的老师（内书堂讲习），其实是冯保选中的人，这个人曾有窥视内廷的举动。起复潘晟，岂不是鼓励大家窥视皇上？

收到此疏，万历皇帝好不心喜，就此再下一道圣旨：潘晟不必到京，以原官加武英殿大学士衔致仕。

这下变天的信号再明显不过，首当其冲的不是张居正，而是被潘晟扯出来的冯保。江西道御史李植、江东之等立刻上奏，列出冯保十二大罪状，包括篡夺皇权、作威作福、贪赃枉法、勾结朝中大臣，真是十恶不赦，必须严惩！

冯保在宫中的死对头宦官张鲸也不失时机吹风，向万历皇帝透露了一个秘密：冯保家财万贯，珍宝多得超乎陛下想象！

冯保和张居正一样，他们对朱翊钧的爱护是全方位的。高拱被赶走后，冯保得到进一步重用，他与张居正一起负责万历皇帝的教育，万历皇帝亲切地称冯保为“大伴”。

冯保既是严师，又是忠仆，一刻也不敢忘记自己的职责。他亲自为万历皇帝校对出版学习课本，后人看到都赞叹不已。小万历从小跟冯保练习书法，长大也能写得一手好字。

冯保对万历皇帝相当严格，朱翊钧成长道路上面对的各种诱惑，冯保统统给挡了回去，就连张阁老的面子他也不给。一次张居正将内阁的白莲和翰林院的白燕进献给小皇帝，冯保坚决拒绝，还派人给张居正捎话说：“主上年幼，不可以异物启玩好。”

冯保在深宫数十载，深知天威不可触犯，但为了大明的江山社稷，也毫不客气地指出皇帝的过失。冯保陪伴这个孩子从黄口小儿长成一国之君的青年，他相信自己所做的是对的。他只希望，这个孩子能成长为他和张居正希望的那种人，能够中兴大明的皇上。

只是，冯保或许忘记了自己的真实身份。

冯保的身份本是家奴，明代所有大太监们，别管多么厉害，都只是皇上的家奴。

冯保对万历皇帝的爱护是真心的，但这种爱护，万历皇帝未必想要。

朱翊钧既是皇帝，也是个普通人。他需要学习如何治理天下，也需要享受普通人的快乐时光。

罪己诏事件就出于冯保的通风报信，为此万历皇帝怀恨在心，再加上多年来被管制积累的怒气，听到宦官张鲸的建议，万历皇帝很是心动，但还是不敢。

他心存畏惧地问道："如果大伴走上殿来，我如何办（若大伴上殿，朕奈何）？"

张鲸回答："既然有了圣旨，哪敢再进宫殿（既有旨，安敢复入）！"万历皇帝这才放心。

有时候爱护他人的方式不对，就可能会在无形中，把刀架在自己脖子上。而这个从小受到管教的孩子，有朝一日，也会引来反弹。要是他的身份恰巧还是皇帝，那对国家而言，就是一场灾难。

圣旨很快下来了：冯保欺君蠹国，罪恶深重，本当显戮。念系笭考付托，效劳日久，故从宽着降奉御，发南京新房闲住。

冯保宅第被查抄，挖地三尺，抄出足足百万家财，还有数不清的奇珍异宝。

这个曾经的大伴，没想到自己从小呵护，视若珍宝的孩子，会在转眼间就翻脸无情。

冯保就此被打倒，全家削去官籍。第二年正月，冯保便在南京去世，他的弟弟冯佑、侄子冯邦宁削职后死于狱中。

冯保不是怀恩那样的太监，钱他没少拿，事也没少干。为了支持张居正，他在外面得罪的人不少；为了保护小万历，他在宫里得罪的人也不少。他陷害高拱，他纵火行凶，不是个传统意义上的正直太监。另外，他也主持平反了不少冤案（敕同法司大热审平反甚多），也能约束子弟和手下不让他们为恶。

在大方向，大原则上，冯保还是有底线的。"处事忌太洁，智人贵藏辉"，正如这世上没有绝对的黑与白一样。

多年以后，百姓们提起冯保时说，相比之前的王振、刘瑾，和之后的魏忠贤，冯保算得上是相当收敛，也能约束他的家人和部下，不让他们过于嚣张跋扈，大家都觉得冯保此人还不错。

相比张居正，冯保还能称是幸运的。

张居正惨遭清算

冯保遭到清算，朝中风向火速转向张居正。两个月后，陕西道御史杨四知弹劾张居正 14 条大罪；几天后，四川道御史孙继先亦发起弹劾，并请求将之前因得罪张居正而被罢免的吴中行、赵用贤、邹元标等人官复原职，得到批准。

看着这些弹劾张居正的奏章，年轻的万历皇帝内心一时难以名状。张居正毕竟是托孤重臣，且有十年辅政之功，鞠躬尽瘁倒在工作岗位，要小皇帝马上便下狠手，内心还颇需一番斗争。

对于群臣的奏章，他不斥责，也不明令责罚，只是假装大度，却没说不再追究。这份态度落在群臣眼里，便是默许，何况他们的最终目的，不光要清算张居正，还要清算他的改革。

只有清算张居正，才能叫他彻底人亡政息，把那改革的星火熄灭在炉子里。

张居正已死？没关系，他还有荣誉，还有家人，这些都是清算的好对象。

很难说清楚这两年不到的时间，万历皇帝的思想变化。

张居正已故，不像冯保能发往南京。真要清算他，只能推翻自己当时下的旨意，对他身后荣誉和家族进行清算。张居正去世后，自己给了他最高规格的荣誉，这个清算时间来得太快，自己的脸是不是会有点疼？

冯保这个大伴都已成了牺牲品，张家的命运也早注定，只是时间早晚而已。

万历十一年（1583 年）三月，万历皇帝命追夺张居正赠官，将其子张简除名；八月，追夺张居正“文忠”谥号。

皇上的态度无疑是鼓励，弹劾奏章还在源源不断飞来。清算张居正进入高潮，四月初九，张居正在京府第被抄，又加张居正“侵夺王府金宝，又占王坟”罪名，命人前往张居正湖广老家查抄。

听闻此事，许多大臣都觉得过分。大学士申时行、许国，左都御史赵锦等朝廷大员先后上疏，劝谏皇上适可而止。

他们说，张居正一切荣誉、官职都被剥夺，连他兄弟、儿子的官职也被革掉了，已经相当严厉，并且以嘉靖朝严嵩为先例，希望不要牵连过广。

对于为张居正求情的奏章，万历皇帝一概置之不理，决心把张家一撸到底。

钦差大臣还在路上，地方官员已得到命令。为防张氏族人转移财产，江陵县知县将张府封门，对其断水断粮，以至于最后开门时，张家已经有十余人饿死，尸体甚至都化作了野狗口中之食。

封门时，阖家上下之惨已是令人不忍直视，钦差来到开门后，侥幸活下来的人还要搜身——“其妇女自赵太夫人而下，始出宅门时，监搜者至揣及亵衣脐腹以下”——官宦人家妇孺的尊严，荡然无存。

查抄结果如何呢？共得黄金万余两，白银十余万两。

普通人家，这自然属于巨额财产。张居正可是柄国十余载的首辅，任用循吏，自己也是循吏，清廉是与他沾不上边的。

这点钱，实在不算多。或者说，张居正才贪了这么点钱，出乎人们意料。

万历皇帝很不满意，下令严刑拷打。张居正长子张敬修不堪凌辱，自缢身亡。死前留下血书，极尽凄惨。三子张敬懋两次自杀未遂，侥幸留下一条命。

因为查抄张居正的府第，已经出了十几条人命。现在就连张居正的子嗣也保不住，如此对待老师之后，未免太过凉薄，一时朝野为之震动。以申时行为首的内阁大学士，纠集六部九卿大员，争相上疏请求从宽处分。

到此，查抄家产一事只能收手。但万历皇帝还不打算放过张家，下诏榜示张居正罪状于天下，本应“剖棺戮尸，故准恩免”，将其弟及子孙多人，俱发往烟瘴之地。

就在不久前，万历皇帝还红口白牙，口口声声说要照顾张居正的子孙。老师尸骨未寒，学生就是这样看顾他的子孙，真是令人齿寒。

万历皇帝的最后一丝皇恩，体现在顾念张居正效劳多年，恩准免于开棺戮尸的说辞里，何其冰冷无情！

万历皇帝的三个标签

万历这个皇帝，身上有三个最明显的标签：贪财、怠政、喜好军事。

第一个标签贪财，已经早早就表现了出来。

查抄冯保、张居正，万历皇帝就表现出了惊人的贪婪，抄了冯保让他大赚一笔，让人很怀疑万历皇帝执意查抄张居正湖广老家，重要目的还是搞钱。

第二个标签怠政，是几年后才出现苗头的。

亲政之初，富有朝气，敢作敢为。他表现出了惊人的精力和体力，每天处理政务的时间长达五个多时辰。大臣有本要奏，哪怕已经下班他也是立即接见，而且当天就给出处理意见，绝不消极怠工。

万历皇帝似乎竭力要向天下证明，离开张居正，我同样能使天下称治，成为为人称道的一代明君。

然而万历皇帝这副大展宏图、勤政爱民的姿态只持续了四年多，自万历十四年（1586 年）秋起，大臣们发现见不到皇上了。从开始的不上朝，发展到后来，连新年朝贺、祭祀先祖这种宗法大事也见不到他老人家的身影。

按万历皇帝自己的解释，他是“奏对次数太多，不耐劳剧”，意思是工作太繁忙，身体吃不消了。

此时的首辅是申时行，这位仁兄在张四维之后接任首辅长达九年，干出来一个“不作为”的名声，人称“首鼠两端”“八面玲珑”。

申时行处事圆滑，皇上既然身体不好，那就好好休息。等他身体好了，自然会出来工作的。

申老先生时年 51 岁，一直等到他 79 岁寿终正寝，也没等到这个机会。

为什么万历皇帝会几十年不上朝呢?

首先，万历皇帝的身体确实有些问题。

据当代定陵考古发现，万历皇帝存在两个方面的身体缺陷。

一是他的脑袋与常人有所不同，明显能看出左边和右边不一样大小，一高一低，左边牙床还明显缺少牙齿。专家分析，万历皇帝应该是存在天生的龋齿缺陷或是严重的牙周病，常年受到牙疼折磨。

二是万历皇帝遗骸的左腿骨长，右腿骨短，相差足有七公分，从医学证据上说明了他确实如传说中患有足疾，而且比较严重。

其次，万历皇帝亲政的这股热情，不可能得到他期望的回报，他自然也就懈怠下来。

原因很简单，万历皇帝亲政以后，主要工作是否定张居正的改革，否定他的用人及政策。既然张居正的新政是正确的，那万历皇帝的一番努力就等于对着空气挥拳，全是白费力气。相反，只能使朝纲法纪恢复到以前，陷于混乱的境地。

朝堂自张居正之后，就再也没有一个强有力的首辅，大臣和大臣之间，清流和循吏之间，争论不休。大家你说你的，我说我的，谁也说服不了谁，吵得一地鸡毛，真正伸手去做事的人却极少。

另外，自嘉靖朝内阁首辅拥有专决权以来，首辅的权力肉眼可见地膨胀，阁臣们不再满足于当次辅、群辅，都要争这个首辅，经常互相打得头破血流（参见严嵩、徐阶、高拱、张居正）。

张居正死后，出于对摄政的憎恨，和对首辅权力膨胀的害怕，万历皇帝决定将这帮大学士打回原形，不再赋予自张璁以来首辅获得的一些权力，将阁臣重新定位为一帮秘书。

而出于对张居正遭遇的恐惧，阁臣们更是众口一词，始终坚持大学士不是宰相。

为什么张居正之后再无张居正？从制度上说，万历中期以后，内阁职权回归到嘉靖之前，再也不可能出现张居正这样的宰相了。

既然没了张居正，也没了下一个张居正，万历皇帝请回的清流们可不是吃干饭的。他们除了与同僚互相攻讦，对皇上也毫不客气。比如大理寺左评事雒于仁上《酒色财气四箴疏》，说皇上您身体不好，就是因为酒色财气四个字。

万历皇帝可以把雒于仁打板子，也可以把他革职流放，架不住朝堂少说还有七八十个雒于仁。对于这种名为进谏，实则暴风雨式的谩骂，万历皇帝实在是头疼不已。

总之，万历皇帝已不想再伪装成一个胸怀大志的明主，他明确表示了对朝政的厌倦。万历新政已是陈年旧事，皇上早就躲在深宫中，下诏广采民女充掖后宫，推说圣躬违和，一门心思研究他的酒色财气，再也不肯上朝。

第三个标签喜好军事，前期看是振奋人心的，整体看是悲剧的。

自万历二十年（1592年）开始，整个国家的命运就与战争联系到了一起。第一场大规模战争，还是来自太平洋上那个岛国——日本。

不是说，“隆庆开海”之后倭患就平息了吗，日本咋又来了?

没错，以抢劫为生的零星倭寇不来了，这次来的是上十万级别的日本正规军。他们早有预谋，倾国而来，为的是灭掉大明。

第十九章 丰臣秀吉的野心

出身平民的统治者

嘉靖年间，朱厚熜在忙着认爹的时候，日本的局面也在发生着剧烈动荡。那个时期在日本历史上叫战国时代，全日本各地冒出许许多多大名（封建领主），他们互相攻伐，为争夺土地和话语权而混战。

嘉靖中期，战局逐渐趋于明朗，实力最强的织田信长先后击败各路人马，统一尾张、近畿，一家独大。

就在织田信长眼看要一统天下之时，1560 年，发生了著名的本能寺之变，信长惨遭部下明智光秀谋杀。

取代他崛起的是织田家重臣羽柴秀吉，此人农民出身，其貌不扬，长得尖嘴猴腮，绰号“猴子”，却着实是个有手腕有能力的雄主。

他先后击败明智光秀及柴田胜家，确立了自己的继承人地位。此后经过一路征战，秀吉逐步统一日本，被天皇赐姓“丰臣”，并受封“关白”（类似于丞相）一职。

万历十五年（1587 年），丰臣秀吉率领诸大名征伐九州岛大名岛津氏，这场战役以秀吉胜利，岛津义久投降而告终。

九州之役结束后，丰臣秀吉并未连根拔除势单力孤的岛津氏，反而将其领地基本维持不变。种种迹象表明，秀吉是想利用这日本最南端又最强大的大名，实现一个惊天动地的野心。

这个野心说起来吓死人，秀吉要统治天下！

不得不说，在 16 世纪就能有这样的理想，秀吉不是个天才就是个疯子。最后的结果证明，他确实是个疯子。

但在当时，秀吉确实是野心勃勃的，他为此制订了周密的计划：先派兵占领朝鲜；自己渡海至明朝，居留宁波；随后占领天竺（印度）；再派养子丰臣秀次占领大明首都北京。

秀吉甚至连日程表都制订好了：七年后（1594 年），他将亲自奉正亲町天皇迁都北京。

以往许多人印象中，日本是个小岛国，打起内战来不过是村级的小规模械斗，这是一种误解。

日本面积其实不小，仅略小于中国云南省，比福建、江苏、浙江、海南几个省加起来还要大。只是因为四面环海，地形狭长，日本才在地图上给人“小”的错觉。

日本的人口在战国后期已经超过了 1200 万人，在它的战国史上，十万人以上的战争并不鲜见。那些著名的大名，手下兵力往往达到数万人乃至上十万人。

秀吉掌日本全国之兵，他能动员的兵力达到了三十万人，除此以外，还配备了一万余人的水军和七百余艘船只作为海战及运输之用。

除了兵力，丰臣秀吉还有个狂妄的底气——在他所处的时代，是个日本历史上名将辈出的时代。

当是时，号称“战国三杰”的织田信长、丰臣秀吉、德川家康，织田家族已经凋零，德川家康心怀鬼胎，一个兵也没派到朝鲜。不过秀吉手下还有一班猛将，如百万石大名奥州独眼龙伊达政宗、筑城名家，有“鬼加藤”之称的加藤清正、被秀吉赞为“西国无双”的立花宗茂、绰号“鬼石曼子”的岛津义弘、人称“西国第一智将”的毛利元就、“沉默的武将”上杉景胜等。

这些人都是大名鼎鼎且久经战争考验，如此豪华的阵容，在纸面上堪称全明星。

封侯非我意，唯愿海波平

日本人办事认真细致是出名的，丰臣秀吉也非一味狂妄之人。早在他还是织田信长首席辅臣的时候，就向信长提出过这一方略，并派出忍者乔装打扮潜入大明，潜伏下来搜集情报。又叫来关西的海盗世家来岛家族，通过走私贸易的机会，密切搜集有关大明、朝鲜的一切情报，为自己俯取朝鲜，进击大明的惊天计划进行谋划。

屈指算来，已经有二十年之久。

如今丰臣秀吉已成一人之下的关白，兵精粮足，之所以迟迟不发动，原因无他，他在等，等待他最忌惮的那两个人消失，那时才是最完美的进攻机会。

这两个人就是“南戚北李”——戚继光和李成梁。

戚继光就不用再介绍了，丰臣秀吉还是个部将的时候就已听说他的大名。这个将军据说是专打日本人，跑到大明去冒险的剑豪、武士，死在他手里的不计其数。那些侥幸逃回来的人，听到他的名字还吓得直打哆嗦。

后来，又听说中国出了个神机妙算的关白（丞相）名叫张居正，将戚继光、李成梁收为其用。秀吉潜伏在明朝的间谍，都说张居正像诸葛亮一样神机妙算，戚继光、李成梁就是他的关羽、张飞，真是了不得，了不得啊！

有这些人在，丰臣秀吉是万万不敢上门找打的。可是很遗憾，张居正早在十年前就去世了，戚继光、李成梁也已经不在了。

万历十六年（1588 年）九月，戚继光于山东登州老家病逝，终年 57 岁。

严格地说，戚继光并非政治人物，他终生远离朝堂，精研军事，极力避免卷入那些无谓的争斗。

万历十一年（1583 年）春，戚继光被调到承平的广东。不到两年，给事中张希皋再上弹劾疏，戚继光被免去所有职务，勒令退休。

戚继光本人倒是早已看穿，自来到广东，他便知已无东山再起的可能，也乐得回乡图个清静。只是此时，三十多年戎马生涯落下的慢性肺炎引发了其他并发症，戚将军的身体已是一日不如一日了。

暮秋九月，序属三秋。戚继光独坐于幽陋的寒舍，屋外花开满廊，屋内清冷孤寂。老将军强睁着那已不再散发英气的双眼，望向高远的天空。

只有当飞鸟经过之时，才会将他沉重的眸子牵动。

恍惚之中，他仿佛听到一个浑厚而无比亲切的声音传来："吾儿，为父在此！"

转头望去，竟是自己的老父亲戚景通，衣甲鲜明，皓须长髯。

"父亲！"戚继光似有千言万语，却又说不出来。

"吾儿，为父教你的《御虏方略》可曾记得？"

"记得！"

"为父送你的四个字，可曾记得？"

"忠孝廉节！儿时刻不敢忘却！"

"嗯，为父留给你的，可曾轻用？"

"不敢轻用，儿一直在努力增加它！"

"好！好！不愧是吾儿。"

戚景通与戚继光父子间的秘密，竟是如此。

"吾遗若者，毋轻用之。"

"儿当求增，何敢轻用？"

戚继光在官场的染缸里濡染半生，却从不敢忘父亲叮嘱的"忠、孝、廉、节"四字。只是他不是以父亲的为人处世方法，而是以自己的方式，一直在做加法。

有人说了，你说"忠、孝、节"就算了，可是戚继光贪污受贿，拍上司马屁，都是事实，无论怎么说这“廉”一条，他也不占啊。

怎么解释？

无须解释，素以慷慨著称的戚继光，回老家后竟至一贫如洗，被妻子抛弃，门前冷落鞍马稀，甚至买药都没了银两。

他搞灰色收入不假，行贿收礼不假，但所得钱款不是用来自己挥霍，而是全都用在了提高部下装备和待遇上，才能打造出那样一支铁军。

反过来说，张居正从头到尾力挺他，也绝不是因为那点贿赂，而是戚继光是个真正对大明有用的人才。

这些不完美的小黑点，让人更敬佩戚帅。扫除东南倭患立不世之功，屹立北疆令强敌不敢南窥——“封侯非我意，唯愿海波平”，戚继光绝对无愧于自己的誓言。

剩下的日子，就只剩回忆了……戚继光重温着过去的爱恨悲喜，年少种种，如今思来，恍如隔世……

一阵劲烈的山风呼啸而过，戚继光又想起那些逝去的战友，一张张面孔闪现脑海。抗倭的直接负责人胡宗宪，早已于狱中自尽；知己兼上司，与他并起艰虞，同守北地的谭纶，在三年前病逝；直率而亲切的老大哥、“俞龙戚虎”之称的俞大猷，也在去年辞世。

想到这里，不禁长叹一声，满眼泪光。

又是一个秋风冷雨夜，鸡鸣三声之后，生命在微曦中如丝般消逝无声。

一代将星就此陨落，千古名将，也终究化为历史的尘埃。

戚继光是大丈夫、真英雄，与他齐名的“北李”李成梁则有争议。

辽东李成梁，比戚继光还会做人。他不光巴结张居正，还在朝廷中广交朋友，张居正去世后他又搭上了新靠山，内阁的申时行、许国、王锡爵都帮他说话，李成梁没遭到清算，地位一如既往地稳固。

不过这一切，随着申时行、许国的去职终于告一段落。万历十九年（1591 年），李成梁为言官所劾，十一月，李成梁在辽东的职务被罢免。

李成梁是个争议极大的人物，他的故事也很精彩，在后面还要详细说到。万历十九年到二十九年（1601 年），李成梁正被雪藏，要到万历二十九年八月，他才会再度出山。

戚继光、李成梁虽然都不在了，他们训练出的兵马还在，他们带出的将领还在。戚继光的南兵现在主要由浙军名将吴惟忠统领，李成梁更是在辽东繁衍出了根深蒂固的大家族，他的长子李如松和手下一批将领已经成才。除了宣大系、辽东系，还有麻贵、陈璘、刘綎等名将，他们即将奔赴前线，验一验日本那批名将的成色。

脆弱的朝鲜

万历二十年（1592 年），远在日本的丰臣秀吉并不在意李如松、吴惟忠这些名字。他收到的情报是张居正早已离世，戚继光、李成梁一死一去，大明皇帝已经不理朝政六年多，政局一片混乱，朝堂早已物是人非。

文臣之中，前首辅申时行已年老致仕，王家屏接任后短短六个月就辞职而去。当时的首辅是赵志皋，时年已近七十，柔和而懦弱，被朝廷士人所轻视，早有致仕之心。

从皇帝到文武都是脆弱不堪，秀吉等待的机会来了，他很快给朝鲜国王李昖写了一封国书，介绍了一下自己的业绩（西讨东伐，以数年之间，而定六十余国），说我已经无敌了（是故战必胜，攻必取。今海内既治，民富财足，帝京之盛，前古无比）。

接着，秀吉也不掩饰，堂而皇之提出了他的目的：

> 吾欲假道贵国，超越山海，直入于明，使其四百州尽化我俗，以施王政于亿万斯年，是秀吉宿志也。凡海外诸藩，役至者皆在所不释……秀吉入明之日，其率士卒，会军营，以为我前导。

丝毫也没有藏着掖着，言辞之中，好像日本才是朝鲜的宗主国而不是中国。

秀吉为何敢如此狂妄呢？

丰臣秀吉不懂中国，也不懂万历皇帝，但他懂朝鲜。

万历二十年（1592 年）的朝鲜，正处于李氏王朝统治之下，自开国君主李成桂结束高丽王朝统治，开创朝鲜王朝之后，朝鲜就主动归附大明，成为藩属国。连朝鲜的国号还是由李成桂奏请朱元璋亲自圈定的，朝鲜也一直使用大明年号，将明朝视为父母之邦。

李成桂开国以来，朝鲜一直很太平，太平了两百多年，多少代人都不知道战争是什么玩意儿（人不知兵二百余年）。当时的朝鲜国王李昖又是重文轻武，朝廷内斗激烈，根本没有一战之力。

这些丰臣秀吉都打听清楚了，但李昖并不自知。

收到秀吉书信，李昖一看什么玩意儿，这人是不是吃撑了。征服大明？他没喝多吧？

李昖只当是个恶作剧，他连正式的回信都没给，只是让使者带话给秀吉：大明是本国宗主，你就好好待在岛上当你的岛主，伐明什么的就不要多想了，梦做多了伤身。

李昖态度不好，这在秀吉意料之中，此举无非是先礼后兵，找个开战借口而已。

给你机会你不要，就别怪我不客气了。

事实证明，丰臣秀吉确实是个行动派，为了梦想可以矢志不渝，这从他以卑贱的出身最后成为统一全日本的传奇人物就可以看出。

虽然连朝鲜的官方答复都没得到，也没有周边国家支持，但这丝毫不能影响秀吉的计划。他于 1591 年正月开始备战，到 1592 年初，已召集三十余万兵力准备对朝鲜及大明作战。

万历二十年三月，一切准备就绪，秀吉将第一拨兵力十五万八千余人编为九个军团，渡海投送朝鲜，正式开始作战。

四月十四日，日军于釜山登陆，同日即攻占釜山，随后长驱直入，攻占东莱城、尚州、忠州；五月初二，日军攻克朝鲜王京汉城，俘虏朝鲜王子；五月二十七日，攻陷开城，朝鲜国王李昖放弃平壤逃往中朝边境，平壤被日军占领。

至此，朝鲜全国八道仅剩约一道之地未落入日军之手，战争仅仅开始了一个半月，日军攻城略地的速度与行军简直没什么区别。

丰臣秀吉的预测很准确。

当时朝鲜太平日久，二百多年不知兵事，除了在辽东方面常备精锐以防备死敌女真外，其余地区几乎只有治安部队，基本处于不设防状态。而近五十年来，朝鲜大臣又开始了党争，他们分为“西人党”和“东人党”内讧不已，国内军事不修、武备废弛、纲纪紊乱，压根没有做好战争准备。

而他们的对手刚刚打完内战，战争经验丰富，军团编制分明，属实算得上一支劲旅。有准备的打没准备的，会打架的打不会打架的，怪不得朝鲜上来就被一顿爆锤。

大明的反应

大明有什么反应呢？

早在万历十九年（1591 年）八月，福建巡抚赵参鲁就收到了琉球人送来的情报，同时亦得到海商反映，日本前往琉球、朝鲜一带的船只突然增多，并且大肆收购战略物资，用意不明。

赵参鲁如实上奏，奏疏如石沉大海。因为他的奏疏到不了万历皇帝那里，这种捕风捉影的小事，在内阁就给扔进公文堆了，没人会去在意。

这一耽误就是半年多，万历二十年（1592 年）五月起，辽东接连送来紧急奏报，说倭贼在釜山登陆了，倭军攻克汉城了，朝鲜王子被抓了。

兵部尚书石星是户部出身的一个技术性官员，刚在万历十九年（1591 年）由户部尚书改任兵部尚书。读完报告，石星心头大惑，朝鲜也不算巴掌大的小国，号称坐拥三千里天险，带甲数十万。怎么一个多月工夫，都城都让人给打没了？

早有传闻说朝鲜意图和日本勾结图谋大明，其中会不会有诈？

直到七月初五，辽东又来了一封急报：平壤已失陷，朝鲜国王李昖逃往义州，正请求进入大明避难。

李昖再狠，也不能把自己当诱饵。石星这才确认，倭寇这次是来真的，想要一口吞下朝鲜。

刚当上兵部尚书，石星雄心勃勃，很想做出一番事业。他一面移文辽东都司，抓紧收集情报，加强战备。一面上疏请愿，声称自己愿意亲往辽东居间筹划，必要时，还可以亲自领兵入朝，收拾那帮不知天高地厚的日本人。

实际上，关于如何应对朝鲜问题，朝廷已经吵了一个多月，形成了主战和主和两种意见。

主和派以内阁首辅赵志皋为首，认为朝鲜只是藩属，本就非我领土，只起屏障拱卫之用。小倭国能有多大胃口？就算它打下朝鲜全境，只要能称藩纳贡，性质是一样的。大明应该“守在四夷，不闻为四夷守”。

主战派以大学士王锡爵、御史彭好古为首，说朝鲜败得如此之快，倭寇实为劲敌，迎敌于外才是上策，等倭寇坐大，那就晚了。

这两派吵了好久，占上风的是主和派。因为就在这一年二月十八日，宁夏致仕副总兵、蒙古族人哱拜父子起兵造反，气势颇为猖獗，朝廷正拜李成梁之子李如松为总兵率军平叛。

宁夏之役尚未结束，主和派说，对付自己家里的麻烦才是正事，朝鲜跟日本打架，我们去掺和干啥？到时候，花的是大明的钱，死的是大明的精锐，何必去帮朝鲜出兵。

到底要不要出兵？除了王锡爵、石星等为数不多的主战派，其他大臣都认为，守好我们自己家门就行，不去蹚那个浑水。

可是不管大臣们再怎么吵，拿决定的只有一个人。只要那个人发话，赵志皋也好，王锡爵也罢，只能无条件接受。

万历皇帝的意见是这样的：倭寇之图朝鲜，意实在中国，而我兵之救朝鲜实所以保中国。

宜速救援！

这就是万历皇帝的第三个标签喜好军事。

万历二十年（1592 年），朱翊钧怠政已经很厉害了。其他事情（钱除外）他都能凑合，涉及军国大事，万历皇帝立马变得清醒，两眼精光四射，换上一副鹰派面孔。

而且很神奇，在军事战略上，万历皇帝的决定基本都是对的。比如这一次，他老人家说“倭寇之图朝鲜，意实在中国”，格局就比赵老先生高出几个档次。历史上每回朝鲜受到威胁，接下来倒霉的就是中国，因此救朝鲜就是救中国。

万历皇帝拍板，允许李昖渡过鸭绿江寻求庇护，同时决定出兵援助朝鲜，此事就此定议。

万历皇帝只管下旨，拟订作战计划，统筹战争资源，那是兵部的事。兵部尚书石星深知自己那点家底，宁夏那边战事正紧，要在东西两线同时开战，各方面资源都不够。比较稳妥的办法是拖到宁夏平定，大军返朝，到时才可大集精兵强将入朝抗倭。

问题是日军不会等你，小西行长的第一军团已经占领了平壤，再往前就是鸭绿江了。

如何让日本人停下脚步呢？功夫不负有心人，还真被石星想出了一个非常大胆的计划。

这个计划说好听点叫和谈，说直接点叫忽悠。

和谈者，类似于菜市场讨价还价。朝廷派出使者坐下来和日本人谈条件，你开一个价码，我还一个尺寸。几次三番下来，把标准谈到一个双方都能接受的地步，签字画押。你把军队拉回去，我也不用派兵，大家握个手还能当朋友。

可是大明是个非常硬气的王朝，它有一道不可逾越的底线：从来不和敌人谈判。以往历史上那些王朝用过的和亲、割地换取和平的招数，在大明这里休想。

大明可以弃地，可以打败仗，谁要想和敌人谈判，想都不要想！言官们的口水就会直接把你淹死！

这个主意是绝对拿不上台面的，只能暗箱操作，为此石星找来了一个叫沈惟敬的人。

沈惟敬，浙江平湖人。履历很杂，前半生主要在军队与倭寇打交道，还当过胡宗宪的幕僚。胡宗宪倒台后失业至今，主要靠在京城坑蒙拐骗过日子，一名标准的社会闲散人员。

石星看中沈惟敬有他的道理，这个人长得“长髯伟干”，一表人才，能说会道。他有跟倭寇打交道的经验，还很熟悉日本方物。

这样的日本通当时是稀罕物，石星面试过后十分满意，当即丢给沈惟敬一个神机营游击将军的虚职，授命他前往朝鲜与日军谈判。

石星也是个厚道人，临行前，他秘密给沈惟敬交了底，说你此行结果如何不重要，只要帮我拖住时间便是大功一件，荣华富贵少不了你的。

最后，石星特地关照：此事千万不可走漏风声，否则两人都要倒大霉。

明军首败

就在石星准备着他暗度陈仓的忽悠方案之时，前线出现了情况。

六月十五日，第一拨1029名明朝援军跨过鸭绿江；六月十七日，第二拨506人渡江；六月十九日，第三拨1319人渡江进入朝鲜，一起进驻义州城。

他们都来自辽东，由辽东副总兵祖承训统领，连同将官，总兵力不到三千。

日军有十几万，三千多人自然不是要来灭了他们，这些只是入朝的第一梯队，任务是保护李昖君臣，稳定局势，接应主力。

祖承训，辽宁兴城人，将门之后，李成梁心腹家将，辽东系统得力干将，标准的猛将一枚。

祖承训跟随李成梁在辽东砍人之时，罕有败绩，这次来到朝鲜，一样心高气傲。他端着天朝特使的架子训斥朝鲜官员：听说日本人都矮小如同武大郎（当时确实如此），还没我辽东女子高大，被一帮小矮子欺负成这样，你们朝鲜人也太不争气了。

朝鲜人很惭愧，也有人不服气，说我们得到可靠情报，平壤城内日军大半已被调走，如今只有五千多人，祖将军威震辽东，何不乘机收复平壤?

祖承训盘算了一下，我的辽东精骑一打二没问题吧，三千人打五千人，这仗有得打。只要能收复平壤，弄个辽东总兵官干干，还不是妥了！

祖承训本无发起进攻的权限，但在朝鲜官员不断催促下，他立功心切，动心了。祖将军下令，全军出击，以游击史儒、王守官等为先锋，统军进迫平壤。

朝鲜人的情报不算离谱，平壤城由小西行长第一军团驻守，编制为一万五千人，但在当时其中一大半被调去清缴游击队，城内只有约五千人。

祖承训从没跟日本人交过手，他也没听说过小西行长。此人不是无名之将，他是丰臣秀吉铁杆嫡系，因屡立战功，被赐姓丰臣，这对当时日本武将来说是极大的荣耀。

小西行长深受秀吉信任，被委任为日军先锋主将，他所统帅的第一军团也不负秀吉所托，成为侵朝日军的箭头，一路攻城略地，顶到了最前面的平壤。

小西行长早就收到了明军入朝的情报，祖承训杀奔平壤而来他也很清楚。小西行长意识到以手下兵力无法出城硬拼，比较稳妥的办法是守城，但当小西行长确认祖承训只有三千来人后，他冒出了一个更加大胆的计划。

祖承训逼近平壤，兵至嘉山时，他问当地人：平壤的军队是否还在？当地人回答还在，祖承训大喜，举杯对天说道："日军仍在，一定是上天令我建立大功。"

七月十七日，祖承训率部抵达平壤城西，正是凌晨时分，四周静悄悄的毫无动静。祖承训再次确信，立功的时候到了。他传令下去，进攻七星门，冲进去把日军砍了，兄弟们正好吃早饭。

明军杀向七星门，一轮箭雨把城头不多的守军射了个心惊胆战，来自城头的抵抗极其微弱。祖承训下令乘机直捣城门，一千多人一拥而上，很快捣开七星门，驱散门里的百来名日军。

眼看七星门已下，祖承训再无迟疑，令旗一挥：兄弟们，跟我冲！

坏就坏在了这里。古语云：知己知彼，百战不殆。祖承训只看到日军不多，却忽视了敌人的战斗力，尤其是日本正规军的战斗力。

在现代信息化战争之前，衡量一个国家的军队有多厉害，重要方式就是数坦克。

古代作战没有坦克，那就数披甲率，数骑兵。有甲和无甲的士兵是两个概念，骑兵和步兵又是两个概念。祖承训带来的是辽东边军精锐，披甲率百分之百，而且都是骑兵，战场上横着走那种。

我有三千铁骑，几千倭贼只有几百骑兵。他们的士兵个头不超过一米五，我辽东大汉人均一米八，上马二米六，那还不碾压你？

祖承训对部下的战斗力是很自信的，只是他长期在辽东，不曾到戚继光的蓟镇转一转，否则他就会发现，在十六世纪末的时间节点，世界军事理念已经发生了很大变革。

1592 年的日本，火器在军队中已经比较普及，主要装备的火器是火绳枪。火绳枪在日本被称为铁炮，由葡萄牙人传入，并在战国大战期间得到普遍应用，装备火绳枪的日本步兵名为铁炮足轻，火枪队因此被称为铁炮队。

著名大名织田信长手下军队就十分善用铁炮，日本史上著名的“长筱合战”（1575 年），织田信长大胆地以三段击战术，用火枪手大破武田家纵横天下的骑兵，创造了以火枪击败骑兵的神话。

此战以后，铁炮在武士和将领之中也流行开来，几乎是人手一挺。即便那些热衷冷兵器单挑的日军武将，通常也会随身携带一挺火炮备用。侵朝日军中，善用铁炮的武将不在少数，比如石田三成和来岛通明，都是著名铁炮好手。

明军的热兵器水平如何呢？

早在戚继光时代，他就曾指出：诸器之中，鸟铳第一，火箭次之。鸟铳即是日军装备的铁炮。

可惜戚继光的军事改革被打断了，他的影响力不曾覆盖辽东。

当然，由于造价和击发速度问题，日军铁炮还只是作为一种辅助性武器出现在战场，不具备主导战场局势的能力。但与之相比，更早发展出实战火器的明军在单兵火器上，整体一直处于原地踏步的状态。除了蓟镇军、浙兵重视鸟铳，其他军区部队的主要单兵火器有快枪、神机枪和三眼铳等，与日军的铁炮相比，性能已经落后许多。

祖承训手下的辽东骑兵，主要火器还是三眼铳，自从马芳在嘉靖年间把它推广开来，迅速风靡全国，成为骑兵的制式火器。

日本对战争中的明军三眼铳有这样的记载：

“明军在近身战中使用的是一种拥有着惊人威力的被称作子母炮的火枪。它共有三个枪口，三个枪筒相连，可自由选择发射一次或三次。”

“骑马的武士手拿长柄火枪。柄长六尺有余，带有长约一尺的枪身，其上插有刀刃，故枪身分为两部分，一旦靠近武士就会开枪。”

文中提到的子母炮，就是日军对三眼铳的称呼。虽说日军对三眼铳好评颇多，但实际上三眼铳与日军的火绳枪相比，杀伤力和精度要落后许多。

祖承训对日军的认识，还停留在嘉靖年间倭寇之乱的年代，那是零散的日本浪人和海盗作乱，多半是各自为战，不成编制也不讲究战术，与如今丰臣秀吉手下经历战国洗礼的正规军不能同日而语。

祖承训的错误是不知己也不知彼，把日军当成了蒙古人来打。小西行长的战术，正是诱敌深入，以己之长克敌之短，将明军骑兵引入城内，利用街道地形作掩护，用铁炮、弓箭等将他们包饺子。

眼见辽东铁骑冲入平壤城狭窄的街道，小西行长一声令下，数百挺铁炮齐发，弓弩乱射，冲在最前面的史儒、王守官，连同百余名部下当即被打成了马蜂窝。

明军大乱，祖承训在队列中段竭力收住兵马，往城外拼死突围。好在城门还在明军控制之下，祖承训在付出数百人伤亡的代价后狼狈冲出平壤城，全军退回义州。

一战损失数百辽东铁骑，是相当大的损失，祖承训论罪当死。但由于他上头有人，得以免死戴罪立功。顺便说一句，祖承训有个儿子叫祖大寿，后来比他要出名得多。

明军在朝鲜第一战如此脆败，让人始料不及。不得不承认，祖承训的段位还是低了，小西行长这样的名将还是有两把刷子，以名将对名将，才算是旗鼓相当。

但是大明的名将上一个项目还没忙活完，小西行长还得耐心等待一下。为了不让他冒出什么大胆的想法，后方的石星接着派出了沈惟敬。

沈惟敬的谈判功夫

奇了怪了，哪有刚吃了败仗派人去谈判的？小西行长肯谈？

还真肯谈。

表面上看，日本打得很顺利没错。不过本身这场战争是非正义的战争，日军劳师远征，士兵怨言不少。在将领层面，也并不是所有人都支持丰臣秀吉的野心，对他阳奉阴违的大有人在。像德川家康这样的人物，反而是在后方虎视眈眈，乐得看他失败的好戏。

就算来到朝鲜的日本大名们，也不是人人都愿意拿手下士兵当炮灰，消极怠工的大有人在。

小西行长一路杀来，接连夺取汉城、开城、平壤，首功非他莫属，部下也折损不少。小西行长心疼不已，他本是生意人出身，机缘巧合才成为武将，在他身上依然保留着生意人的精明，做什么都要考虑是赚还是赔。

于是小西行长一边打，一边给朝鲜王室写信，希望能以和谈解决问题。信写了七八封，都让李昖给烧了，朝鲜人虽然不能打，骨头倒是颇硬，宁可不当国王内附大明，也绝不当亡国奴。

小西行长也一直在注意着中国的动静，他在平壤伏击祖承训大获成功，但这也表明，大明军队真的进入朝鲜了，来帮助朝鲜君臣作战了。

这可是大事。

赶跑了祖承训没错，大明皇帝会有什么反应？赶跑了几千人，会不会再派几万人？到时候，我这平壤还守得住吗，我的士兵还带得回去吗？

小西行长不傻，这确实是非常有可能的事，后来剧本就是这么走的。

在这当口，小西行长不得不考虑，利用获得的小胜为筹码，来为谈判争取更有利的条件。

平壤城内的小西行长对和谈并不报以反对态度，反而可以说是积极的。

八月十七日，沈惟敬带着几个随从就来到了义州。朝鲜人盼星星盼月亮，好不容易盼来个游击将军，按照上宾的标准接待了沈惟敬一行。等他们吃好喝好，朝鲜人就问了，敢问沈将军，“天兵”还要多久才到啊？

这种军国大事，沈惟敬哪能知道，就算知道，石星也不敢告诉他，不过这并不妨碍沈大人的表演。

沈惟敬的特点是张嘴就跑火车，什么事都敢忽悠。他不光敢忽悠日本人，还敢忽悠朝鲜人，连石星本尊他也敢忽悠，可谓是大明史上第一大忽悠。

“沈大忽悠”听到朝鲜人发问，把嘴一抹便开始信口开河：“快了，圣上已征调七十万‘天兵’，不日就能渡江”。

话一落地，朝鲜人一片沉默。

七十万大军是什么概念，要多久才能集结，朝鲜君臣是有数的。莫说明朝会不会为朝鲜出七十万人，就算真来了七十万人，凭李昖君臣这点家底，拿什么供应补给？

到那时候，日寇还没打，朝鲜先得给大军吃垮了不可。

沈惟敬看出人家反应不对劲，意识到自己说漏了，他立马补救道：“我们大明这七十万大军，不光是为了帮你们光复朝鲜。圣上说了，先把倭寇赶出朝鲜，接着我大明‘天兵’便会跨海捣巢，把那秀吉生擒到京师献俘，以光我大明天威！”

滔滔不绝讲完，“沈大忽悠”也不管他们，拍拍屁股直奔下一站平壤而去，留下朝鲜君臣在风中凌乱。

八月二十九日，沈惟敬抵达平壤，受到小西行长热情接待，宾主双方落座，开始就和平问题进行谈判。

小西行长早考虑好了，他提出了两个要求：1. 重开通贡；2. 划大同江为界，以西归朝鲜，以东归日本。只要明朝答应，他就可以撤兵。

小西行长很精明，这个条件近似于赔款割地，他的底线是第一条一定得谈成，第二条可以留给明朝讨价还价。

没想到对面的沈大人出人意料地爽快，他只是略略思考一下，说您的要求不算过分，我看行。

小西行长按捺住心中的狂喜，不动声色地问：那敢问沈大人，此事何时能定议呢？

沈惟敬一愣，说：小西大人，您不会不懂谈判流程吧？我只是代表，奉旨来接洽的，本朝的规矩，我得把这个条件带回朝廷，由皇上他老人家发下谕旨才算定议。我相信，你们这么有诚意，皇上一定会答应的。

小西行长心想，大明国毕竟是“天朝”风范啊，你瞅这办事程序都这么规范，看来还是我见识浅啊。

小西行长又问了，那大概需要多久呢？

沈惟敬掰着指头计算了一下：也不用太久，50 日足矣！

小西行长不知是计，被忽悠得满心欢喜，不光好吃好喝招待沈惟敬，还赠送了一大包日本土特产再加几挺铁炮。两人约定，以 50 日为期，沈惟敬就会带回大明的正式文件。

这一切，朝鲜方面，大明朝廷方面，日本方面都被蒙在了鼓里。除了石星等少数几个人，沈惟敬几乎瞒过了所有人，“沈大忽悠”真是名不虚传！

努尔哈赤的建议

前线的小西行长和“沈大忽悠”在愉快谈判的同时，朝鲜方面正在紧锣密鼓迎接大明“天兵”，日本方面也正志得意满。

坐镇名护屋的秀吉每天收到的都是好消息，最新的军情中，除了在一些崇山峻岭之中有些被打散的朝鲜军队，还有个叫李舜臣的朝鲜水军将领在做无谓的抵抗之外，朝鲜八道已被日军八大军团攻占。

日本人打仗喜欢报喜不报忧，军团长们忙着互相争功，但前线形势并没那么乐观。

朝鲜半岛是个山地遍布的地形，一座座山峰把城镇体系切割得支离破碎，许多城市根本不在交通大道附近。日军的战略是速战速决，一路沿着主要交通干线直扑几个枢纽大城，希望靠摧毁敌人的中枢城市来瓦解敌军斗志，根本来不及蚕食那些远离主干道的城市。

所以，日军的进击是华丽的，控制力是有很大不足的。那些被打散的朝鲜官军、地方义军始终在与日军纠缠，他们手里仍控制着许多偏远的中小城市。

而且那个李舜臣，也远不是无谓的抵抗。如果说在日军侵略之前，朝鲜君臣中还有几个为数不多头脑清醒的人，李舜臣肯定是其中之一。

李舜臣，嘉靖二十四年（1545 年）出生于汉城乾川洞，万历四年（1576 年）中武举，曾在朝鲜东北边疆防御女真。后来阴差阳错，李舜臣于万历十九年（1591 年）被朝鲜重臣柳成龙推荐为全罗左道水军节度使，从陆军转为水军。

这一转才是神来之笔，在朝鲜举国上下不以日本为意之时，李舜臣已嗅到了危险气息。上任后为防备日本入侵，他就开始积极修理武器，并研制了一种被称为“龟船”的大型战船。

万历二十年（1592 年），丰臣秀吉侵朝，一路势如破竹，但那是在陆地。水上，李舜臣联合全罗右水使李亿祺、庆尚右水使元均，率 28 艘战船，于五月取得玉浦海战大捷；其后又在熊川县的合浦、固城郡的赤珍浦击败日军舰队。

三次战斗，朝鲜水军以一人受伤的代价，歼灭日船四十余艘，战绩堪称辉煌。

无奈水上的胜利无法抵挡日军在陆上推进，汉城失守后，李舜臣不得不退回全罗左水营驻地。但他并没丧失对胜利的追求，李舜臣派出战船不断袭击日军补给线，击沉击伤了许多运输船，严重威胁着日本军队的海上交通线。

这当口，日本水军将领九鬼嘉隆、来岛通总正暴跳如雷，谋划着对李舜臣发动报复。

秀吉不管这些，捷报还在源源不断传来。加藤清正第二军团甚至已经突入臣属于明朝的建州及海西女真部落，攻拔五营，八月，第二军团再次大破海西女真乌拉部，斩敌 900 人，攻破其部。

差不多就在这个时候，一份奏章送到了万历皇帝的案头，上奏者是个年轻人：大明建州卫都督佥事努尔哈赤。

在这份奏章里，努尔哈赤主要表达了两个意思。一是说我已收服了不听话的建州诸部，希望朝廷能赐给我更高的职衔，最好能给我个龙虎将军的官职，以便我更好地为大明戍边。二是说日本人都打到我们建州来了，这事我不能忍。我愿起兵三万跨过鸭绿江为朝廷讨贼。

对努尔哈赤的第一个要求，朝廷不置可否。对他的第二个要求，石星倒是很感兴趣。宁夏战事一时还结束不了，建州士卒素称劲兵，拿他们去顶一阵，倒也不是不可以。

石星把这个意思知会给了朝鲜方面，朝鲜人的反应出乎石星意料，他们的态度不是拒绝那么简单，而是干脆表示：我们被日本人打成啥样，也不能放女真人入朝！

石星来兵部不久，还不熟悉东北地区的民族情况。朝鲜人恨女真人，是个长久以来的历史遗留问题。女真各部一直被蒙古压制，往西打不过察哈尔，往南抢不动大明，北边的邻居朝鲜就成了他们最好的抢劫对象。

每年女真都要在朝鲜北方骚扰劫掠，死伤无数，两家可以说是世仇。朝鲜全境主要城市都被日军占领，李昖愣是没把朝军最精锐的咸镜骑兵调过来，就是留着他们防范女真乘虚而入。

石星说要派女真人来帮他们打日本人，还不把朝鲜君臣给吓死了。

让努尔哈赤出兵朝鲜就此告吹，二十多年以后，当这位女真首领再次引起大明注意时，他的身份已经是逆贼，再也不是一个恭顺忠诚的部落首领了。

第二次谈判

一转眼，50 天就快到了，石星算算日子差不多了，十月初七派沈惟敬再赴朝鲜，任务不变，继续忽悠。

十一月初七，沈惟敬抵达义州，二十六日，抵达平壤。小西行长已经等急了，这次沈惟敬倒是有备而来，随身背着个黄皮包袱。见到小西，他表情庄重地打开包袱，里面赫然露出一封正式公文，封皮上盖着大明兵部大印和石星的私人印章。

小西行长一看肃然起敬，叫来手下中国通一翻译，大意如下：

我们已经知道日本的苦衷了。原来你们起兵，只是为了通贡“天朝”而已，都怪朝鲜背信弃义，才导致两国交兵。现在既然都是误会，你们赶紧把地盘和两位王子还给朝鲜，另外寻一条路来进贡就是了。

读完文书，小西和幕僚们研究了半天，也没弄明白这些汉字到底表达的是什么意思。字里行间充满了对日本的肯定，对朝鲜的谴责。不过对于小西行长提出的两条要求，文书里一个字也没正面答复，反而还叫日本先把朝鲜王子和地盘还给朝鲜。

小西便问了：“是不是说，我们把王子和地盘还了，大明就答应我们的要求？”

沈惟敬不置可否，说：“你还是不懂中国的规矩。大明是礼仪之邦，讲究你敬我一尺，我敬你一丈。子曰：‘克己复礼为仁，一日克己复礼，天下归仁焉。为仁由己，而由人乎哉。’你们难道没学过吗？”

《论语》是古代日本上层必修书目，小西是个生意人书读得不多，沈惟敬几句话说得他面有愧色，不得不承认错误：“还请沈大人赐教。”

沈惟敬很耐心地解释道：“皇上的意思，还是先看你们的诚意。诚意到了，我们“天朝”上国当然不会和你们斤斤计较这些巴掌大的地方。你看你们来进贡的时候，是不是每次都能带回价值贡品十倍、数十倍的赏赐，大明什么时候欺负过外国人？”

沈惟敬接着斩钉截铁地说：“只要你们拿出诚意，朝廷绝不欺你！”

小西行长已经完全被忽悠晕了，他信以为真，同时又为难地表示，自己很想答应这些要求，但是朝鲜王子在第二军团的加藤清正手里，朝鲜国土被八个军团占据。他必须回禀坐镇名护屋的关白秀吉大人，由他下令才可执行。现在他所能做的，最多只是归还平壤城，划大同江而治。

沈惟敬没想到日本人这么实心眼，他一看目的达到，便故作大度地表示可以接受提议，其他条件等禀明关白再说。为了安抚小西，沈惟敬还说自己这次回去，会先说服朝廷册封秀吉及小西，以示诚意。

一来一回又得花不少时间，这次双方约定，正月初七，朝廷会派特使前往平壤以北的肃宁馆进行交结仪式，并主持册封事宜。

四十多天，够大军集结，来揍你们这帮龟孙了。

临走前，沈惟敬还故作神秘地透露给小西一个内部消息：特使人选皇上已经确定好了，这个人叫李如松。此事还没正式宣布，你暂时不要泄露出去。

沈惟敬倒也不全是哄骗小西行长，万历皇帝确实选定了李如松，不过不是来谈判的，是来要他命的。

第二十章 万历朝鲜战争

李如松入朝

万历二十年（1592 年）九月底，李如松攻克宁夏城，平定哱拜叛乱，还未来得及善后。万历皇帝降旨，任命兵部侍郎宋应昌为经略，刚刚结束宁夏战斗的李如松为东征提督，统蓟、辽、冀、川、浙诸军，克期东进，抗倭援朝。

这一年是壬辰年，这场战争史称“壬辰之役”，朝鲜称之为“壬辰倭乱”，日本称“文禄之役”。

李如松，前辽东总兵官李成梁长子。他起步靠的是父亲的恩荫，发达靠的是自己争气。出生于军人世家，在俞大猷、戚继光正读四书五经的年纪，李如松就已跟随父亲出征，过起了提刀砍人的刺激生活。李如松读不进去书，李成梁也不勉强，转头为他请来个著名的老师，此人就是曾在胡宗宪幕府担任幕僚长，才名满天下的平倭军师——徐渭徐文长。

成年后，李如松的履历依次为武进士—指挥同知—神机营右副将—山西总兵官—宣府总兵官。平定哱拜之乱前，李总兵就已打破了一项纪录，万历皇帝特旨加他提督衔，尽统辽东、宣府、大同、山西诸道援军。

在此之前，明代武将最高职务只能是总兵，李如松成为明朝历史上第一位加提督衔的武将——武臣有提督，自如松始也。

李提督打起仗来很猛，脾气也很大。每到一地，他都会留下与文官发生激烈冲突，随之被弹劾的记录，在宣府时他更是与参政王学书大打出手，被巡按御史王之栋劾奏为“骄横”。

万历皇帝倒是对李如松很有耐心，或者可以说李如松是他的爱将，宠眷并不因弹劾而改变。这次万历皇帝更是委以重任，命他提督蓟辽、山东、保定等处防海御倭军务，成为抗倭军的前线指挥。

十二月二十五日，李如松登坛，誓师东渡，此时鸭绿江冰封雪冻，真应了那句铁马冰河的壮丽景象。一批批中国军人跨过鸭绿江进入朝鲜，他们即将在这片陌生的土地上，为中华安危而浴血奋战。

我们来看看中方出场阵容，除主将李如松外，主要将领还有副总兵杨元、张世爵、李如柏，此为辽兵三巨头，李如松的左膀右臂。

除了他们，还有查大受、李如梧、李如梅、李平胡、王守臣等北兵将领，与吴惟忠、骆尚志、王必迪、戚金等南兵将领。

值得一提的是戚金。戚继光共有五个儿子，除了早夭的次子，其他四子都没有继承父亲的才干，一生碌碌无为。

亲儿子不成器，戚继光的侄子戚金却成长为一代名将。戚金是戚继光二弟戚继明的儿子，常年跟随戚继光征战四方。戚继光死后，戚家军一部就由他统领，这次戚金奉调指挥蓟镇车营兵马 1000 人入朝作战。

援朝兵力具体配置如下：

辽东铁骑 1 万人；

宣府、大同各选精骑 8000 人；

蓟镇、保定各选精锐步兵 5000 人；

浙兵 3000 人，也就是按戚继光军事改革训练出的第二代南兵；

总人数在 39000 人左右。

这是进入朝鲜的兵力，按朝廷本来的意思，还应征调四川副总兵刘綎的川兵和播州土司杨应龙的土兵，两部共 1 万人入朝。但是在播州那块地方出了点意外，这部分人没法来了，此事按下不表。

再来看看日方的出场阵容：

总大将（总指挥官）：宇喜多秀家。

第一军团，指挥官小西行长，人数 18000 人；

第二军团，指挥官加藤清正，人数 22000 人；

第三军团，指挥官黑田长政，人数 12000 人；

第四军团，指挥官岛津义，人数 14500 人；

第五军团，指挥官福岛正则，人数 25000 人；

第六军团，指挥官小早川隆景，人数 15000 人；

第七军团，指挥官毛利辉元，人数 30000 人；

第八军团，指挥官宇喜多秀家，人数 11000 人；

第九军团，指挥官羽柴秀胜，人数 11000 人；

另有九鬼嘉隆率水军 8750 人和七百艘舰船作运输士兵和海战之用，共计 158700 余人。

众寡悬殊，李如松行吗？

这一年，李如松才 43 岁，虽贵为提督，事实上他是有点郁闷的，因为皇上派给他的直接上司是宋应昌。

宋应昌，嘉靖四十四年（1565 年）进士，之前只是山东巡抚。出兵前不久，万历皇帝才提拔他为兵部右侍郎加右都御史，任命为"经略蓟辽山东保定等处防海御倭事宜"，成为节制李如松的顶头上司。

李如松一向跟指挥自己的文官弄不到一起，这次他刚挟宁夏平叛之威而来，正是志得意满。看到朝廷派来这么个名不见经传的侍郎来指挥自己，李如松心里很是不爽，在不同场合给宋应昌各种甩脸色。宋应昌资历、人脉都比不上李如松，顶着个大帅的帽子不好发作，只能忍气吞声。

让李如松不爽的不止文官，在军队内部他还看不惯南兵。

北兵素来看不惯南兵，在宣大还略好一点。李家经营辽东数十年，自成派系，始终对南兵不屑一顾。这里面不光有系统问题，还有个长久以来的南北问题。李如松本领虽大，对南兵的歧视却深入骨髓，这些矛盾很难调和，它们后来会一一爆发，带来灾难性的后果。

李如松是典型有勇有谋的猛将，跟徐渭学了一身兵法。平定哱拜时，他见宁夏城急切难下，便定下计策，决黄河大坝让水淹宁夏，又施反间计使得哱氏集团内部互相嫌疑，最后一举成功。

而在另一面，李如松身上的辽东汉子性格又非常明显。表现为不到前线还好，一上前线，脑子一热，经常会忘记自己全军统帅的身份，冲在第一个跟人拼命。

这种事说好听点叫奋勇当先，说难听点叫轻敌冒进。

前一个特点成就了他，后一个特点让他把命玩丢了。

两个计划

来到义州，李如松并未轻动，他先是下令召开军事会议，并让部下请来了朝鲜军元帅李镒。

李镒是朝鲜宿将，熟知平壤地形，李如松指着挂起的一幅平壤全城军事地形帛图，请教道："李元帅，您乃朝鲜一代名将，最是熟悉平壤城内外地形要塞。李某恳请您不吝赐教，我军若要强攻，哪一面较为有利？"

平壤是古朝鲜的政治、经济及文化中心，在公元前194年就已成为朝鲜首都，从古到今都是朝鲜的重中之重。这样重要的城市，当然是一修再修，到了朝鲜王朝时期，平壤是平安道首府，城池分内城、中城、外城、北城四部分，易守难攻不是盖的。

李镒摇摇头："难啊，平壤北靠牡丹峰，西枕苍光山，东傍大同江，三面据险，委实难以硬攻……"

李如松问："那南面呢？"

李镒用铜尺指指地图："平壤南墙之外地势平坦，看似无险可守。但南城城垛最厚，城门最坚，而且门外并不开阔，大队人马根本无法展开……"

旁边的查大受不禁嚷道："平壤既然这么固若金汤，你们是怎么把它弄丢了呢？"

说来尴尬，平壤根本不是日军打下来的，是被朝鲜人直接放弃的，日军未费一兵一卒就轻松占据平壤，如今再要攻克，谈何容易？

李镒被噎得说不出话来，李如松替他解围，斥责道："查大受，休得无礼！"然后转过脸对李镒说："李元帅，我东征大军席卷而至，哪怕倭虏所占据的平壤是万丈铁城，也挡不住我'天军'神威！"

李镒抱拳答道："李提督，您但凡有用得着我朝鲜军民之处，我们一定全力配合！"

李如松沉吟一下，思忖着回答："要说配合，倒真有件事要麻烦元帅，烦请元帅给我准备五千多套贵军服装，越快越好。"

李镒丈二和尚摸不着头脑，李如松当然不能告诉他，自己攻克平壤的首选方案，不是强攻而是智取。

怎么智取法，还得先请出小西行长的老熟人沈惟敬，此时沈惟敬跟随东征军团，也已经抵达了义州。

沈惟敬忽悠日本人的事不怎么光彩，更不能摆到台面上说。明军也只有少数几个高层知道，李如松正是其中之一。

如何使用这个人，李提督早有打算，现在时机已到，是时候亮出胜负手了。

正月初四，沈惟敬带着李如松的计策，再次来到平壤面见小西行长，带来了小西最希望听到的消息："天朝"特使李如松将于正月初七准时前来册封，希望日方做好准备。

沈惟敬特别关照，"天朝"是上邦，极其讲究礼仪，希望军团长大人能亲自出迎"天使"，以示礼尚往来。

大明是礼仪之邦，小西行长早有耳闻，听到沈惟敬此言，小西把头点得像鸡啄米一样，不停地说，瓦嘎大，瓦嘎大（明白）。

双方关于停战议和的交涉进行得十分顺利，小西行长、石田三成等军团长决定立刻无条件停战，三日之后，于平壤城郊举行正式册封和交接仪式。

这是李如松的A计划。

李提督当然不是什么“天使”，这是一条瞒天过海的古老计策。小西行长若出迎，便将计就计将他一举生擒；若不出迎，也可趁着日军盼着和谈，防守松懈的机会撞开城门，可一鼓作气攻下平壤。

正月初六，李如松集齐明军和朝鲜军，共计四万余人马压向平壤。为防声势过大暴露，他先行拨出数营精锐骑兵，命他们潜伏到离城门不远不近的地方。只要小西行长出来，骑兵便能飞速迫近，控制城门，大军随后掩杀而入，大事可成矣。

计划很理想，可惜百密一疏，漏算了一个细节。

之前祖承训突袭平壤那次，让日军见识到了辽东铁骑的厉害。这几个月时间没啥事可干，小西行长便命士兵和朝鲜劳工把平壤城外的树木砍光，土地犁了一遍又一遍，地里都给埋上了鹿角，重要地点安上了拒马，以防备骑兵的突袭。

骑兵们按命令先行，接近平壤才傻了眼，城外一大片光秃秃的泥地，别说树林了，连几棵大树都没有。一时间搞得他们进也不是退也不是，只好不远不近地围着城墙兜圈子。

平壤城内，共有15000名日军，再加几千朝鲜伪军。送走沈惟敬，小西还沉浸在兴奋之中，朝鲜局势并没有向关白预料中发展，大明提前出兵干涉，明眼人都知道这是个怎样的对手。如今我小西在局势未恶化之前，争取到如此优厚的条件，回去又是大功一件！

初六这天，小西很早就起床了，他下令让一队日军脱下军装，换上绚丽的和服，准备随他出迎。平壤城内的街道，也被打扮得花团锦簇，一片祥和的气氛，大大小小的倭寇手持花束，准备好了迎接大明“天使”进城。

小西行长正在美滋滋地想着，自己会得到个什么册封。忽然跑来个足轻打断了他，风月楼上的岗哨发现跑来了不少全副武装的骑兵，他们围着平壤城瞎转悠，不知在打什么主意。

小西一听心里一咯噔，难道是护卫使者的卫队吗？他赶紧跑到风月楼一看，果然平壤四周影影绰绰都是明军骑兵若隐若现。这些骑兵远远超过了护卫的数量，而且各个身挎大刀、长枪，目露凶光，不住地往城头打量。

小西脑筋飞快地转动着，沈惟敬说李特使要带兵来了吗？没有啊。为啥特使没见人，军队先来了？为啥他们不光明正大到城门口来，要鬼鬼祟祟地探头探脑？

小西行长一拍栏杆：不好，上当了！传我命令，所有士兵拿起武器，准备守城！

李如松正催动大军缓缓前进，突然有人来报，说平壤城头上花枝招展，摇着扇子的和服青年，转眼就换成了手举火铳、弓箭的日本士兵。

李提督反应过来，计策被识破了。

有文事者必有武备，李如松也没有把宝全部押在沈惟敬身上。那天请来李镒，了解平壤城防后，李如松同时准备了 A、B 两个计划。

A 计划破产，问题不大，还有 B 计划。

计策被识破，反正也没什么损失，那就堂堂正正打一场吧，看是你的日军厉害，还是我大明“天兵”厉害！

明军不再伪装，全军推进到城下，部队缓缓伸展开来，把整个平壤包围起来。

李如松并没有急于进攻，当天他只是分兵攻占了平壤西部的药山、大兴山和东部的木觅山。这些山峰矮小，驻扎的日军也不多，并不难拿下。接下来，李提督骑着马转遍了平壤各个城门，饱览了一番城外风光。随行的朝鲜官员很着急，一个劲地催促出战，李如松并不解释，仍按他的节奏慢慢转悠。

当然，李提督不是千里迢迢来旅游的，他只是要花一点时间，来准备自己的 B 计划。

直到正月初七黄昏时分，李如松才下令升帐点兵，召开正式作战会议，主要将领分列两侧，静待部署任务。

李如松一一吩咐下去：

“中军杨元，攻城西普通门。

“右军张世爵，攻东北七星门。

“左军李如柏，攻城南车避门。

“浙军骆尚志，攻东南含毬门。

“李镒元帅，辛苦你带部下进攻城北芦门。

“副总兵佟养正，领八百骑兵进行策应。”

李如松停顿一下，抬头再看帐下：

“吴惟忠，你带浙兵进攻牡丹峰。”

牡丹峰，位于平壤北部，海拔95米，是平壤地区最高峰。说它是个山峰，不如说是个要塞，此处修建有一座独立的北城，通过北城南门与平壤主城连接。峰上分布有数个石质堡垒，射击孔密布。牡丹峰驻守着第一军团松浦家前藤忠一率领的两千多人，松浦藩的士兵以精于铁炮，作战悍勇著称，是小西手下王牌部队。他们与城内日军互为掎角之势，居高临下控制城内外要点，这根刺不拔，后患无穷。

吴惟忠，字汝诚，号云峰，浙江义乌人，戚继光嫡系中的嫡系。嘉靖三十八年（1559年）九月，浙江宁、绍、台参将戚继光赴义乌招募新兵，4000名青年应募投军，吴惟忠脱颖而出担任把总。他随戚继光一路从浙江杀到广东，又跟随前往蓟镇担任参将。戚继光受排挤调任广东，吴惟忠忠心耿耿随侍左右，戚帅病逝后，接过戚家军衣钵的就是吴惟忠、骆尚志、戚金、王必迪等几名将领。

宋应昌看中浙兵的抗倭经验，特地向石星申请，调吴惟忠、骆尚志各带1500名浙兵来到朝鲜。这3000名浙兵都是按戚继光操典练出来的第二代戚家军，藤牌、鸟铳、虎蹲炮，一样不缺。

李如松对南兵一向不以为然，不过牡丹峰这颗钉子，他非交给浙兵不可。牡丹峰山势陡峭，日军擅长铁炮，北方骑兵无用武之地；浙兵善于徒步作战，个个是鸟铳射手，对日本的铁炮足轻有天然优势。

这也是个艰巨的任务，牡丹峰虽只有两千守军，攻坚难度之高，在平壤之战中可称第一。吴惟忠时年60岁，对于这个命令，他没有提出任何疑问，戚家军纵横天下数十年，从没有怕死这一说。

考虑到吴惟忠手下只有 1500 人，李如松又命朝鲜僧人休静大师率僧兵与浙兵合攻牡丹峰。

朝鲜人普遍信奉佛教，国内佛寺广布。僧兵就是武装起来的僧人，类似于少林寺的武僧，是朝鲜的一支特殊军队，战斗力普遍较强。这位休静大师身份很高，他是朝鲜八道十六宗佛教总摄，手下有 8000 僧兵。这些和尚战斗力不弱，这次光复平壤，休静带来了一千五百僧兵助战，要出一份自己的力量。

李如松接着说道："尔等务必用命，拿下平壤，就在明朝。"

这是一句结束性的总结，听到这句话，大家都知道该散会了，众人转身离开大帐，回去安排明日战备。

祖承训也是这样想的，然而就在他即将踏出大营的那一刻，李如松叫住了他：

"祖副总兵，你等一下，我还有几句话要跟你说。"

平壤之战

万历二十一年（1593 年）正月初八，攻克平壤之战正式开始。衣甲鲜明的大明官兵黑压压如乌云般簇拥过来，他们来到五百步开外列阵站定，明军帐中令旗挥动，队形散开，三百多尊黑黝黝的大铁陀被推了出来。

这是明军的撒手锏：大炮。

前文说明军单兵火器不如日本，但是在重型火器上，明军却完胜日本。明朝军队装备有各类轻重火器，如佛郎机炮、虎蹲炮、灭虏炮等小型火炮，"神机箭"这样的集束型火箭，还有天字大将军炮这样的重型火炮。

这种炮口径为 12 厘米左右，长约 1.5 米，重二三百斤，炮身用九道铁箍加固，可发射多种弹丸，日军称之为"大筒"。天字大将军炮是明朝自行研制，拥有专利的产品，尽管在国际上技术并不领先，但对付日本绰绰有余，却堪称明军的大杀器。

这些大炮比较沉重，在朝鲜的烂泥地里运输不便，明军主力抵达时它们还在路上。李如松之所以围城两天不攻，就是在等着大炮运到。

辰时，万道金光撕碎了笼罩平壤城上空的重重迷雾，城下万物终于清晰地出现在城头日本兵眼前。

日军从没见过天字大将军炮，他们好奇地指指点点，不了解这些铁疙瘩能打出什么样的伤害。

他们马上就会知道了。

李如松淡淡下令：开始吧。

旁观的朝鲜人生动地记录下了这顿炮火准备的凶猛程度：响震天地、山岳皆动，大野晦暝，烟焰涨天，旁弥数十里，火箭布空如织，火烈风猛，直冲城里，林木皆焚。

日军这才明白，与这些喷吐火舌的怪物相比，自己的那些小炮根本就不能称为炮。

> 倭铳之声虽四面俱发，而声声各闻。天兵之炮如天崩地裂，山原震荡，不可言状，犯之无不焦烂。

不是一个级别的火力，怎么对轰法，日军从未经历过这种程度的火力打击，一时间被轰得哭爹喊娘，就连小西行长本人，也被散弹打了个左臂挂彩。但是没办法，谁叫你射程不如人家呢，只能挨揍。

城下万炮齐鸣的同时，吴惟忠、休静大师已带人摸到了牡丹峰下。他们把部队混编为数人一组，两人对视一眼，不约而同拔出了战刀。

“上吧。”

趁着城头日军被压制的机会，联军顺利攻破北城外围防线，切断了牡丹峰与城内日军的联系。吴惟忠与休静分散开队伍，向山顶进攻。牡丹峰上的日军迅速反应过来，他们躲在碉堡里、石头后面，倚仗山势不停地放枪、放箭、还推下许多硕大的滚石。

山势陡峭，戚家军的火炮用不上，他们只能举着藤牌，靠手中的鸟铳和刀枪，顶着山头日军的火力，艰难地往上冲锋。

虽然戚家军和僧兵都是身手灵活的矫健战士，但是这种仰攻难度极大，许多战士倒下了。从辰时到巳时，高强度的攻坚战已经进行了两个多时辰，吴惟忠接连组织数次冲锋，最多攻上了半山腰，很难再往前进。

在另一边，平壤城下，战事也陷入胶着。开始一顿狂轰滥炸后，明军趁机清除了城外各种障碍，将攻城器械推到城墙下，开始强攻城头。

小西到底是名身经百战的军人，经过开始的惊慌，他和手下恢复了镇定。小西亲自带伤指挥，日军操起铁炮、弓箭、长矛据城顽抗，他们居高临下进行射击，巨石、沸水不断被投下，造成了明军不小的伤亡。

看到急切不能得手，身旁众将跃跃欲试，李如松却并不着急，他欣赏着城头日军的全力抵抗，一副料事如神的样子。

牡丹峰下，联军又一次进攻被击退。吴惟忠下令重新整队，他站在队伍前面，脸色阴沉地向部下训话："戚帅的操典，你们难道忘了吗？！"

浙兵大声回答："不敢忘！"

"背！"

"如擂鼓该进，就是前面有水有火；若擂鼓不住，便往水里火里也要前去……"

吴惟忠接着背下去："肯是这等，大家共作一个眼，共作一个耳，共作一个心，有何贼不可杀，何功不可立？"

"你们就是死，也不能退，不能玷污了我们浙江人的名声！"

"擂鼓！跟我上！"

吴惟忠身先士卒，挥刀再次冲锋。峰顶日军抵抗依旧顽强，60 岁的吴惟忠须发皆张，冲在队伍前列死战不退。激战中，一颗弹丸射中老将胸口，鲜血喷涌而出染红了他的胸腹，吴惟忠还摇晃着没有倒下。部下慌忙上前抢救主将，吴惟忠兀自不肯撤退，口中仍然下达着战斗指令，一定要拿下这股日军。

此战可说是平壤之战中最艰苦的一场战斗，小西行长精挑细选出的松浦家士兵，都是好勇斗狠之辈，是日军精锐中的精锐。面对大明精锐中的精锐，他们坚持抵抗了六个多小时，才逐渐开始不支，被逼到峰顶几个堡垒中负隅顽抗。

在浙兵、僧兵在和牡丹峰顶守军继续死战的时候，平壤城战局已出现了逆转。

明军重点进攻的是七星门、普通门、含毬门三个城门，城北的日军却很轻松。他们面对的是朝鲜将领李隘、金应瑞率领的朝鲜军队。

朝军的战斗力日军早有领教，看到是这群手下败将前来攻城，城南日军守将完全不放在眼里。小西行长得知芦门守军面对的是朝军，干脆抽走了芦门大部分兵力去支援其他二门，城头只留了八百日军，再加一部分投降的朝军来防守。

朝鲜军队确实如他们所料，拖着松松垮垮的队形来到城下，仿佛只是走个流程，一点也没有要拼命的意思。看他们满心不情愿地推着云梯接近，日军甚至都懒得浪费子弹，只是朝城下射几支箭，就想把这批磨洋工的朝鲜人吓唬回去。

朝军并不理会，他们集结到离城墙不远的地方，只见其中一位将军对手下大喊了一声。

喊的是什么，城头的日军听得并不真切，但他们的眼睛看得很清楚。

接下来，这些朝军开始脱衣服。外面罩着的朝鲜军服被扯下，亮出了底下闪亮的铠甲。

这是明军的铠甲。

日军这才明白过来，这哪是朝军，分明是披着羊皮的狼。

这支部队的将军正是祖承训。

当日作战会议结束后，李如松单独留下祖承训，交代道："祖将军，攻城时你带部下与李镒元帅一起进攻芦门。"

上次吃了大亏的祖承训很高兴，却听李如松又说了一句：让他们罩上朝鲜军服。

这就是李如松的 B 计划，依旧是瞒天过海。

祖承训依计行事，明军在战甲之外都披上了朝军行头，与真正的朝军混杂在一起，城墙之上的日军哪里分辨得出。

等到明军黑压压地涌到城下，掀去伪装，日军才幡然醒悟，再要调兵遣将，哪还来得及？祖承训所部率先突破芦门，负责守城的日军副将池田方平死在祖承训的三眼铳下，总算是报了他上次在平壤损兵折将之仇。

能够顺利攻下芦门，还要感谢吴惟忠和休静大师的中朝联军，正是由于他们的浴血奋战，拖住了牡丹峰顶的日军铁炮队，才让祖承训所部在攻城时不至于腹背受敌。攻下芦门，祖承训也懂得投桃报李，他立即派出查大受率兵支援还在攻坚的浙兵，牡丹峰上日军的末日，也就只是时间问题了。

驻马观战的李如松一看芦门已破，城上日军阵脚松动，便挥动令旗，命加紧进攻。浙军猛将骆尚志亦奋勇先登，带上大明日月旗插上含毬门城楼。

再说七星门，这里是中日指挥官较劲的主战场，也是战斗最激烈的地方。芦门、含毬门先后攻破，七星门的日军还在作困兽之斗，李如松火爆脾气发作，他高声命令张世爵：把大炮推过来，对着大门给我轰！

这道命令很大胆，也很疯狂。虽说抵近射击威力也会增大，但把大炮这么明显的家伙推到如此之近的地方，一定会引来敌人的疯狂集火。

张世爵提醒：提督，这么干，大炮恐怕撑不了多久。

李如松眼一瞪：你干什么吃的，不会想办法！

军令不可违，张世爵无奈，召来手下一问，还真找到个办法。有经验的士兵说，只要把炮架在车上，再在车上搁木板，盖上几层打湿的厚棉被，能有效防御铅子、箭矢伤害。

照此一试，果然效果良好，张世爵依计行事，命手下将这些盖着棉被的大炮推到离城门只有二百步远，一声令下：开炮！

数十门大炮发出怒吼，五花八门的炮弹呼啸着砸向城门。随着一声声轰击的巨响，七星门那坚固的城门，终于被这种不讲理的抵近射击轰了个七零八落。早已跃跃欲试的骑兵们打马挥刀，狂呼着就冲进了平壤内城。

这次骑兵突入，完全不同于祖承训遇伏那次，日军已是强弩之末，再也没了气定神闲打冷枪的从容。芦门、含毬门、七星门、普通门、牡丹峰相继失守，小西行长已经组织不起有效反击，眼看部下已呈兵败如山倒的局面，小西只得召集残兵，退守他的指挥部——城北风月楼，继续作困兽之斗。

风月楼是位于平壤东北角的一座五六丈高的塔楼，底宽顶尖，外墙异常坚厚，各个角上还有角楼，墙面密布射击孔和瞭望窗，是一座坚固的堡垒。风月楼内的小西行长召开紧急会议，讨论下一步作战方案。到这当口，部下已经被打惨了、打怕了，他们只是不停地诉苦，说这伙明军不讲武德，光是用箭射，用刀砍也就算了。他们还不分青红皂白，炮轰民舍，许多躲在民房的兄弟们活活被烧死在里面；遇到石头房屋，他们就用毒烟熏我们，熏死了好多弟兄……侥幸逃出来的，不是带伤，就是眼睛被熏得像馒头，根本就睁不开，这还怎么打仗……

小西行长还在犹豫，我军虽败，城内还有八九千之众，抱着玉碎的信仰，万一能撑到援兵到来呢……

日本军人作战讲究“玉碎”，就是说明知打不过你，也不肯逃跑，更不肯投降，宁愿全都战死，也不能玷污我的荣誉。

部下一听主将有“玉碎”的想法，吓得双膝一软，扑通一声就跪倒在了地上，颤抖着声音说道：“大将，距离我们最近的立花宗茂大人，他手下只有几千人，来了也不顶用啊，其他人更加指望不上。大明有一句谚语，叫留得青山在，不怕没柴烧。明国人还经常说‘君子报仇，十年不晚’，只有留下第一军团这些人马，才有把握报仇啊！”

小西行长毕竟是商人出身，讲究计算成本，听着部将近乎哀求的话语，再扫一眼身边伤的伤、爬的爬的众武士。他深深地叹一口气，丢下手中武士刀，一屁股坐倒在椅子上：罢了罢了，传令下去，让城中各处武士准备，日落以后前往东城大门集中，我们以攻为守，一起杀出大同门，突围出城！

为什么是东边的大同门，小西根据情报判断，东门敌人最少，而且那边出门不远就是大同江，只要冲过江，他们就安全了。

可是，李如松难道不知道吗？

当然知道，这是他的又一计：“围师必阙。”

《孙子兵法·军争篇》如此写道：“归师勿遏，围师必阙，穷寇勿迫。”“围师必阙”，意思就是包围敌人时必须要留出缺口，如果四面围定，被包围的敌人无路可退，必然下定决心鱼死网破。但如果有路可逃，不管是指挥官还是士兵，心理就会发生微妙的变化，这就是兵法的奥妙。

作为熟读兵书的名将，李如松不可能不明白这点，他故意留出东城大门不管，作为让小西行长突围的最佳地点，但同时，他早已安排了查大受和李宁率领3000名骑兵和轻重火器埋伏在日军的必经之路上，以逸待劳，拦腰进行截杀。

当夜，众多残存日军果然从城内各个地方密密麻麻拥挤到了东城门，小西行长派出哨骑四处侦察，回报说四下安静，没有发现敌军。

小西放下心来，下令道：“趁夜色正浓，各军出大同门，渡江东撤！”

夜色中，披伤挂彩的日军分成三路，他们互相搀扶着窜往大同江上三条浮桥，为自己幸存下来，即将逃出而欣喜不已。

他们高兴得还是太早了。

日军前队刚接近浮桥，就听半空中“轰”的一声霹雳般爆响，在寂静的夜空中传出数里开外，令人心胆欲裂。

密密麻麻的火把冒了出来，冲天的喊杀声响起。日军哨骑前来回报：明军设下伏兵，他们的骑兵已向我们掩杀过来。

小西行长心胆俱裂，已经乱了方寸，只是不停地喊道：“突围！突围！”

来都来了，哪里是这么好跑的。一顿猛烈的炮火轰完，查大受、李宁等率领数千铁骑兵发起了冲锋，他们一边大砍大杀，口中一边高喊：不要放走了倭酋小西行长！

到这份儿上，小西已经完全顾不上组织抵抗了，一心过江的日军更是无心恋战，沦为了辽东骑兵收割的背景。等到亲信武士簇拥着小西行长，拼死冲到江对岸再清点人数，作为侵朝急先锋的第一军团只剩下了6500多人，已不成编制。

小西行长看着残部欲哭无泪：没想到我在日本一世英名，折在了这异国他乡的平壤城。其他军团长知道了，还不知道会如何取笑自己呢！我这辈子，还怎么在太阁大人面前抬起头来啊！

其实小西行长是想多了，毕竟他是直面李如松进攻的第一个军团长，那些赫赫大名的其他军团长，只是还没领教到明军的厉害而已。

碧蹄馆之战

战败的小西行长撒腿狂奔，一路南逃到了朝鲜的王京——汉城。

凭借平壤一战，李如松威名远播。一时间，明、日、朝三国不约而同将他推为第一军人。

受第一军团战败震动，驻守牛峰城的立花宗茂、驻守白川城的黑田长政、驻守开城的小早川隆景等大名，全都放弃了自己的驻城，纷纷来到汉城集结。

汉城集中了平壤以东大部分日军精锐，人数大约在五万之众。日军的计划是集中兵力，在汉城地区与明军进行决战，为了防止城内的朝鲜百姓通敌，日军屠城，城内男丁被屠杀一空。

李如松攻克平壤，修整过后，就派出骑兵对汉城进行侦查。正月二十五日，查大受率领的500多人的侦察部队在汉城西大门的慕华馆附近，与丰臣秀吉家臣加藤光泰率领的巡逻队遭遇，两军立即发生交战，加藤光泰的铁炮队被击杀七十多人后逃回。

二十六日，李如松又派祖承训、李宁、高升、胡銮等将领，率领第二批3000名骑兵南下勘察道路，为大军开拔做好准备。

二十七日，日军的侦察队将领十时但马守侦察到正在向汉城逼近的明军部队，汇报给了出城巡逻的立花宗茂。立花宗茂只有一千人左右，正常思路是回城求援，等人多了再一拥而上。

然而这位立花宗茂很不简单，他直接就冲了上去。上午辰时，在距离王京三里地的砺石岭，立花宗茂、高桥统增的日军巡逻队与明军交上了火。

立花宗茂、高桥统增是兄弟俩，都是江户初期著名的日本武将。尤其立花宗茂，不仅自身武勇出众，临阵指挥亦被日本人大加赞赏，被丰臣秀吉盛赞为“西国无双”。

立花宗茂极为自负，怎甘退让。他将手下部队分成三个部分，打头阵的是小野和泉、立花三左卫门，二阵是十时传右卫门、内田市正，立花宗茂、高桥统增兄弟自率后阵。

但要说野战，辽东骑兵还真没怵过谁。这是在东亚，祖承训等人可不管你什么“西国无双”，兄弟们给我干就完了。这场战斗规模不大却很激烈，从辰时进行到卯时，持续了两个多小时。

战斗过程就不细说了，只看结果，立花军的二阵大将十时传右卫门、池边龙右卫门和小串成重、户次镇林等将领战死，士兵阵亡三百多人。高桥的家将今村喜兵卫、井上平次、帆足左平等战死，就连立花宗茂自统的后阵，也在精锐辽东骑兵的冲突下溃不成军，败下阵来。

立花宗茂虽败，名将派头不失。在多种史料中，都记载了相同的一件事，说此战立花宗茂甲胄上被射满了箭支，如同一只刺猬（宗茂铠上箭如猬毛）。宗茂却不以为意，他带着一身刺败退到一座小山之后，拿出酒来咕咚咕咚就是一顿猛灌，然后一口气吃下三个饭团。

不知这位兄台是真饿了还是故作潇洒，不过确实能看出此人颇有胆略，心理素质较佳。

打到这里，李如松进朝后数战皆捷，对日军形成了碾压之势。结果固然是好的，不过也产生了一个副作用，即明军上下开始滋生轻敌之心。主将李如松更是认为，朝鲜人之前把日军吹成了三头六臂，几仗下来也不过如此，比国内那些个蒙古人、女真人好对付多了。如此看来，汉城城内的日军，也是一样不堪一击。

恰好这时，驻扎在坡州的李如松又收到前线查大受发回来的报告：贼已夺气，愿速进兵！

这与李如松所想正不谋而合，他等不及大部队，当即率领副将杨元、张世爵、李如柏、李如梅、李如梧、李如楠等，率领两千五百骑兵向王京进发。在中途，他把兵力一分为二，命令杨元率一千骑兵留在马山馆断后，他率其余人马继续前进。

这个决定，在之后救了他的性命。

二十七日当天，立花兄弟战败的消息迅速传回汉城，枕戈待旦的日军马上就行动了起来。黑田长政率部找到正在休整的立花宗茂，为了找回面子，宗茂兄声称自己作战非常勇敢，至少砍死两千个敌人（讨得二千余敌）。不过敌军实在太多，目测人数至少是他的一倍，自己才不得不胜利转进。

根据慕华馆和砺石岭两战的结果，再加上立花宗茂的口头报告，日军得出结论：出现在王京附近的明军是他们先行赶到的精锐骑兵部队，有6000人到8000人。很有可能，李如松正在率主力赶来。

如果能先吃掉这部分精锐，李如松的威力岂不是就大打折扣？

想到这点，城内的日军非常兴奋，他们留下小西行长这个败军之将守城，其他大名带着各自人马，分三部分浩浩荡荡杀出城门，直奔砺石岭而来。

砺石岭的祖承训和高升、胡銮等人还没收拾完战场，便有哨骑来报：汉城日军疯了一样倾巢而出，看那模样，至少有几万人。

祖承训心说不好，他们会合了查大受的兵马，满打满算也只有三千五百多人，这个眼前亏吃不得，他们急忙率军撤退。日军行动也相当迅速，他们以小早川隆景的第六军团两万人为先锋从砺石岭紧追而下，在碧蹄馆追上了这部分明军。

祖承训、查大受所部再次接敌，还在路上的李如松也已收到了报告，王京城内日军倾巢而出，祖将军、查将军在碧蹄馆遭到包围，形势危殆。

一听此言，张世爵、李如柏等众将大惊失色，纷纷建议撤回坡州，等大军主力和轻重火器赶到后再作打算。建议没错，可李如松是个什么样的性格？要他丢下三千多辽东嫡系，向日军低头？

那就不是李如松了。

思量片刻，李如松就下了决定：全军加速，快马加鞭直奔碧蹄馆。

老子偏不信这个邪，谁说我这几千人就怕了几万日本兵？

碧蹄馆，是位于汉城以北十五公里一座小山丘上的一个驿馆，是通往王京的必经之路，因地势险要，又是兵家必争之地。公元1593年正月二十七日，即将在这里爆发的一场激战，将这个原本默默无闻的小驿馆永远载入了世界战争史册。

根据李如松事后自述，他率部赶到碧蹄馆是巳时（9 点到 11 点）左右，见到查大受、祖承训等正在且战且退。面对不断增多的日军，他们手下已开始有人开小差。李如松下令将士杀入战团，自己策马上前，奋力呼喝道："将士如敢畏缩不前者，斩首！"

将为军之胆，主将如此，士兵哪还敢落后。

眼见这个杀星赶到，再怕死的明军也没了偷懒的想法。死就死吧，能在提督大人面前倒下，战死也是光荣的。

说归说，这时的战场情况并不理想。朝鲜多稻田，一月的初春天气正是雨水绵绵，冰雪、雨水和泥土混合在一起，搞得地上一片泥泞。日军足轻躲在稻田里，树木后用铁炮射击，明军骑兵想冲上去近战，战马一不小心就会陷入泥地，进退不得。不少勇士因地形的限制行动大受限制，被射来的子弹夺走了性命（贼诱入泥沼，左右翼击，勇兵多死）。

万幸的是，明军在渡过临津江后，将装备也运过了江，有一部分随着先头部队运到了碧蹄馆，包括数门天字大将军炮和神机箭等一些重型火器。

天字大将军炮在平壤给了缺乏重型火器的日军以相当震撼，知道这玩意儿打得远、打得狠。看到大将军炮出场，日本兵忙不迭寻找掩护，明军连发数炮压制敌方火力后，骑兵再上前突击，展开白刃战。

效果良好，在火器和骑兵驰突的打击下，日军第一阵栗屋四郎兵卫不支败退，第二阵被称为勇冠毛利家三军的井上五郎兵卫接手了战斗。不过在毛利家里横，不代表到朝鲜也能横，井上五郎兵卫全力厮杀也无法扭转颓势，他大声激励士卒道："士之临战场也，以进死为荣，以退生为辱！汝等努力，慎勿去此！"

口号喊得很响亮，实力还是有差距，没多久井上五郎兵卫也败下阵来。

日军主将小早川隆景有智将之称，懂得运用兵力优势。此时他已派出左翼的立花兄弟从丘陵后迂回到了明军后方，右翼的小早川秀包、毛利元康等从右侧迂回，他亲自率领第三阵在正面迎击，明军事实上即将处于日军四面包围之下。

苦战仍在继续，日本人后来创作的《征韩伟略》如是记载："奇兵宗茂、秀包等见机而下山，直冲如松中军，隆景亦纵横奋击。而如松兵有节制，进退自在。两雄相会，战甚苦，自巳至午。"

绝境之下，李如松并没有惊慌，他驻马远眺，发现右翼小早川秀包的部队队形不整。李如松有了主意，他挥动令旗，调来一小队精锐士兵，低声吩咐道，你们如此这般，定要成功。

小早川秀包，时年25岁，是人称战国第一智将毛利元就第九子，日本当世智将小早川隆景的养子，入朝后被养父委以先锋重任。秀包身份很尊贵，实力却难言出众，小早川隆景深知这个儿子未必是明军对手，特地把他放到后排。看到明军人少，小早川隆景放出秀包，让他带着五千部下从右翼包抄，打算让养子也露把脸抢得一把战功。

第一次对阵明军，小早川秀包很是兴奋，他手持短枪，和其部将左冲右突，渐渐与部下拉开了距离。李如松岂是等闲之辈，他一眼看出这个年轻的敌将有机可乘，派出一队精兵，想要来一次斩首行动，于数万大军中取秀包首级。

这部分明军带着李如松的使命悄悄脱离主力战团，向秀包方向猛插过去。秀包正冲得起劲，完全没想到在这个时候，对手还有勇气和力量进行战场突击。等他发现不妙时，身边的部队已是损失惨重——先锋大将横山景义战死，家臣桂五左卫门、内海鬼之丞、波罗间乡左卫门、伽罗间弥兵卫、手岛狼之助、汤浅新右卫门、吉田太左卫门亦被杀死。

秀包掉转马头想要逃跑，明军士兵赶上，将他拉下马来挥刀便砍。总算秀包也是练家子，千钧一发之际，他抽出腰间胁差（较短的备用武士刀）抵挡了一下。身边家臣们七手八脚拥上挡住攻势，后阵的白井包俊、荒川善兵卫、井上五左卫门等火速上前，将秀包扶上马落荒而逃。

很遗憾，斩首秀包行动功亏一篑，右翼的缺口未能打开，人少的明军逐渐不支，在李如松指挥下逐次撤退。

兵力毕竟相差悬殊，连主将李如松也遭遇了危险。李如松向来是冲锋第一，撤退倒数第一，他的站位过于突出，落到了立花军中勇将小野成幸眼里。

小野不认识李如松，不过一看对面这位将军的衣甲服色，一定是个大人物。

日本战国武将很沉迷《三国演义》，他们非常向往小说中那种将领一对一阵前单挑的描写，并将其运用到了实战中，流行以武将对武将单挑定胜败，称为“一骑讨”。

小野成幸就是个“一骑讨”的重度痴迷者，看到李如松离得不远，小野催马甩开旁人，口中哇啦哇啦大叫着就冲了上来，想来个“一骑讨”斩将夺旗。

按《三国演义》的规矩，李如松应该策马上前，与小野进行一对一的单挑。这就不得不提到文化的差异了，中国打仗讲的是“三十六计”，兵者诡道也，能用计的绝不硬打，能群殴的绝不单挑。

哪个来跟你“一骑讨”？小野兴致勃勃冲上前来，斜刺里射来一支冷箭，正中小野成幸胸口。这个立花家臣大喊一声倒撞下马，两腿蹬了几下，断气了。

射出这致命一箭的是李如松的弟弟李如梅，他以箭法出名，这场恶战中李如梅射光了几壶箭支，救回了不少遭遇危险的明军将士。

眼看主将遭遇危险，李如柏、李如梅、李如梧、李宁、李有升等纷纷带着卫士在他身边护卫。日军知道他们保护的一定是大将，纷纷往李如松身边杀来。关键时刻，李如松仰仗的是他的家丁们，这批人装备极好，战斗力极强，对李如松忠贞不贰。李家家丁们誓死捍卫主将，他们砍倒了很多敌兵，自身也伤亡惨重，就连李如松极为信赖的亲信家将李有升，也被日军中的忍者钩下马，惨遭肢解。

此时战斗已进行了 4 个多小时，明军且战且退，退到了一个叫作高阳城的小城寨。两侧迂回的日军包围圈越缩越小，小早川隆景已得知围住的是李如松，一脸掩不住的得意，仿佛看到擒杀明军主帅的天大功劳已经到手。

这样打下去，李如松迟早要凉。好在之前他那个不经意的决定，发挥了意想不到的作用。

就在日军缩紧包围圈，打算全歼对手时，外围烟尘滚滚，炮声如雷。一队明军铁骑如天神下凡，劈波斩浪杀入重围，日军没有丝毫准备，被冲了个阵型大乱。

杀入战团的这支明军，正是先前被李如松留在马山馆的副总兵杨元率领的人马。

杨元，定辽左卫人，武举出身，北军三巨头之一，李如松嫡系中的嫡系。得知主将被围，杨元没有丝毫迟疑，点起人马直奔碧蹄馆，二话不说就杀入了战团。

日军对这支增援而来的敢死队大感意外，小早川隆景惊疑不定，他最担心的问题出现了，李如松是主将，身边不可能只有这几千人，明军主力一定在源源不断往汉城行军途中。

看这架势，一定是敌军主力来了！

其实哪有什么主力，主力还没渡过临津江呢，杨元手下就这点人，全在他眼前了。

关于杨元的援兵数量，不同史料上有1000人、3000人、5000人之说。但所有史料都指出，杨元忙而不乱，还拉来了一个炮营。考虑到杨元本部只有一千骑兵，我倾向于他总共带来了包括骑兵、炮兵在内的三千左右人马。

日军一时出现恐慌，攻势趋缓，包围圈出现松动。趁此机会，李如松与杨元合兵一处，全军往坡州方向退去。

直到这时，小早川隆景才明白过来，敢情赶来的援兵比包围圈里的人还少！眼见煮熟的鸭子飞了，他懊丧地一拍大腿：给我追！

杨元、李如松亲自带队交替掩护撤退，退到惠任岭，日军的前队已经赶上了明军后队。李如松正指挥部下准备厮杀，却看到日军抬头看往岭上，眼神中满是恐慌之色，开始潮水般往后退去。

岭上出现的，是密密麻麻的明军旗帜。

第二波援军到了，这是从坡州出援的明军，他们的人数也在三四千人。

这批人的出现，再次把小早川隆景给搞蒙了。自从得到李如松出现在战场的消息，他就做出一个肯定的判断，明军主力一定在赶赴战场，杨元的第一批人不是主力，那这批一定是！

关于小早川隆景这个人的性格，说得好听点叫作老成持重，说得难听点叫作想得太多。

他与战国著名军师黑田如水有过一段比较有名的对话，黑田如水问道："因为我以感觉判断事物，因此经常会出现错误。而小早川殿下的判断却没有丝毫偏差，有什么秘诀吗？"

小早川隆景说道："不是您说的那样。我没有您那样敏锐的判断力，因此只能不断地考虑考虑再考虑，最后得出结论，但也会因为情报的误差而导致出现偏差。"

隆景在日本被认为才能超群，但是做事情考虑太多，就容易瞻前顾后，缺乏当断则断的勇气。其实他再试探一下就能明白，渡过临津江的明军总共一万多人，基本都出场了。日军四万多，明军一万多，小早川隆景还是占据绝对优势的一方。

明军主力的阴影一直萦绕在小早川隆景心头，他生怕冒进中伏，阻止了部下请求继续追击的建议，目送明军彻底消失在视野中。

直到这时，李如松、杨元才脱离了险境，碧蹄馆之战到此结束。

盘点一下这场战役，双方其实失误都不小。查大受、祖承训包括李如松，都犯了"轻进"的错误。尤其要批评的是李如松，得知部下陷入险境，李如松孤军挺近碧蹄馆，固然很勇敢。但他毕竟是一军主将，敌情未明不可轻动。查大受、祖承训那 3000 人败了，只能说损失惨重，明军还有余力反击。万一李如松折在了碧蹄馆，意义就完全不同了，对整个抗日战局将是毁灭性的打击。

事实上他也差点儿死掉，碧蹄馆之战，李如松先后四次摔下战马，多亏有家丁保护才没受重伤。

不过在战场上，李如松确实表现出了名将风范，他能冷静判断战场局势，逐次抵抗。在日军绝对优势兵力下坚持了6个多小时之久，这是李如松随机应变能力和明军战斗力的体现。

日军方面就有点儿尴尬了，他们带出了汉城所有精锐，目标就是决战。可是以数倍兵力也没能吃掉被包围的明军，小早川隆景当然是面上无光。

战役损失方面，日军投入了四万多人，伤亡有三千多人，同时有多名有名有姓的武将阵亡，可谓损失惨重。

明军也同样损失不轻，总共投入了五千五百多人，伤亡达到近千人，还被赶出了碧蹄馆。

总之，两军都难言成功，这是一场很难说谁是赢家的战斗。不过此战意义却不小，这场战斗让众大名见识到了明军的战斗力，使得之后的和谈成为可能，而丰臣秀吉宏大的灭亡大明计划，也被越来越多的人认为是痴人说梦，即使原来支持他的大名，也开始转变立场。

奇怪的是，此战以后，原本意气风发的主将李如松战意消沉，从驻扎的前线坡州一路后撤，先撤到开城，又渡江撤回平壤，只留下查大受率少量兵马留守临津江北岸。任凭朝鲜人如何催促，再也不肯出兵。

是他㞞了吗？

不是，李如松字典里没有“怕”这个字，之所以迟迟不肯动弹，只是因为形势已不允许他这么做。

首先，伤亡的千余人中，大多都是李家的精锐家丁。这些人待遇、装备、战斗力都远超普通军队，对主人忠心耿耿，是他最为倚重的精锐。这些家丁的阵亡，给了李如松相当大的打击，也让他的直属部下战斗力大减。

其次，粮草供应不上。

明军出征朝鲜，本来讲好是由朝鲜君臣供应补给。谁知到了朝鲜，粮草问题成了一摊烂账，四万多人的后勤补给，朝鲜人愣是拿不出来。

说起来也不能全怪他们，日军在占领区实行的是焦土政策，抢不走的就杀光、烧光。虽然光复了不少地方，随着战线的拉长，补给压力也越来越大。搞得经略宋应昌整天在忙活自筹粮草，为这事他与朝鲜总管军务的柳成龙红过几次脸，无奈柳成龙两手一摊，不是不给，人都给日寇杀光了，粮食早就抢走了。这几万人，几万匹马，我们确实是供应不上啊！

等到明军渡过临津江后，补给线越来越长，后勤已经成了大问题。在粮草问题没有解决之前，李如松是不敢贸然进攻汉城的。

除了以上两点，另一个重要原因来自军队的内耗，也就是由来已久的南北兵之争。